产业经济评论

REVIEW OF INDUSTRIAL ECONOMICS

第6卷第1辑（总第11辑）

经济科学出版社

图书在版编目（CIP）数据

产业经济评论. 第 6 卷. 第 1 辑：总第 11 辑/ 山东大学经济学院，山东大学产业经济研究所编. —北京：经济科学出版社，2007.9

ISBN 978-7-5058-6511-2

Ⅰ. 产… Ⅱ. ①山…②山… Ⅲ. 产业经济学-文集 Ⅳ. F062.9-53

中国版本图书馆 CIP 数据核字（2007）第 122042 号

责任编辑：吕　萍　于海汛
责任校对：张长松　杨　海
版式设计：代小卫
技术编辑：潘泽新

产业经济评论
第 6 卷第 1 辑（总第 11 辑）

经济科学出版社出版、发行　新华书店经销
社址：北京市海淀区阜成路甲 28 号　邮编：100036
总编室电话：88191217　发行部电话：88191540
网址：www.esp.com.cn
电子邮件：esp@esp.com.cn
汉德鼎印刷厂印刷
永胜装订厂装订
787×1092　16 开　14 印张　270000 字
2007 年 9 月第一版　2007 年 9 月第一次印刷
印数：0001—4000 册
ISBN 978-7-5058-6511-2/F·5772　定价：28.00 元
（图书出现印装问题，本社负责调换）
（版权所有　翻印必究）

目　录

转型期中国煤矿安全规制机制研究
　　——基于激励相容的视角 ……………………………… 肖兴志　王　钠（ 1 ）
产品市场的竞争与企业研发 ……………………………… 周艺艺　平新乔（ 20 ）
产业组织理论的实验研究范式 …………………………… 李建标　李晓义（ 40 ）
关于企业利润率差异的经验研究：问题、方法和结论 …………… 贺　俊（ 53 ）
公司治理研究的深化与拓展：对近期文献的
　　回顾 …………………………………………………… 曹廷求　于建霞（ 71 ）
电视节目差别的理论阐释：一个文献综述 ………………………… 池建宇（ 91 ）
公共研发投资对私人研发的影响效应分析 ………………………… 张　博（111）
产业集群演进中龙头企业的带动作用研究综述 ………… 贾生华　杨菊萍（129）
新股再次发行的机会窗口理论研究综述 ………………… 刘国亮　杨晓丽（137）
特许经营权拍卖中合谋理论研究的进展 ………………… 赵　楠　冯中越（148）
基于社会网络结构分析的产业集群升级研究 …………………… 顾慧君（157）
海洋产业经济国际研究进展 ……………………………………… 刘曙光（170）
经济学视域中的环境保护 ………………………………………… 阎兆万（191）
基于企业家能力的企业成长研究综述 …………………………… 张　瑾（200）
《产业经济学》第四版简介 ……………………………………… 刘国亮（215）

CONTENTS

Research on mechanism of Chinese coal mine safety
　　regulations in the period of transition
　　——Based on the incentive compatibility
　　　　perspective ·································· Xiao Xingzhi　Wang Na （ 1 ）
Product Market Competition and Innovation ········· Zhou Yiyi　Ping Xinqiao （ 20 ）
The Experimental Research Paradigm for Industrial
　　Organization Theory ······························ Li Jianbiao　Li Xiaoyi （ 40 ）
Empirical Studies on Profitability Difference between Firms:
　　Questions, Methods and Main Findings ························ He Jun （ 53 ）
Deepening and Broadening of Corporate Governance Research:
　　A Review of Recent Literature ·················· Cao Tingqiu　Yu Jianxia （ 71 ）
Theory of Television Programming Differentiation:
　　A Review ·· Chi Jianyu （ 91 ）
The analysis of influence on private R&D
　　performance by public R&D investment ······················ Zhang Bo （111）
The Review of Leading Firms' Stimulative Effect in the
　　Evolution of Industrial Cluster ·············· Jia Shenghua　Yang Juping （129）
Windows of opportunity for seasoned equity
　　offerings: a Survey ························ Liu Guoliang　Yang Xiaoli （137）
The Evolvement of Collusion Theory in the
　　Auction of Franchise ······················ Zhao Nan　Feng Zhongyue （148）
Research on the Upgrade of Industry Clusters: Based on an
　　Analysis of the Structure of Social Networks ··················· Gu Huijun （157）
Progress of Maritime Industrial Organization Study: A Review of
　　International Literatures ······························· Liu Shuguang （170）
Environmental Protection in View of Economics ·············· Yan Zhaowan （191）
A review of Enterprises' Growth based on
　　Entrepreneurial Competence ······························ Zhang Jin （200）
Comment on *Industvial Economics* (4th. ed.) ·············· Liu Guoliang （215）

转型期中国煤矿安全规制机制研究

—— 基于激励相容的视角[*]

肖兴志 王 钠[**]

摘 要：煤矿事故在政府屡次严厉整顿下依然得不到有效遏制，已经成为中国构建和谐社会以及实现可持续发展的一大难题。本文从激励相容的角度出发，通过中央政府与地方政府、地方政府与煤矿企业、煤矿企业与矿工之间三组委托代理关系的深入分析，研究各个主体之间利益趋于一致的具体条件，并进一步提出了完善转型期中国煤矿安全规制的激励相容机制，降低煤矿事故率的政策建议。

关键词：煤矿事故 激励相容 安全规制 行为选择

一、引 言

中国煤矿在安全生产上的记录一直处于让人担忧的位置，据有关数据统计[①]，中国煤矿每百万吨死亡率约为 3.96，而美国煤矿每百万吨死亡率仅为 0.039，印度是 0.42，俄罗斯是 0.34，南非是 0.13，中等发达国家平均每百万吨死亡率一般为 0.4 左右，中国煤矿事故死亡总人数和每百万吨原煤死亡人数双双高居世界首位。2006 年中国煤矿事故共发生 2945 起，死亡 4746 人。2007 年第一季度中国煤矿事故进一步反弹：山西、辽宁、河南、湖南、贵州、甘肃等省煤矿事故多发，其中 3 月份全国煤矿事故死亡及失踪人数环比上升 244.4%[②]。煤矿事故未能得到有效遏制，并且有愈演愈烈之势。

煤矿事故之所以很难真正解决，核心在于影响煤矿安全的各方主体的利益不对等。在此条件下，煤矿安全规制若要实现预期效果，就必须引入激励相容机制。一些研究已经注意到这个问题。慕庆国、王永生（2004）从煤矿安全监察的激励机制角度进行研究，认为要实现煤矿安全生产，就必须对安全监察员进行激励。周庆行、邹小勤（2005）通过非对称信息动态博弈模型

---

[*] 本文是教育部人文社科重点研究基地重大项目"中国煤矿安全规制研究"（批准号：06JJD630002）和辽宁省教育厅创新团队项目"转型期中国工作场所安全规制研究"的阶段性成果之一。

[**] 肖兴志、王钠：东北财经大学产业组织与企业组织研究中心；邮编：116025；电话：0411-84710789（0），13332281980；电子邮件：04110789@163.com。

① http://www.cctv.com/news/china/20050812/102614.html.

② http://politics.people.com.cn/BIG5/1026/5554284.html.

分析得出，在"政企不分"的生产机制下，政府对煤矿企业的规制是"退化"的，需要对规制建立惩罚和激励相容机制。郭效德（2005）阐述了激励机制在煤矿安全生产中的促进作用。上述分析虽然强调了激励相容对于中国煤矿安全规制的意义，但是仅针对中国煤矿安全规制链条中的局部环节，并且从分析方法上来看多为观点性论述，有的还不够严密。事实上，中国煤矿安全规制是一条涉及多个层次的规制链条，具有代表性的可以分为中央政府—地方政府、地方政府—煤矿企业以及煤矿企业—煤矿工人三个层次，各个层次都需要引入激励机制。本文通过构造各层次的激励相容模型，寻求使各个主体之间利益趋于一致的条件，并以此为基础，进一步提出完善转型期中国煤矿安全规制激励相容机制、降低煤矿事故率的政策建议。

全文结构如下：第一部分为引言部分；第二部分从激励相容的视角总结了中国煤矿安全规制的演变过程；第三部分讨论了煤矿安全规制的激励相容条件；以第二、第三部分为基础，本文在第四、第五和第六部分构建中央政府—地方政府、地方政府—煤矿企业以及煤矿企业—煤矿工人之间的三个委托—代理模型，针对煤矿安全规制中的三个主要层次进行激励相容机制设计；最后是研究结论和政策建议。

二、中国煤矿安全规制的嬗变：一个激励相容的视角

转型期中国煤矿安全规制的演进历史，可以概括为一个从无激励相容到激励不相容的渐变。20世纪80年代初，由于国家实行"有水快流政策"，使众多小煤矿滥采乱挖现象十分严重，不仅出现了煤炭生产供大于求的局面，而且导致煤矿事故逐渐增多。1993年国家实施宏观调控政策，煤炭市场呈现出萧条景象，而亚洲金融危机使1998年煤炭市场陷入历史的低谷。随着中国经济的快速发展，市场又大幅增加了对煤炭的需求。总体而言，20多年来，煤炭工业满足了整个国民经济发展对煤炭的需求，但数以万计的煤矿工人为此付出了生命的代价，这种严峻现实直接拷问了中国煤矿安全的规制制度。

回溯中国煤矿安全规制历程，可以发现煤矿安全的危机征兆早已出现。在旧中国，煤矿生产属于既无安全管理机构和安全生产法规，又缺乏安全生产最基本的生产条件。在计划经济时代，中国以国营的方式对煤炭产业进行规制（即规制理论中的"内生性规制"），政府没有设立独立的专门负责安全管理的机构，即政府既负责生产同时又负责煤矿安全。其中在"大跃进"期间，由于不顾事故的客观规律，片面夸大人的主观能动性，煤矿安全监察机构被迫取消；在"文化大革命"时期，煤矿安全规章制度被认为是"管、卡、压"，煤矿安全监察机构作为"绊脚石"而被去除。因此，总体而论，在党的十一届三中全会以前，中国关于煤矿的安全规制几乎是无激励相容可谈。

党的十一届三中全会以后，煤矿安全工作被重新定位从而得以发展，煤炭工业部先后制定并颁布了《煤矿安全规程》(1980)、《小煤矿安全规程》(1981)、《煤矿安全监察条例》(1983)、《关于煤矿企业安全生产奖惩制度的决定》(1986)、《关于统配煤矿安全生产奖惩的暂行规定》(1987)，以及《职工伤亡事故报告和处理规定》(1991)。而在1995年，煤炭工业部根据《中华人民共和国矿山安全法》和《煤矿安全规程》的相关规定，将《煤矿安全监察条例》修订为《煤炭工业安全监察暂行规定》。作为煤矿安全规制制度的标志性改革是在1999年底，国务院在煤炭工业部之外正式成立了国家煤炭安全监察局（2001年1月10日挂牌），旨在负责全国煤矿安全工作，其与2001年成立的国家安全生产监督管理局实行一个机构两块牌子，其下设的煤矿监察一司负责规制大中型煤矿企业，煤矿监察二司负责规制小型煤矿企业。至此，煤矿安全生产和管理工作下放到各地方矿务局，煤矿安全生产的监察则由国家煤矿安全监察局负责。2003年国家安全生产监督管理局（原国家煤炭安全监察局）成为国务院直属机构，国家煤矿安全监察局及其分支机构与其负责规制的煤矿企业之间，无论是经济上还是体制上均没有联系，属于独立的第三方规制者。国家安全生产监督管理局是垂直的管理机构，即为国家煤矿安全监察局、省（自治区、直辖市）煤矿安全监察局和煤矿安全办事处。

从某种程度上而言，在改革开放以前，煤矿安全规制主要是以行政规章为主要依托来实现，基本不具备法制化和制度化的条件。而在改革开放以后，煤矿安全规制则以法律法规为主，同时配有专门的煤矿安全监察机构。不可否认，目前中国煤矿安全规制已经有很大的改进，但即使在这种情况下，煤矿事故仍然频繁发生。2007年1月6日《商务时报》发表"李毅中：安全事故背后官商勾结严重"的文章，由国务院调查处理结案的11起特别重大事故调查处理结果显示：11起事故中，有4起属于非法、违法生产。这些企业和业主置国家法律于不顾，无视政府规制，非法生产。发生事故的地方及有关部门，在贯彻中央和地方方针、政策时不认真、不坚决，甚至"上有政策、下有对策"；部分地方政府对其非法行为熟视无睹，地方政府派驻的安全副矿长、监督员与不法矿主同流合污，一些事故背后的失职、渎职以及权钱交易、官商勾结等腐败问题比较严重。[①] 以河南新安县寺沟煤矿透水事故为例，发生事故矿井就在镇政府旁边非法生产，而政府对其非法行为熟视无睹，县政府派驻的安全副矿长、监督员与不法矿主同流合污，在发生"12·2"特别重大透水事故以后一起逃跑。大量矿难事实表明，中央政府、地方政府、煤矿企业、矿工等主体的利益追求不一致，对煤矿安全政策的理解和落实有很大差异，所以导致煤矿事故的频繁发生，目前中国煤矿安全规

---

① 李毅中：《安全事故背后官商勾结严重》，载《商务时报》2007年1月6日第1版。

制仍然处于一种激励不相容的状态。面对这种情况，为降低煤矿事故发生率，亟须在煤矿安全规制中引入激励相容机制，使各方利益趋于均衡。

三、煤矿安全规制的激励相容条件

美国著名经济学家哈维茨（Hurwicz，1972）对经济机制理论做了开创性研究，提出了激励相容理论。所谓激励相容，是指在市场经济中，每个理性"经济人"都会有追求自身利益的一面，其个人行为会按自身利益的规则行动，在这种情况下，如果能有一种制度安排，使"经济人"追求个人利益的行为恰好与企业实现的集体价值最大化的目标相吻合，这种制度安排，就是所谓的"激励相容"。经过三十多年的发展，激励相容目前已经成为现代经济学中一个重要的核心概念，是任何经济体制都需要具备的性质，同时也成为检验中国煤矿安全规制是否有效的标准之一。

在煤矿安全规制中引入激励相容机制，首先需要确定其所涉及的相关利益主体。一般可将具有代表性的利益主体确定为中央政府、地方政府、煤矿企业和矿工等，由此至少可以形成三个层次的规制链条。肖兴志、王钠（2006）指出，煤矿安全是一项涉及多层次的系统工程，而煤矿事故发生率居高不下也不是一朝一夕能够解决的问题，从本质上说，这是中央政府与地方政府、地方政府与煤矿企业以及煤矿企业与矿工之间长期博弈的结果。其中，中央政府的监督力度与煤矿事故发生率之间存在着一组最优值，中央政府的监督力度与地方政府的监督力度之间存在一组最优值。中央政府和地方政府均能实现最大化效用的必要条件是同时取得两组最优值，而中国目前的现实情况是中央政府和地方政府均没有达到自身效用最大化。这就表明，中央政府与地方政府的监督力度之间、中央政府监督力度与煤矿事故发生率之间两组相关变量都偏离了理论上的最优值，处于一种配置失当的状态，从而在很大程度上导致中国煤矿事故发生率居高不下。同时，通过地方政府与煤矿企业的博弈可以看到，地方政府的监督力度与煤矿企业的寻租之间存在着一组纳什均衡，但就中国目前的情况而言，煤矿企业的寻租率远高于均衡值，相应的是，地方政府对煤矿企业有效监督的概率小于原均衡概率，最终导致煤矿事故发生概率较高。另外，通过煤矿企业与矿工的博弈可以得出，煤矿企业的安全投资额与矿工选择离开之间存在着一组纳什均衡，而目前矿工选择离开的概率小于煤矿企业选择进行安全生产投资的概率，从而必然会导致煤矿企业进行安全生产投入的积极性减小，从而导致煤矿事故发生的概率增大。

一般而言，关于煤矿安全规制的激励可以分为两类，分别为正向激励和负向激励。其中正向激励可以包括直接激励和间接激励，直接激励措施主要包括税收减免、退税措施、税收豁免等；间接激励措施主要有税收抵免、加速折旧、延期纳税、税率优惠等。而负激励主要包括各种处罚措施，如降职、处罚等。在本文中三个层次的激励相容分析中综合使用了这两种激励方式。尽管两种激励方式的出发点不同，但两种激励方式的最终目的都是为调动各主体的积极性、创造性、能动性，从而达到提高煤矿安全规制效果的目标。

不可否认，任何一种激励理论背后都隐藏着一种对人性的假设，而激励相容机制是在基于人性的前提下提出的（即激励相容的提出以"理性的经济人"为出发点），同时，激励相容机制又超越于人性。激励相容制度在不否认个体利己行为合理性的情况下，考虑责权利的关系、个体与个体之间的关系、个体与整体之间的关系，因此，激励机制实质上是在对人性进行一种重塑和引领。从某种程度而言，一个符合资源配置帕累托效率的煤矿安全规制可以这样描述：在科学的激励和约束的机制下，中央政府确保适度的安全投入，完善监督制度，行政处罚力度合理、有效；地方政府对煤矿企业规制到位，提高规制效率和执行效率，严格控制成本，最大程度减少公务人员失职、渎职和事故背后的腐败问题，提高事故赔偿标准；煤矿企业遵守法律，不超能力生产，各项安全设施达标，定期给煤矿工人培训；煤矿工人自觉遵守法律，持证上岗，不断增强自我保护意识和能力。总之一句话，实现帕累托最优目标的关键是"调动三个层次的积极性，并且让每一个主体的努力都有利于煤矿安全规制最终目标的实现"，这也正是煤矿安全规制制度设计者的初衷。

四、中央政府与地方政府的激励相容设计

当委托人向代理人委派任务时，激励问题就必然会存在，中央政府与地方政府也不例外，这主要是因为当委托人——中央政府由于没有时间或没有能力抑或在面临复杂问题时受到各种有限理性的约束，因此，中央政府很难独自完成对煤矿企业的规制，需要代理人——地方政府的介入。然而，无论从理论还是事实上均可推知，地方政府有可能得到中央政府无法获得的信息。

由于中央政府和地方政府所追求的目标不同，进而导致在很大程度上导致中国煤矿事故发生率居高不下。因此，为降低煤矿事故发生率，首先需要根据激励相容原理，设计出一种适宜的政策环境，使中央政府与地方政府的利益趋于一致，即能够使中央政府和地方政府的行为符合其自身利益。

中央政府委托地方政府对煤矿企业进行规制，中央政府从降低煤矿事故发生率得到的效用为 $U_c(q)$，q 表示煤矿事故发生数，其中 $U'_c<0$，$U''_c>0$。由于中央政府无法观察到地方政府真实的规制成本（地方政府真实的规制成本包括直接成本和间接成本两部分，即由于地方政府的监督力度不够被中央政府发现而对其进行处罚所发生的成本，可视为一种间接成本；地方政府所发生的直接成本是指地方政府对煤矿企业进行监督所发生的成本，如果中央

政府的监督力度或处罚力度加大，必然会使地方政府对煤矿企业的监督力度增加。），为将二者进行统一以使分析方便，在此设地方政府自身的努力程度为 e，$e \in \Theta = \{e_l, e_h\}$，设地方政府的直接成本为 $F(e)$，地方政府可能是高效努力的（e_h），也可能是低效努力的（e_l），其概率分别为 p_h 和 p_l。同样，地方政府的间接成本则会因努力规制程度不同而会有很大差异，在此假设发生的煤矿事故地方政府损失的成本为 $c(e)$，在概率为 p_h 的情况下，地方政府的成本函数为：

$$C(q_h, e_h) = c(e_h) + F(e_h) \tag{1}$$

在概率为 p_l 的情况下，地方政府的成本函数为：

$$C(q, e_l) = c(e_l) + F(e_l) \tag{2}$$

其中，$\Delta e = e_h - e_l$ 可以认为是地方政府努力程度的不确定幅度。

基于自身利益，中央政府与地方政府在各个时期不断进行博弈，设契约时序为图 1 所示，其中 A 为代理人地方政府，P 为委托人中央政府。

图 1　地方政府与中央政府的契约时序图

如果中央政府和地方政府之间的信息是对称的，则此时理论上最优的煤矿事故发生数可以在中央政府的边际效用等于地方政府的边际成本处得到。因此，最优的煤矿事故发生数可由下面的一阶条件表示：

$$\begin{aligned} MU_c(q^*) &= c'(e_h) + F'(e_h) \\ MU_c(\bar{q}^*) &= c'(e_l) + F'(e_l) \end{aligned} \tag{3}$$

从理论上讲，只要确保低效的地方政府的努力是具有社会价值的，则委托代理的交易就可以完成。而对于整个社会而言，高效努力的地方政府所创造的社会福利大于低效地方政府所创造的社会福利。

为了确保地方政府能够很好的完成任务，需要引入激励相容机制，中央政府与地方政府需要签订一种契约，对于地方政府配合的事项，中央政府按照制度的规定予以鼓励，此时形成中央政府与地方政府的正向激励相容；而对于地方政府不予配合的事项，中央政府相应地实施约束政策，特别是对严重失信的地方政府予以重罚，形成中央政府与地方政府的负向激励相容。需要指出的是中央政府建立惩罚机制只是为了使地方政府形成良好的预期，希望地方政府能够按照中央政府预设的目标行事，以形成中央政府目标与地方政府具体利益相同的良性互动。因此，中央政府首先需要建立中央政府—地方政府安全生产基金，这种基金在狭义的概念上是由两部分组成，一部分为地方政府按照一定的标准向中央政府上交一定的资金，另一部分为中央政府对地方政府的奖励资金；而广义概念上的中央政府——地方政府安全生产基金在中央政府对地方政府的奖励资金上不仅包括狭义的有形资金，同时包括对官员的升迁绩效考核，但由于这项难于具体度量，因此，在模型分析中采用狭义的中央政府——地方政府安全生产基金概念。中央政府每年会根据地方政府的工作效果向地方政府返还一定的基金，这种基金可以认为是一种转移支付，其与地方煤矿事故发生数直接相联系的，即煤矿事故发生数与转移支付呈反向关系。设中央政府对地方政府的转移支付为 $t(q)$。

由于中央政府对地方政府之间存在着信息不对称，地方政府拥有其自身能力、努力程度等私人信息，从而中央政府对地方政府的综合观测只能通过一个变量——煤矿事故发生数（q）来反映。而就目前的中国煤矿事故发生程度而言，q 的取值仍然处于数以百计的范畴，因此，假设在煤矿事故发生数符合现实的范围内，q 可能有 n 个不同的结果，并且能够满足 $q_1 < q_2 < \cdots < q_n$。设 p_{ie} 表示在努力为 $e_k (k = h, l)$ 的情况下，煤矿事故发生数为 q_i 的概率，其满足 $q_{ik} \geq 0$，$\sum_{i=1}^{n} q_{ik} = 1$。

在引入激励相容的契约基础上，中央政府和地方政府的期望效用函数可以分别表示为：

$$EU_c(q) = EU_c(q - t(q)) \tag{4}$$
$$EU_l(q) = EU_l[t(q)] - c(e) - f(e) \tag{5}$$

其中，由于 $c(e)$ 是地方政府被中央政府惩罚的成本，$F(e)$ 是地方政府规制发生的成本，因此，一般而言，在地方政府努力程度较低的情况下，$c(e)$ 就会比较大，$F(e)$ 会比较低；相反，在地方政府努力程度较高的情况下，$c(e)$ 就会比较小，$F(e)$ 会比较高。

如果中央政府和地方政府都是风险规避的偏好者，则最优风险分担要求每一方都承担一定的风险，中央政府的激励相容问题可以表示为：

$$\max_{t(q)} \sum_{i=1}^{n} p_{ih} EU_c(q_i - t(q_i)) \tag{6}$$

该问题的约束条件为参与约束（IR）和激励相容约束（IC）：

$$(IR) \quad \sum_{i=1}^{n} p_{ih} EU_l(t(q_i)) - c(e_h) - F(e_h) \geq \bar{u}_l \tag{7}$$

$$(IC) \quad \sum_{i=1}^{n} p_{ih} EU_l(t(q_i)) - c(e_h) - F(e_h) \geq \sum_{i=1}^{n} p_{il} EU_l(t(q_i)) - c(e_l) - F(e_l) \tag{8}$$

其中，$\bar{u}_l$ 为地方政府表面接受契约而实际不付出行动所得到的保留效用水平。

令 λ，μ 分别为 IR 和 IC 的拉格朗日乘数，那么，上述最优化问题的一阶条件（对 $t(q)$ 求导）为：

$$\frac{EU'_c(q-t(q))}{EU'_l(t(q))} = \frac{\lambda p_{ih} + \mu(p_{ih}-p_{il})}{p_{ih}} \qquad (9)$$

一般而言，鉴于中央政府与地方政府的地位关系，中央政府是不允许地方政府对于契约进行谈判的（地方政府只能选择真正接受或者表面接受）。因此，在完全信息的条件下，若 $c(e)=c(e_h)$，$F(e)=F(e_h)$，则对于中央政府而言，其最优契约为 $(\underline{t}^*, \underline{q}^*)$，若 $c(e)=c(e_l)$，$F(e)=F(e_l)$，则中央政府的最优契约为 $(\bar{t}^*, \bar{q}^*)$。即在完全信息的条件下，中央政府实施代理是没有成本的，其得到的效用水平相当于其自身执行这个任务。而在不完全信息条件下，中央政府为了得到地方政府的努力程度，可以选择一个参照的煤矿事故发生数 q^*，不可否认，中央政府期望地方政府的努力程度为高效努力水平 e_h，但在这种情况下地方政府实际的努力程度只能是 e^*，从而，$\sum_{i=1}^{n} p_{i,e^*} q_i = q^*$。在这种情况下，中央政府的最优化问题能够简化为：

$$\max_{t(q)} \sum_{i=1}^{n} p_{ih} EU_c(q_i - t(q_i)) \qquad (10)$$

其约束条件为：

$$\sum_{i=1}^{n} p_{i,e^*} EU_l(t(q_i)) - c(e^*) - F(e^*) \geq \bar{u}_l \qquad (11)$$

设参与约束条件的拉格朗日乘数为 λ，通过对 $t(q)$ 进行一阶求导计算，可得其最优化的条件为：

$$\frac{EU'(q-t^*(q))}{EU'(t^*(q))} = \lambda \qquad (12)$$

由于中央政府与地方政府之间存在着严重的信息不对称现象，以下借助贝叶斯法则进行分析。设 $v=p(e_h)$ 为中央政府认为地方政府选择了 e_h 的先验概率，$v'=p(e_h|q_0)$ 是中央政府在实际观测到煤矿事故发生数为 q_0 时认为地方政府选择了 e_h 的后验概率。根据贝叶斯法则可以推出：

$$\frac{EU'_c(q-t(q))}{EU'_l(t(q))} = \lambda + \mu\left(\frac{v-v'}{v'(1-v)}\right) \qquad (13)$$

由于 $t(q)$ 是 q 的减函数，因此，当 $q_0 > q^*$ 时，$t(q_0) < t(q^*)$。并且 $\frac{EU'_c(q-t(q))}{EU'_l(t(q))}$ 是随着 $t(q)$ 递减的，因此可以推出：

$$\frac{EU'_c(q-t(q))}{EU'_l(t(q))} > \frac{EU'_c(q-t(q^*))}{EU'_l(t(q^*))} \qquad (14)$$

从而可知，$\lambda + \mu\left(\frac{v-v'}{v'(1-v)}\right) > \lambda$。由于 λ，μ，v，v' 均大于零，即得 $v>v'$。

可以看到，中央政府在观测到煤矿事故高于参照的煤矿事故数，则完全可以认为地方政府没有努力，应受到处罚。即对于低效努力的地方政府会面对的情况是：如果地方政府不努力，则相关人员会被免职，情节严重的还会被追究刑事责任（$t(q)-c(e_l)-F(e_l)\to -\infty$）。面对这种契约，地方政府则不敢心存侥幸心理，惟一的选择就是以高效的努力去规制。例如，对造成121名矿工死亡的广东省梅州兴宁市大兴煤矿"8·7"特别重大透水事故责任的调查处理就充分体现了负向激励这一点：22名政府和管理部门公职人员受到党纪政纪处分[1]，其中厅级干部4人，处级以下干部18人。23名政府和管理部门公职人员被移送检察机关立案侦查，依法追究刑事责任。

五、地方政府与煤矿企业的激励相容设计

目前，中国煤矿安全规制体系是"国家监察、地方监管、企业负责"，煤矿企业是对煤矿安全负责的主体。而地方政府与煤矿企业都是理性的"经济人"，其行为目标都是在单纯追求实现自身效用最大化，从而在很大程度上导致中国煤矿事故发生率居高不下。就中国目前情况而言，由于地方政府与煤矿企业关系复杂，加之中国现行财税政策影响，导致地方财政收入直接与煤矿企业经济利益息息相关，在信息不对称的条件下，地方政府和煤矿企业之间合谋的问题必然存在。因此，需要通过激励相容的规制机制，打破地方政府与煤矿企业之间的利益关系怪圈。即在这种情况下，当地方政府向煤矿企业委派任务时（从本质上而言，处于激励链条中的中间层次的地方政府与煤矿企业之间的激励相容也属于委托—代理分析范畴。煤矿安全生产问题由煤矿企业负责，地方政府进行规制，即可以认为在煤矿安全问题中地方政府处于委托人的位置，而煤矿企业则处于代理人的角色），必须以激励相容为依托，使地方政府管理的侧重点由传统规制转变为激励，地方政府的经济行为及决策对煤矿企业具有激励作用，通过努力调节经济主体的行为选择方向，推动经济主体做出追求效益、追求安全、提高效率和秉持信用的行为选择；而煤矿企业的行为相容于政府行为之中，他们会根据地方政府的政策和决策做出对他人或社会有利的反应。这使双方在追求其自身利益时，同时也达到了地方政府想要达到的宏观目标，促使煤矿安全规制的效果显著化。

由于煤矿企业与地方政府所追求的目标并不完全相同，对于煤矿企业而言，主要以追求利润最大化为目标，而就中国目前对煤炭的需求情况，超额生产、减少安全生产投资、不按规定对煤矿工人进行培训均可使煤矿企业减少成本，在一定程度上对煤矿企业有利，因此，很多煤矿企业置安全不顾，最终导致煤矿事故发生。而地方政府由于在中央政府的严厉处罚下不敢心存侥

---

[1] 广东梅州常务副市长蔡小驹因大兴矿难受到行政撤职、撤销党内职务处分；省安全生产监督管理局局长、党组书记陈建辉受到行政记大过、党内警告处分；省国土资源厅副厅长卢国盛受到行政记大过、党内警告处分；梅州市市长、市委副书记何正拨受到行政降级、党内严重警告处分；兴宁市市委书记、市人大常委会主任李忠良受到党内严重警告处分等。

幸，因此只能以高效的努力去规制煤矿企业的安全生产问题，因此在这一层次的分析可以认为地方政府目前的惟一的选择是以高效的努力去规制煤矿企业。

鉴于煤矿企业的经营以营利为最终目的，因此，契约的设计应明显体现出正激励和负激励。煤矿企业为什么会要钱不要命？为什么敢要钱不要命选择铤而走险？① 一个典型的原因就是在现行法律制度下，发生重特大安全事故，对直接肇事者最多判 7 年，对矿主（煤矿企业）的量刑更轻，威慑力不足。原先死一个人只用赔三五万元，现在虽然提到 20 万元，但矿主（煤矿企业）还是付得起，预防事故的成本还是明显高于事后赔偿。对煤矿企业的负激励明显不足，以至于一些煤矿企业（包括老板、经营管理人员）愿意在明知有危险的情况下，仍然一味追逐产量和利润，冒险组织生产。例如，大兴煤矿 "8·7" 透水事故发生前，已经发现了漏水、出水征兆，但为了利润煤矿只是简单处理，仍然冒险作业；兴宁福胜煤矿 "7·14" 透水事故的前 4 天就发现井下水情异常，但煤矿经营管理者仍决定继续作业；江西省萍乡市上栗县鸡冠山非法井、萍乡矿业集团黄冲煤矿（国有重点煤矿）、新余市渝水区欧里金福煤矿（乡镇煤矿）在发生煤矿事故后均有隐瞒情况，等等。因此，鉴于目前对煤矿企业处罚不重的情况，对煤矿企业的激励机制需要以负激励为主。

为引入激励相容机制，地方政府与煤矿企业同样需要签订一项契约，地方政府首先需要建立地方政府—煤矿企业安全生产基金，这种基金由两部分组成，一部分为煤矿企业按照一定的标准向地方政府上交一定的资金，对于安全状态良好的煤矿，能按一定比例逐年返还资金；而对于发生安全事故的煤矿，地方政府会对煤矿企业其进行处罚，并根据发生煤矿事故的数量和严重程度没收其上交的部分或全部资金；另一部分为地方政府对在一定时间内（如一年）未发生煤矿事故的煤矿企业的奖励资金。设煤矿企业最终所能获得的资金为 T，$T \in \Theta = \{\underline{T}, \overline{T}\}$。

由于煤矿企业拥有努力程度等私人信息（努力程度分为两类：高效努力 e_h 和低效努力 e_l），但地方政府并不拥有煤矿企业自身的真正努力程度信息，处于信息弱势。尽管地方政府对煤矿企业努力程度不确定，但地方政府可以对煤矿企业关于安全生产的投资额（I）（其中包括安全生产的基础设施、矿工的安全培训等投资）进行监督，而就目前的中国的煤矿企业对安全生产的投资程度而言，I 的取值范围为 $I \geq 0$，因此，假设在煤矿企业投资额符合现实的范围内，I 可能有 n 个不同的结果，并且能够满足 $0 \leq I_1 < I_2 < \cdots < I_n$。设 p_{ie} 表示在努力为 $e_k(k=h, l)$ 的情况下，煤矿企业投资额为 I_i 的概率，其满足 $I_{ik} \geq 0$，$\sum_{i=1}^{n} I_{ik} = 1$。

---

① http://news.sina.com.cn/c/2005-08-16/19306706755s.html.

现假设煤矿企业的努力程度 e 是煤矿企业的私人信息，考虑地方政府通过提供一组契约 $\{(\overline{T}^*, \overline{I}^*); (\underline{T}^*, \underline{I}^*)\}$，以期待 e_h 类型的煤矿企业选择 $(\overline{T}^*, \overline{I}^*)$，而 e_l 类型的煤矿企业选择 $(\underline{T}^*, \underline{I}^*)$。

对于一组契约，如果其是激励相容的并且是可行的，必然会满足以下的约束：

$$\overline{T} - I(e_h) \geq \underline{T} - I(e_l) \tag{15}$$

在引入激励相容的契约基础上，地方政府和煤矿企业的期望效用函数可以分别表示为：

$$EU_l(I) = EU_l(I - T(I)) \tag{16}$$

$$EU_m(I) = EU_m[T(I)] - I(e) \tag{17}$$

其中，由于 $I(e)$ 是煤矿企业在安全投资方面的支出，是煤矿企业总成本的一部分，$T(I)$ 是煤矿企业在自身投资的基础上所获得的总资金，可能为正数也可能为负数。因此，一般而言，在煤矿企业努力程度较低的情况下，$I(e)$ 就会比较小，$T(I)$ 也会相应比较低；相反，在煤矿企业努力程度较高的情况下，$I(e)$ 就会比较大，$T(I)$ 会相应有所提高。

在地方政府和煤矿企业都是风险规避的偏好者的情况下，最优风险分担要求每一方都承担一定的风险，地方政府的激励相容问题可以表示为：

$$\max_{T(I)} \sum_{i=1}^{n} p_{ih} EU_l(I_i - T(I_i)) \tag{18}$$

该问题的约束条件为：

$$(\text{IR}) \sum_{i=1}^{n} p_{ih} EU_m(T(I_i)) - I(e_h) \geq \overline{u}_m \tag{19}$$

$$(\text{IC}) \sum_{i=1}^{n} p_{ih} EU_m(T(I_i)) - I(e_h) \geq \sum_{i=1}^{n} p_{il} EU_m(T(I_i)) - I(e_l) \tag{20}$$

其中，$\overline{u}_m$ 为煤矿企业的保留效用水平。

通过拉格朗日方法可以求解上述最优化问题，在不完全信息条件下，地方政府为了得到煤矿企业的努力程度，可以选择一个参照的安全投资额 I^*。地方政府期望煤矿企业的努力程度为高效努力水平 e_h，但在这种情况下煤矿企业实际的努力程度只能是 e^*，从而，$\sum_{i=1}^{n} p_{i,e^*} \cdot I_i = I^*$。因此，地方政府的最优化问题能够简化为：

$$\max_{T(I)} \sum_{i=1}^{n} p_{ih} EU_l(I_i - T(I_i)) \tag{21}$$

其约束条件为：

$$\sum_{i=1}^{n} p_{i,e^*} EU_m(T(I_i)) - I(e^*) \geq \overline{u}_m \tag{22}$$

通过拉格朗日方法可得其最优化的条件，由于地方政府与煤矿企业之间存在着信息不对称现象，同样借助贝叶斯法则进行分析可以得到地方政府认

为煤矿企业选择了 e_h 的先验概率大于地方政府在实际观测到煤矿企业安全投资额为 I_0 时认为地方政府选择了 e_h 的后验概率。

从而可以看到，地方政府在观测到煤矿企业的投资额低于参照的煤矿企业投资额，则完全可以认为煤矿企业没有努力，应该受到处罚。即对于低效努力的煤矿企业会面对的情况是：如果煤矿企业不努力，则相关人员会被免职、罚款，情节严重的还会被追究刑事责任（$T(I) - I(e_l) \to -\infty$）。面对这种契约，煤矿企业则不敢图舒适和省劲，心存侥幸心理，惟一的选择就是以高效的努力使生产达到安全生产的客观要求，即在煤炭生产中实现人的安全化、生产作业环境安全化和生产作业标准化。

六、煤矿企业与煤矿工人的激励相容设计

煤矿企业与矿工之间的激励相容分析是激励相容链条中的最后一个层次，也是最直接层次。很明显，无论是观念上的分析还是经验上的分析，煤矿工人的生命与健康都与煤矿安全有着直接的关系。从目前的煤矿安全情况而言，煤矿安全规制并没有起到很好的预期效果来阻止矿工的伤亡。将煤矿工作场所变为安全工作场所的进程不仅是缓慢的，同时也是不充分的。煤矿企业在解决煤矿自身安全问题时，态度总是非常勉强，而且犹豫不决。而从道德上限制煤矿企业按照国家相关规定进行生产所起的作用很小。因此，需要对这一层次所涉及的两个主体引入激励相容机制，最终达到降低煤矿事故发生率的目的。

总体而言，煤矿事故的发生一方面是由于煤矿企业的安全设施与安全投入不达标，另一方面是由于煤矿工人不按规定程序进行生产。不可否认，煤矿企业的超额生产与前向关联的产业的需求有着直接的关系，由于市场对煤炭的需求和利润的驱使，很多煤矿企业都愿意铤而走险，在煤矿工人没有上岗合格证的情况下允许其上岗，而煤矿企业的安全设施和安全投资达标与否主要是通过对煤矿企业的负激励来实现（激励相容链条中的第二个层次），即在第二层次比较完善的条件下（即煤矿企业严格遵守国家安全生产相关规定），煤矿企业若不严格遵守培训规定，煤矿企业被处罚的损失是巨大的。因此，对这一层次的分析主要集中在煤矿工人，即煤矿工人必须自觉增强安全生产意识，接受培训并在培训合格后上岗，避免因操作不当而导致煤矿事故发生。

由于中国煤矿工人的主要来源为农村剩余劳动力，他们通常缺少一技之长，对基本的煤矿安全生产知识所知甚少。根据调查发现[①]，煤矿工人的文化程度对安全感有着重要的影响。文化程度高的工人的安全感明显好于文化

---

① 《10 名大学生调查煤矿工人：贫穷比矿难更可怕》，http://www.hangzhou.com.cn/20070401/ca1295204.html。

程度低的工人。文化程度越低，对安全问题的认识能力越有限，对其进行安全培训难度越大，培训效果越差，安全意识就越难深入其心。而根据调查显示，矿工初中及初中以下文化程度的矿工占到80%以上，高中以及高中以上文化程度的仅占20%左右，60%以上的煤矿工人没有任何职业技能，40%以上的煤矿工人因为没有其他工作可以做，迫于生计不得不到煤矿做工。简言之，煤矿工人的文化素质普遍偏低，对矿工的心理安全感产生了重要的负面影响。在这种情况下，对于煤矿工人来说，贫穷往往比危险更可怕，这也是矿工在与煤矿企业进行博弈时最终选择"离开"的概率比较小的主要原因。因此，对煤矿工人的安全培训有着极其重要的作用。目前，关于煤矿工人的培训主要是根据国家安监总局2005年下发的《关于加强煤矿安全培训工作的若干意见》所执行的，煤矿井下新职工上岗前安全培训的时间不得少于72学时，考试合格后，必须在有安全工作经验的职工带领下工作满4个月，然后经再次考核合格，方可独立工作。露天矿和井工矿地面新职工上岗前安全培训时间不得少于40学时，经考试合格，方可上岗作业。在岗职工每年接受安全培训时间不得少于20学时。对初中以下文化程度的职工特别是农民工，培训前应进行文化课补习。而对煤矿安全培训的监督主要依据《煤矿安全培训监督检查办法（试行）》（2005），其中规定，煤矿瓦斯检查工、井下爆破工、安全检查工、主提升机操作工、井下电钳工、采煤机司机等特种作业人员，必须参加具备相应资质的煤矿安全培训机构组织的安全作业培训，经省级煤矿安全监察机构考核合格，取得特种作业操作资格证书，方可上岗作业。

对于煤矿工人的激励可以借鉴德国的方法：在德国，任何人在成为正式矿工之前，都必须在矿业学校里进行至少3年以上的学习过程，同时还需要通过安全生产的相关培训。另外，即使在成为正式矿工之后，矿工每年在具体工作中仍然需要进行定期的培训。为使安全培训的效果显著，煤矿还经常开展安全生产的知识竞赛，并对长期无事故发生的矿工给予加薪奖励。[①]

在中国，煤矿工人的工资基本上以计量工资为主，即工资与其所挖煤量的数量呈正向关联，数量越多，工资越高；反之，工资越低。工资中没有设立与安全相联系的因素指标，因此，煤矿工人对安全没有形成很好的激励机制。

根据煤矿工人原来的工资制度，可将其用下式表示：
$$w = f(Q) \tag{23}$$
其中 w 表示煤矿工人的工资水平；Q 为其所挖煤量。

[①] 《国外如何抓安全生产：德国篇》，http://www.zyapzx.net/index.php3?file=detail.php3&id=772920。

根据选择性激励①原理，在矿工中若引入激励机制，则需要在其工资中加入新的一项，设新的工资制度表示为：

$$w = f(Q) + h(t, z) \tag{24}$$

其中，$h(t, z)$ 为激励性工资项，t，z 分别为在一定时间内未发生煤矿事故的时间和经过培训后测验的分数。其中，t 是 h 的增函数，即矿工无事故发生的时间越长给其加薪奖励会越多；z 是 h 的增函数，由于矿工自身在培训中是否努力是其个人信息，很难具体被观察，因此，只能通过培训分数进行间接衡量，即培训后测验分数高的矿工可以认为其培训效果显著，培训过程认真对待，会得到一定的奖励工资。同时，将 z 写入工资制度，可以通过使用 z 包含的信息量，为煤矿企业排除更多的外生因素对推断的不良影响，使矿工承担的风险减小。需要指出的是，$h(t, z)$ 并不总是大于零的，当其培训后测验分数不达标，$h(t, z)$ 就会变为负数，使工资总额减少。

假定矿工在不同努力水平（$e = h; l$）下，t 和 z 的联合分布密度函数分别为 $g_l(t, z)$ 和 $g_h(t, z)$，在 t，z 两个变量同时写进煤矿工人工资合同中的时候，煤矿企业所面对的问题就是选择怎样的 $h(t, z)$，以使其效用均达到最大化。设矿工在不同努力程度下所发生的成本分别为 $c(h)$，$c(l)$，矿工的保留效用为 $\bar{u}_{mr}$，在这种情况下，煤矿企业的效用函数和矿工的效用函数分别为下式：

$$EU_m = \varphi(Q - f(Q) - h(t, z)) \tag{25}$$

$$EU_{mr} = \phi(f(Q) + h(t, z)) - c(e) \tag{26}$$

煤矿企业的最优化问题可以用下面的式子表示：

$$\max_{h(t,z)} \iint_{tz} \varphi(Q - f(Q) - h(t, z)) g_h(t, z) dz dt \tag{27}$$

该问题的约束条件为：

$$(IR) \iint_{tz} \phi((f(Q) + h(t, z)) g_h(t, z)) dz dt - c(h) \geq \bar{u}_{mr} \tag{28}$$

$$(IC) \iint_{tz} \phi((f(Q) + h(t, z)) g_h(t, z)) dz dt - c(h)$$
$$\geq \iint_{tz} \phi((f(Q) + h(t, z)) g_l(t, z)) dz dt - c(l) \tag{29}$$

根据拉格朗日方法求解，令 κ 和 τ 分别为 IR 和 IC 的拉格朗日乘数，最优化一阶条件为下式：

$$\frac{\varphi'(Q - f(Q) - h(t, z))}{\phi'(f(Q) + h(t, z))} = \kappa + \tau \left[1 - \frac{g_l(t, z)}{g_h(t, z)}\right] \tag{30}$$

不可否认，在某种程度上可以认为在煤矿生产中，矿工既是促进煤矿生产

---

① 选择性激励，是指根据个人在生产集体产品时的贡献大小，有选择地提供给个人的激励。戈登·塔洛克：《对寻租活动的经济学分析》，中译本，西南财经大学出版社1999年版，第58页。

发展的重要因素，同时也是煤矿生产中安全与事故的决定因素。而从理论上讲，煤矿企业与矿工之间的工资制度是存在最优激励机制的。因此，为达到降低煤矿事故发生率的最终目的，应在矿工的工资中引入这种激励机制，做好矿工的预防性安全管理，强化矿工的安全观念，使煤矿生产达到安全生产的客观要求。

七、结论与政策建议

本文构建了中央政府——地方政府、地方政府——煤矿企业以及煤矿企业——煤矿工人之间的三个委托——代理模型，针对煤矿安全规制链条的三个主要层次进行激励相容设计，从中寻求使各个主体之间利益趋于一致的条件。主要结论是，在该链条的绝大部分，从中央政府直到煤矿企业，符合激励相容的激励主要应该是负向的。例如，在中央政府和各级地方政府间，该负向激励意味着：中央政府如果观测到某地区煤矿事故高于参照的煤矿事故数，则可以认为地方政府没有努力，应该对后者给予处罚。而地方政府对煤矿企业的负向激励意味着：地方政府如果观测到某企业投资额低于参照的煤矿企业投资额，则可以认为煤矿企业没有努力，应该对后者给予处罚。但是在该链条的末端，在煤矿企业和煤矿工人之间，激励应该是正向的，即在工人工资中引入安全生产的激励工资。

当然，煤矿安全规制体系是一个复杂的制度体系，由多层次、多领域的激励与约束制度构成，而制度结构本身又是多层次、多领域委托代理关系的体现。本文仅是对中国煤矿安全规制链条的激励相容进行的初步理论分析，现实中情况会更加复杂一些，激励与约束制度重建可能面临其他约束。例如，在构建中央政府——地方政府的委托——代理模型时，本文的分析没有涉及以下情形：地方政府存在隐瞒安全状况（如瞒报矿难伤亡数字）以逃避惩罚的激励，因此，更全面的激励相容设计需要"修正"地方政府的这个激励。对这些其他约束的考虑无疑会使分析更加深入，但也可能会使模型过于复杂而难以驾驭。以后更深入的研究可以考虑进一步放宽本文假设，或引入其他约束，使模型更贴近于现实。

但是，即使在上述三个激励相容模型基础上，也仍然可以得到以下几点政策启示：

1. 在很大程度上，负激励相对于正激励而言是更为有利、更为持久的激励方式，因此，应加大中央对地方政府煤矿安全规制、地方政府对煤矿企业的规制的力度与惩罚力度，这也是中央政府与地方政府、地方政府与煤矿企业签订契约能够有效的必要条件，即委托人执行严厉的处罚的威胁是可信的。但为使规制效果显著化，还应同时配以正激励方式，调整现行煤矿财税政策，着力解决中央政府与地方政府之间、地方政府与煤矿企业的利益分享问题，从负激励和正激励两方面促使地方政府和煤矿企业能够真正落实中央政府和地方政府所规定的煤炭安全规制政策。具体而言，负激励的主要方式有人员免职、罚款，情节严重的还会被追究刑事责任；而正激励方式可以包括税收减免、退税措施、税收豁免等，结合中国的财税政策可以着重考虑以下两点：

（1）改革现行煤矿财税制度能够改善中央政府和地方政府之间的激励相容。其中，资源税和增值税中划为地方的部分是地方政府财政收入的主要来源，这也是地方政府与中央政府进行相关博弈的经济起因。要调整资源税政策，提高资源税征收标准，保证国家作为资源所有者的合理收益，避免社会收入过多向某些企业倾斜。就目前的情况而言，应调整资源税的税制结构，改变煤炭资源税计量依据，将煤炭资源税税率与资源回采率及环境修复指标挂钩，按资源回采率和环境修复指标确定相应的税收标准，从而促使企业提高资源开采率，减少煤炭资源浪费，同时，有利于形成合理的煤炭市场价格。通过煤矿财税政策的调整，可以更好地解决政府间利益分享问题，推动煤矿安全规制新机制的形成。

（2）改革现行煤矿财税制度能够改善地方政府与煤矿企业之间的激励相容。1994年全国实施新税制后，煤炭业按加工制造业征税，煤矿企业税费大幅增加，为改变煤矿企业的安全状况，应改变目前的税费结构，重新确定煤矿企业的收益与安全资金投入的比例，使煤矿企业达到稳定的安全资金投入。

2. 建立中央政府—地方政府安全生产基金、地方政府—煤矿企业安全生产基金。哈耶克（1989）指出，"在实践中，每一个个人都对其他人有着信息上的优势，因为他掌握着某种独有的信息，要利用这种信息，就必须二者择一，或者将依据这种信息做出的决策留给掌握信息的人来做，或者得到他的积极合作。"[①] 因此，在信息不对称的情况下，委托人面临的一个基本问题就是设计一套激励机制，促使掌握信息的代理人积极合作。而研究表明，若想达到这一目的，委托人一般需要向代理人支付一种"信息租金"。而在本文的第一层次和第二层次的激励模型中也不例外，作为委托人的中央政府（第一层次）和地方政府（第二层次）需要付给作为代理人的地方政府（第一层次）和煤矿企业（第二层次）一定的"信息租金"，因此，建立一种类似中央政府—地方政府的安全生产基金，地方政府—煤矿企业安全生产基金，是一种可选择的政策思路，例如中央政府建立广义概念上的中央政府—地方政府安全生产基金，地方政府建立广义概念上的地方政府—煤矿企业安全生产基金，这种基金可以由三部分组成，第一部分为代理人按照一定的标准向委托人上交一定的资金，第二部分为委托人对代理人的奖励资金，第三部分为委托人对具体代理人的升迁绩效考核。

3. 加强煤矿工会组织建设，提高矿工集体谈判力量，完善矿工培训机制。具体而言，应从以下几点着手：

---

① 哈耶克：《个人主义与经济秩序》，中译本，北京经济学院出版社1989年版。

（1）当社会存在大量剩余劳动力时，工资补偿对煤矿安全的调节机制将很难发挥作用。因为在既定工资水平下，无数剩余劳动力在等待就业，这迫使矿工对工资和安全水平的选择转变为对就业和失业的选择。因此，要达到降低煤矿事故发生率的目的，就需要加强矿工工会的组织建设，提高矿工集体谈判的力量，保护煤矿工人的自身利益。

（2）建立煤矿安全培训创新机制。培训的方式方法可以提高培训的效率和效果，因此，应综合运用各种先进有效、贴近实际的培训手段，推动培训创新机制建立。在规定的培训时间和文化补习与安全培训相结合的基础上，可以不断丰富安全培训的内容，从多角度为矿工营造浓厚的安全氛围，如开展安全知识竞赛、安全书画展等安全文艺宣传活动。即通过各种手段和方式使煤矿安全意识融入到矿工的思想中，从而最终体现在实际行动上，最终达到降低煤矿事故发生率的目的。

（3）地方政府煤矿安全规制部门可采取抽样检查等措施，如检查培训档案、随机抽考已培训过人员（特别是井下农民矿工）的培训情况并进行监督检查，对于未经培训上岗或培训不符合要求的，责令其限期改正，若逾期未改正的，责令煤矿企业停产整顿并罚款。同时，煤矿安全培训监察人员可以由国家级煤矿安全培训管理机构直接委派，并对煤矿安全培训的具体实施情况予以监督和指导，从本质上杜绝无证上岗或先上岗、后培训现象发生。另外，各级煤矿安全培训管理机构可直接与国内外专业培训部门进行合作，并根据中国各地区煤矿安全培训的具体情况制定适合的专门培训计划，从总体上提升煤矿经营者和矿工的安全经营与生产的理念。

4. 加强社会各界力量对煤矿安全进行监督，最大程度减少信息不对称和委托人的信息租金。中央政府和地方政府可以运用建立举报制度等多种手段，对于非法违法生产、隐瞒事故等行为的举报人员予以奖励，发挥社会和媒体对煤矿安全生产的监督作用，在强化企业内部约束的同时，实现多个主体对煤矿生产安全进行监督，减少中央政府与地方政府、地方政府与煤矿企业之间的信息不对称，最终减少煤矿事故发生。

参 考 文 献

1. 陈国富：《委托代理与机制设计》，南开大学出版社2003年版。
2. [美] 戈登·塔洛克：《对寻租活动的经济学分析》，西南财经大学出版社1999年版。
3. 郭效德：《浅谈激励在煤矿安全中的促进作用》，载《甘肃科技》2005年第4期。
4. 哈耶克：《个人主义与经济秩序》，北京经济学院出版社1989年版。
5. 慕庆国、王永生：《煤矿安全监察的激励机制研究》，载《安全生产》2004年第3期。
6. [法] 让·雅克·拉丰：《激励理论的应用》，北京大学出版社2001年版。
7. 田国强：《激励信息与经济机制》，北京大学出版社2000年版。
8. 席酉民、张建琦：《不对等契约关系与国有企业改革》，载《管理科学学报》1998年第 1 期。
9. 肖兴志、王钠：《中国煤矿事故频发的博弈解释》，载《产业组织评论》2006 年第 4 期。
10. 袁江天、张维：《多任务委托代理模型下国企经理激励问题研究》，载《管理科学学报》2006 年第 6 期。
11. 张维迎：《产权安排与企业内部的权利斗争》，载《经济研究》2000 年第 6 期。
12. 张维迎：《博弈论与信息经济学》，上海三联书店、上海人民出版社 1996 年版。
13. 张维迎：《所有制、治理结构及委托—代理关系》，载《经济研究》1996 年第 9 期。
14. 周其仁：《市场里的企业：一个人力资本与物质资本的特殊契约》，载《经济研究》1996 年第 6 期。
15. 周其仁：《控制权回报"与"企业家控制的企业》，载《经济研究》1997 年第 6 期。
16. 周庆行、邹小勤：《煤矿企业生产安全监管的新视角》，载《中国矿业》2005 年第 12 期。
17. Braithwaite, J., 1985, To Punish or Persuade. Enforcement of coal mine safety, State University of New York Press.
18. Billingsley, P., 1968, Convergence of probability measures, New York: Wiley.
19. CarlosHerves-Beloso, 2005, "Characterization and incentive compatibility of Walrasian expectations equilibrium in infinite dimensional commodity spaces", *Economic Theory* 26, pp. 361–381.
20. Diamond, D., 1984, "Financial intermediation as delegated monitoring", *Review of Economic Studies* 51.
21. De Michiel, Y., 1983, "The Subjected Body. An Analysis of the Occupational health and safety apparatus in New South Wales", *Australian Journal of Law and Society* 1.
22. Gale, D., Hellwig, M., 1985, "Incentive-compatible debt contracts: the one-period problem", *Review of Economic Studies* 52.
23. Hurwicz, 1972, "On informational decentralized systems", In Decision and organization, ed. R. Radner and C. B. McGuire, pp. 297–336. Amsterdam: North-Holland Publishing Co..
24. Hopkins, 1984, "A. Blood money? The effect of bonus pay on safety in coal mines", *Australian and New Zealand Journal of Sociology* 20.
25. Hopkins, A., Parnell, N., 1984, "Why coal mine safety regulations in Australia are not enforced", *International Journal of the Sociology of Law* 12.
26. Innes, R. D., 1990, "Limited liability and incentive contracting with ex-ante action choices", *Journal of Economic Theory* 52.
27. Kahn, C., Mookherjee, D., 1995, "Coalition proof equilibrium in an adverse selection insurance economy", *Journal of Economic Theory* 66.
28. Kathy Turner, 1989, "Safety, discipline and the manager: building a 'higher class of men'", *Sociology* 11.
29. Lee, D., Volij, O., 2002, "The core of economies with asymmetric information: an axiomatic approach", *Journal of Mathematical Economics* 38.
30. Mangasarian, O. L., 1966, "Sufficient conditions for the optimal control of nonlinear systems", *SIAM Journal of Control* 4.
31. Picard, P., 1987, "On the Design of Incentive Schemes under moral hazard and adverse

selection", *Journal of Public Economics* 33.
32. Ou-Yang, H., 2003, "Optimal Contracts in a Continuous-Time Delegated Portfolio Management Problem", *Review of Financial Studies* 16.
33. Quinzii, M., 1984, "Core and competitive equilibria with indivisibilities", *International Journal of Game Theory* 13.
34. Richard McLean, Andrew Postlewaite, 2005, "Core convergence with asymmetric information", *Games and Economic Behavior* 50, pp. 58–78.
35. Schattler, H., J. Sung, 1993, "The first-order approach to continuous-time principal-agent problem with exponential utility", *Journal of Economic Theory* 61.
36. Townsend, R. M., 1979, "Optimal contracts and competitive markets with costly state verification", *Journal of Economic Theory* 21.
37. Vohra, R., 1999, "Incomplete information, incentive compatibility and the core", *Journal of Economic Theory* 86.
38. Volij, O., 2000, "Communication, credible improvements and the core of an economy with asymmetric information", *International Journal of Game Theory* 29.
39. William S. Lovejoy, 2006, "Optimal Mechanisms with Finite Agent Types", *Management Science* 52 (5), pp. 788–803.
40. Whitmore, R. L., 1981, Coal in Queensland. The first fifty years, University of Queensland Press.
41. Whitmore, R. L., 1985, Coal in Queensland. The late nineteenth century 1875 to 1900, University of Queensland Press.

Research on mechanism of Chinese coal mine safety regulations in the period of transition

—— Based on the incentive compatibility perspective

Xiao Xingzhi Wang Na

Abstract: Coal mine accidents didn't cease under the situation of repeatedly and harshly rectifying in China, now it has become one of the bottlenecks of building harmonious society and achieving social sustainable development. From incentive compatibility perspective, this paper discussed specific conditions that made various bodies' interests tend to accordance, and presented recommendations of improving mechanism of incentive compatibility of Chinese coal mine safety regulations and reducing coal mine accident rate through analyzing principal-agent relationship among central government and local governments, local governments and coal mine enterprises, coal mine enterprises and coal miners.

Key words: Coal Mine Accidents Incentive Compatibility Safety Regulations Behavior Choice

JEL Classification: L61 L59

产品市场的竞争与企业研发

周艺艺 平新乔[*]

摘　要：本文分析了产品市场竞争度对企业最优研发投入的影响。企业最优研发水平取决于研发所带来企业利润的增量，产品市场竞争度的增加会带来"竞争效应"和"模仿效应"两个效应。当产品市场竞争度较低时，"竞争效应"会强于"模仿效应"，企业最优研发水平会随产品市场的竞争度增强而上升；当产品市场竞争度较高时，"模仿效应"会强于"竞争效应"，企业最优研发水平会随产品市场的竞争度增强而下降。因此，企业最优研发水平会随产品市场的竞争度的增强先上升后下降，呈现倒"U"型结构。动态模型的框架下，本文分析了无技术差距行业中的企业、存在技术差距行业中的领先者与落后者的最优研发投入水平的差异。当技术无限大时，不存在技术差距行业中的企业研发投入最多，存在技术差距行业中的落后企业的最优研发投入会高于领先者的最优研发投入；当技术无限小且产品市场非完全竞争时，不存在技术差距行业中的企业研发投入最少，存在技术差距行业中的落后企业的最优研发投入会高于领先者的最优研发投入；当技术无限小且产品市场完全竞争时，不存在技术差距行业中的企业研发投入最多，存在技术差距行业中的领先企业的最优研发投入会高于落后者的最优研发投入。

关键词：研发　竞争　模仿效应

一、引　言

包括斯密和李嘉图等在内的大部分人都相信竞争能改善资源分配的效率。更具体来说，竞争的加剧会提高企业破产的可能性，从而迫使企业的经营者投入更多的精力来降低企业的生产成本，可以通过公司治理结构的改善来实现，也可以通过进行研发活动来实现。竞争能促进企业进行研发活动来提高效率的思想也深深地影响着经济政策制定者的行为，比如降低行业进入门槛、引进外资、颁布一系列反垄断法，等等。

但是，到目前为止，这种普遍被人们相信的观点无论在理论上还是实证

---

[*] 周艺艺：北京大学中国经济研究中心，邮编：100871，E-mail：zhouyiyi@gmail.com；平新乔：北京大学中国经济研究中心，邮编：100871，电话：010-62754798，E-mail：xqping@ccer.pku.edu.cn。

本文为教育部文科基地重大课题"技术创新的微观机制研究"（项目编号：2006JDXM023）的阶段性研究成果。作者感谢教育部对课题的资助。本文也凝聚了北京大学中国经济研究中心的梁爽、陈工文、毛亮和章棋元，以及中央财经大学的郝朝艳的宝贵意见，在此表示感谢。

上都没有得到有力的支持。其中，产业组织模型大都认为竞争加强会降低经理人的偷懒，为了取得更好的绩效，会增加研发来降低企业生产成本，总之，竞争会激励企业研发。然而，以熊彼特为代表的内生增长模型，就认为竞争会降低投资研发的期望利润，从而会降低企业研发动力。至于实证上的文献，就更加五花八门，没有一致的结论。本文的目的正是为了在这一广阔的知识领域里做出微薄贡献。本文从理论上推出产品市场上的竞争与企业研发之间倒"U"型的结构。

为什么企业研发与产品市场竞争度之间会呈现倒"U"型结构呢？本文认为关键原因在于：企业研发的动力取决于研发成功与研发失败之间的利润差额。在大部分的熊彼特模型中，研发都是由潜在进入的企业来完成的，如果失败了，利润就为零，如果成功了，就成为了局部的垄断者。在这些模型中，由于阿罗的重置成本效应，在位者都不研发，因为它们已经享有了垄断利润，当其他条件一样时，在位者研发的动力要比潜在进入者弱，因此，当R&D的规模回报恒定时且在位者没有研发优势时，在位者的均衡策略是不研发。那么，在无差异的Bertrand竞争的假设下，潜在进入者只要研发成功就会成为新的垄断者。

由于企业研发活动取决于研发成功与研发失败之间的利润差额，那么产品市场竞争度对企业研发的影响，也就不再是熊彼特模型中所预测的那样，会是负向的关系。具体来说，产品市场竞争度的加强会降低企业研发成功的利润，也同时会降低企业研发失败的利润，那么，对成功与失败之间的利润差的影响就不确定了。当竞争加强使研发成功时利润下降的比研发失败时下降的少，那么，竞争的加强就会提高企业研发；当竞争加强使研发成功时利润下降的比研发失败时下降的多，那么，竞争的加强就会降低企业研发。当产品市场竞争度较低时，随着竞争度的提高，研发成功时利润下降的程度要小于研发失败时利润下降的程度，企业研发的动力会增强；当产品市场竞争度较高时，随着竞争度的提高，研发成功时利润下降的程度要大于研发失败时利润下降的程度，企业研发的动力会下降。此时，随着竞争度的增强，企业研发的动力会先上升后下降，呈现倒"U"型结构。

产业组织领域里的理论文献大多认为"竞争的加强会促进企业研发"。给定技术是完全可知的，Fellner（1951）和Arrow（1962）认为当竞争加剧时，企业研发的利润会增加。Scherer（1980）认为竞争程度的缺失会带来经理人的懒惰从而降低研发投入水平，反之，竞争会减少经理人的偷懒，花精力降低企业的生产成本，环境越竞争，降低成本的行为会带来越高的利润回报，从而会提高研发的动力。Portor（1990）认为竞争会迫使企业为了生存而去研发，从而导致经济的增长。内生增长领域里的理论文献多数持有"竞争的加强会降低企业研发动力"的观点。Schumpeter（1943）认为垄断的净损失是指为了刺激企业研发而需要支付的价格，而且，研发是技术进步和经济增长的关键因素。因此，假设 Schumpeter 定理成立，竞争的加剧会降低企业研发的利润，从而降低企业研发水平，最后降低技术进步和经济增长的速度。Aghion and Howitt（1992）的基本理论也是在熊彼特内生增长的框架下发展的，它认为竞争与研发之间可能存在负向关系。在 1999 年，他们在 1992 的基础上更进一步，推出了在某些变动下这种负向关系会变成正向关系。比如说，如果经理人的目标不是最大化企业利润而仅仅只是想生存在市场上，那么竞争的加剧会迫使经理人把企业朝技术边界推近，即，研发会加剧委托代理问题，会使竞争与研发之间呈现正向关系的机制是一种争锋相对的行业结构，在这种行业中，研发的利润将会很大，因为研发后企业会垄断这个市场而不再和别的企业分享这个市场，因此，产品市场竞争度的加强会刺激企业研发。在 Aghion 等（2005）的这篇文章里，竞争对研发正向和负向的影响同时存在，最后导出了一个倒"U"型的关系。另外，这篇文章还认为在完全争锋相对的行业里的逃离竞争的效应最强烈。

本文的结构安排如下：在第二部分，本文给出了产品市场上的竞争程度与企业的研发投入之间的静态理论模型。本文考虑了两种类型的企业：一种是永远不模仿的企业，另外一种是当对方拥有专利时会选择去模仿的企业[①]。竞争度的增强会同时带来竞争效应和模仿效应，竞争效应促使企业提高研发水平，模仿效应促使企业降低研发水平。当产品市场竞争度较低时，竞争效应会强于模仿效应，此时，产品市场上竞争度的加强会带来企业研发投入水平的上升；当产品市场竞争度较高时，竞争效应会弱于模仿效应，此时，产品市场上竞争度的加强会带来企业研发投入水平的下降。总的而言，随着产品市场上竞争度的加强，企业的最优研发投入会先上升后下降，呈现倒"U"型结构。在第三部分，本文对第二部分的静态理论模型的设定做了一些修改，假设企业的技术进步是一步一步进行的，而行业中的落后者存有一些后发优势，在这么一个动态的框架下讨论了不存在技术差距行业中的企业、存在技术差距行业中的领先者企业和落后者企业的研发投入水平之间的差异。第四部分对本文做出了总结。论文的最后部分给出了本文所有结论的证明。

二、基本理论框架

（一）产品市场

1. 终端产品市场。考虑一个由单个风险中立的代表性终端产品生产厂

[①] 企业永远不模仿可以理解为专利保护完全，会模仿的企业可以理解为专利保护不完全。

商①组成的经济。终端产品的生产需要中间产品生产商提供的投入品,中间产品市场有两个企业,企业 1 和企业 2,q_1 和 q_2 分别代表了这两个企业的产出。终端产品的生产函数为 $Q = f(q_1, q_2)$,其中 $f(\cdot)$ 是对 q_1 和 q_2 一次齐次且对称的函数。在本文,假设生产函数的形式为:

$$f(q_1, q_2) \equiv (q_1^\theta + q_2^\theta)^{1/\theta} \quad \theta \in (0, 1] \quad (1)$$

令代表性终端产品生产厂商的投入资源为单位 1,并记这两个企业生产的中间产品的价格分别为 p_1 和 p_2,那么代表性终端产品生产厂商在满足约束条件 $p_1 q_1 + p_2 q_2 = 1$ 下选择 q_1 和 q_2 来最大化 $f(q_1, q_2)$,那么,这两个企业所面临的需求函数为:

$$q_1 = \frac{p_1^{1/(\theta-1)}}{p_1^{\theta/(\theta-1)} + p_2^{\theta/(\theta-1)}} \text{ 和 } q_2 = \frac{p_2^{1/(\theta-1)}}{p_1^{\theta/(\theta-1)} + p_2^{\theta/(\theta-1)}} \quad (2)$$

从这可以看出,需求的替代弹性②为 $1/(1-\theta)$,正好可以通过一个单调递增转换得到 θ,因此,参数 θ 度量了两个企业产品的替代性。

2. 中间产品市场上的竞争。中间产品市场上的两个企业的单位生产成本都为 c,c 与产量无关。假设企业 1 和企业 2 进行价格竞争,得到 Bertrand 均衡。根据上面的需求函数,企业 i 的需求弹性为 $(1 - \theta\lambda_i)/(1-\theta)$,③ 其中 $\lambda_i = p_i q_i$ 是企业 i 的总收入:

$$\lambda_i = \frac{p_i^{\theta/(\theta-1)}}{p_1^{\theta/(\theta-1)} + p_2^{\theta/(\theta-1)}} \quad i = 1, 2 \quad (3)$$

那么,每个企业的均衡价格为:

$$p_i = \frac{1 - \theta\lambda_i}{\theta(1 - \lambda_i)} c_i \quad i = 1, 2 \quad (4)$$

两个企业的均衡利润为:

$$\pi_i = \frac{(1-\theta)\lambda_i}{1 - \theta\lambda_i} \quad i = 1, 2 \quad (5)$$

(3)式 ~ (5)式可以求出每个企业的均衡价格和均衡利润。

从这也可以看出,给定每个企业的份额 λ,企业面临的需求弹性为

---

① 代表性终端产品的生产厂商也可以理解为代表性消费者。

② 需求的替代弹性为:
$$\frac{\mathrm{d}\ln(q_1/q_2)}{\mathrm{d}\ln(p_2/p_1)} = \frac{\mathrm{d}\ln(p_1/p_2)^{1/(\theta-1)}}{\mathrm{d}\ln(p_2/p_1)} = 1/(1-\theta)$$

③ 企业 i 的需求弹性为:

$$\left|\frac{\partial q_i}{\partial p_i} \cdot \frac{p_i}{q_i}\right| = \left|\frac{\frac{1}{\theta-1} p_i^{\frac{1}{\theta-1}-1}\left[p_1^{\frac{\theta}{\theta-1}} + p_2^{\frac{\theta}{\theta-1}}\right] - \frac{\theta}{\theta-1} p_i^{\frac{1}{\theta-1}} p_i^{\frac{\theta}{\theta-1}-1}}{\left[p_1^{\theta/(\theta-1)} + p_2^{\theta/(\theta-1)}\right]^2} \cdot \frac{p_i \cdot \left[p_1^{\theta/(\theta-1)} + p_2^{\theta/(\theta-1)}\right]}{p_i^{\frac{1}{\theta-1}}}\right|$$

$$= \left|\frac{\frac{1}{\theta-1}\left[p_1^{\frac{\theta}{\theta-1}} + p_2^{\frac{\theta}{\theta-1}}\right] - \frac{\theta}{\theta-1} p_i^{\frac{\theta}{\theta-1}}}{\left[p_1^{\theta/(\theta-1)} + p_2^{\theta/(\theta-1)}\right]}\right| = \left|\frac{1}{\theta-1} - \frac{\theta}{\theta-1}\lambda_i\right| = \frac{1 - \theta\lambda_i}{1 - \theta}$$

$(1-\theta\lambda)/(1-\theta)$，正好可以通过一个单调递增转换得到 θ。因此，本文参数 θ 度量了中间产品市场上的竞争度，$\theta=0$ 表示最低的竞争度，$\theta=1$ 表示最高的竞争度，也就是同质产品之间的 Bertrand 竞争。

当两个企业的成本一样，两个企业同时存在于中间产品市场上时，每个企业的均衡利润为：

$$\pi^d = \frac{1-\theta}{2-\theta}$$

当中间产品市场上只有一个企业时，企业的垄断利润：$\pi^m = 1$。

定义 $\alpha = \frac{1}{2-\theta}$，那么 $\pi^d = 1 - \alpha$，α 是 θ 的单调递增转换，同样度量了中间产品市场上的竞争度，$\alpha \in (1/2, 1]$，$\alpha = 1/2$ 表示最低的竞争度，$\alpha = 1$ 表示最高的竞争度。另外，由于 $\pi^d = (1-\alpha)\pi^m$，$(1-\alpha)$ 度量了两家企业勾结的程度，如果它们完全勾结，每个企业获得的利润都为 $\pi^d = \pi^m/2$，对应于 $\alpha = 1/2$，此时，中间产品市场上竞争度最小；如果它们不能勾结，即进行的是完全的 Bertrand 竞争，那么 $\pi^d = 0$，对应的 $\alpha = 1$，此时，中间产品市场上竞争度达到了最大。在接下来的篇幅中，参数 α 是中间产品市场的度量指标，本文主要分析 α 的变动如何影响企业的研发行为。

(二) 研发阶段

1. 研发的不确定性。这两家中间产品生产商在第一期老一代产品市场上分别获得 π^d 的利润，到了第二期期初会同时投入研发，进行新一代产品的研发，如果有企业研发出新一代产品，就会去申请专利，则第二期的研发阶段宣告结束，然后进入第三期新一代产品的竞争阶段，此时，老一代产品就会被挤出市场（例如，计算机行业、电子产品，等等）（见图1）。

老一代产品市场竞争	研发阶段	新一代产品市场竞争
第一期	第二期	第三期

图 1 模型的时序

但是研发是存在不确定性的，本文考虑的研发的不确定性指研发投入与新产品研发成功日期之间的不确定性。记 $x_i(i=1,2)$ 代表企业 i 的研发投入，$\tau_i(x_i)$ 代表研发成功的日期，它是一个随机变量，服从分布：$pr\{\tau_i(x_i) \leq t\} = 1 - e^{-h(x_i)t}$，$t \in [0, \infty)$。那么，企业 i 研发成功的期望日期为 $1/h(x_i)$，其中 $h(\cdot)$ 正是很多文献中的 Hazard 函数。关于 Hazard 函数的通常假设为：$h(\cdot)$ 连续且二阶可导；$h'(x) > 0$，$h''(x) < 0$ 对所有 $x \in [0, \infty)$ 都成立；$h(0) = 0 = \lim_{x \to \infty} h'(x)$。为了数学上的简便，且为了求得显示解，本文假设 Hazard 函数的形式为：

$$h(x) = 4\sqrt{x} \quad x \in [0, \infty)$$

2. 专利保护的不完全。只要有企业研发成功了，就会去申请专利，研发过程就宣告结束，进入下一阶段的新一代产品市场竞争环节。但是专利保护可能是不完全的，即使有企业申请了专利，另外一个企业也有可能通过模仿进入新一代产品的市场。如果模仿成功，市场上就将存在两个企业，进行价格竞争，分别获得利润 π^d；如果模仿不成功，市场上就只有发明者企业，它获得垄断利润 π^m。为了使专利保护得更好，一般而言，指专利保护的宽度越宽或者时间期限越长，发明者企业需求支付更多的专利费用；另外，为了使专利保护得更好，发明者企业也需要花费更多的资金在保密工作上。

令专利完全保护的概率为 η，$\eta \in [0, 1]$，相应的专利保护成本是完全保护概率的函数，令其为 $C(\eta)$，满足 $C'(\eta) > 0$ 和 $C''(\eta) \geq 0$ 对所有 $\eta \in [0, 1]$ 都成立，本文为简化数学和求出显示解，假设专利保护成本函数的形式为：

$$C(\eta) = \eta^2/2 \quad \eta \in [0, 1]$$

发明者企业就会选择 η 来最大化期望利润，即 π_R：

$$\max_{\eta} \{\eta \pi^m + (1 - \eta) \pi^d - C(\eta)\}$$

得到最优解：

$$\eta^* = \alpha$$

对应的发明者的期望利润：

$$\pi_R = \eta \pi^m + (1 - \eta) \pi^d - C(\eta) = \alpha^2/2 - \alpha + 1 \tag{6}$$

那么模仿者的期望利润：

$$\pi_M = (1 - \alpha)^2 \tag{7}$$

易得到对所有 $\alpha \in [1/2, 1]$，有 $\pi_M + \pi_R < \pi^m$，[①] 即发明者企业和模仿者企业的利润之和必小于垄断者利润。

(三) 竞争与研发的倒"U"型关系

本节主要考虑对称的情形：两个企业都是潜在的模仿者，即当对方企业拥有新一代技术的专利时，企业会通过模仿而进入新技术市场。

对于任意的一组研发投入水平 (x_1, x_2)，企业 1 的期望利润为：

$$V_1(x_1, x_2) = \int_0^{\infty} e^{-rt} e^{-(h(x_1)+h(x_2))t} [h(x_1)\pi_R + h(x_2)\pi_M + \pi^d - x_1] dt$$

$$= \frac{h(x_1)\pi_R + h(x_2)\pi_M + \pi^d - x_1}{r + h(x_1) + h(x_2)}$$

其中，如果在 t 时企业 1 研制出新一代产品获得专利而企业 2 还未研发成

---

① 令 $\phi(\alpha) = 3\alpha^2/2 - 3\alpha + 1$，令 $\phi(\alpha) = 0 \Rightarrow \alpha_1 = 1 - \sqrt{12}/6$，$\alpha_2 = 1 + \sqrt{12}/6$，易知 $\alpha_1 < 1/2$，$\alpha_2 > 1$，所以，在所有 $\alpha \in [1/2, 1]$，$\phi(\alpha) > 0$，即 $\pi_M + \pi_R < \pi^m$。

功，企业 1 得到发明者的利润 π_R，这个事件发生的概率为 $e^{-(h(x_1)+h(x_2))t}h(x_1)$；如果在 t 时企业 2 研制出新一代产品获得专利而企业 1 还未研发成功，企业 1 得到模仿者的利润 π_M，这个事件发生的概率为 $e^{-(h(x_1)+h(x_2))t}h(x_2)$；最后，如果两个企业都未研制出新一代产品，企业 1 在老一代产品市场上得到利润 π^d，且支付研发成本 x_1，这个事件发生的概率为 $e^{-(h(x_1)+h(x_2))t}$。

类似，可以得到企业 2 的期望利润：

$$V_2(x_1, x_2) = \int_0^\infty e^{-rt} e^{-(h(x_1)+h(x_2))t} [h(x_2)\pi_R + h(x_1)\pi_M + \pi^d - x_2] dt$$

$$= \frac{h(x_2)\pi_R + h(x_1)\pi_M + \pi^d - x_2}{r + h(x_1) + h(x_2)}$$

下述两个结论给出了两个企业的最优研发投入的解，并给出了最优解与产品市场竞争度之间的关系。

【结论 1】

定义 $\Delta = 16\alpha^4 - 64\alpha^3 + (32r+64)\alpha^2 + (48-64r)\alpha + r^2 + 48r - 48$，那么，对称的均衡研发投入水平为 $x^* = \dfrac{(-4\alpha^2 + 8\alpha - r + \sqrt{\Delta})^2}{144}$。

【结论 2】

给定 $r \in [0, 1/4]$，随 α 的增大 x^* 先增大后减小，即企业最优的研发投入与产品市场的竞争度呈现倒"U"型结构。

为什么企业最优的研发投入会随着产品市场竞争度的上升而先上升后下降呢？关键原因在于：企业研发多少取决于研发后的利润与研发前的利润之间的差额。在研发前，企业获得的就是双寡头利润，但在研发成功取得专利后，面临着对方的模仿，就有可能得到垄断利润也有可能得到双寡头利润。产品市场竞争度的增强会同时带来"竞争效应"与"模仿效应"这两个效应。"竞争效应"是指产品市场竞争度的提高，会降低研发前的利润，当然也会降低研发后的利润，但是由于研发后企业有正概率得到垄断利润，而垄断利润是不受产品市场竞争度影响的，因此，竞争度加强使得研发前利润降低的幅度大于研发后利润的降低幅度，从而，会提高企业研发的投入。这种效应就被称为"竞争效应"。"模仿效应"是指产品市场竞争度的提高，企业研发成功取得专利后会面临对方企业的模仿，如果发明者企业不保护自己专利的话，期望利润会下降，那么他会花更有动机去保护自己的专利，而专利保护的成本是保护程度的凹函数，因此，此时产品市场竞争度的提高会降低发明者企业的期望利润，即企业研发后的利润会下降，从而会降低企业研发的投入。这种效应就称为"模仿效应"。

当竞争度很小时，"竞争效应"大于"模仿效应"，随着竞争度的提高，企业研发上升；当竞争度大于某个临界值时，"模仿效应"大于"竞争效应"，随着竞争度的提高，企业研发开始下降。因此，随着产品市场竞争度的增强，企业最优的研发投入会先上升后下降，即竞争与研发呈现倒"U"型关系（见图2）。

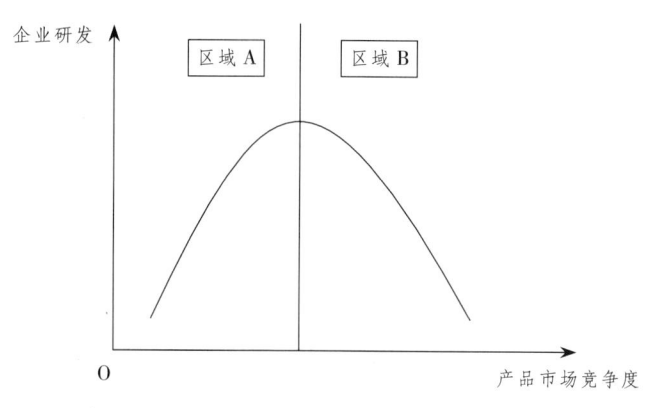

区域A：竞争效应>模仿效应　　区域B：模仿效应>竞争效应
图2　产品市场竞争度与企业研发

三、动态理论模型

在文章的第二部分，本文假设两个企业的单位成本一样，考虑了产品市场竞争度对企业研发的影响。在本节，本文主要考虑当企业单位成本不一样的情况下，领先企业和落后企业的研发决策的差异，还考虑了它们与不存在技术差距的行业中的企业研发决策的差异。为了讨论这个问题，本文对第二部分的模型设定做了一些变动，参考了 Aghion（2001）的模型设定，考虑了一个无穷期的动态模型。

（一）产品市场上的竞争

首先，假设在第一期中间产品市场上的两个企业的单位生产成本不同，分别为 c_1 和 c_2。那么，（3）式~（5）式可以决定出惟一的均衡收入、均衡价格和均衡利润。给定产品替代指标 θ，企业 i 的均衡利润只取决于它的相对成本 $z = c_i/c_{-i}$；两个企业单位成本的同比例下降会导致均衡价格按相同比例下降，由于需求的单位弹性，均衡收入和均衡利润将保持不变。更正式地说，（3）式~（5）式隐性地定义了函数 $\varphi(z, \theta)$，使得：

$\pi_1 = \varphi(z, \theta)$ 与 $\pi_2 = \varphi(1/z, \theta)$

下面的结论3给出了利润函数的一些性质，详细证明见附录。

【结论3】[①]

（a）对所有的 $\theta \in (0, 1)$，利润函数 $\varphi(z, \theta)$ 对 z 严格递减；

---

① 本结论的基础是 Aghion（2001）的定理1，本文的（c）有所扩展。

(b) $\varphi(z, 0) = 1/2$;

(c) 定义 $H(z, \theta) = \varphi(z, \theta) + \varphi(1/z, \theta)$。对所有的 $\theta \in (0, 1]$，当 $z < 1$ 时，$H(z, \theta)$ 对 z 递减；当 $z > 1$ 时，$H(z, \theta)$ 对 z 递增；当 $z = 1$ 时，$H(z, \theta)$ 取到最小值。

结论3的经济含义如下：

(a) 除了产品市场上没有竞争或完全竞争（$\theta = 0$ 或 1）之外，一个企业的相对边际成本越低，企业的利润就越高。

(b) 当产品市场的竞争程度下降到零时，企业的利润与它的相对边际成本无关。这是因为，当 $\theta = 0$ 时，每个企业面临的需求弹性是单位弹性，企业会选择微小的产量和极大的价格，无论 c_i 的值为多大，都产生 1/2 的收入，因此，当 $\theta = 0$ 时利润的增量会消失。

(c) 当产品市场竞争程度稍大于零时，如果企业1的相对边际成本小于企业2，那么行业的总利润对企业1的相对成本递减。反之，如果企业1的相对边际成本大于企业2，那么行业的总利润对企业1的相对成本递增。那么，存在技术差距的行业的总利润会高于不存在技术差距行业的总利润。

（二）研发决策

在研发阶段，假设每一次研发成功能够使企业的单位成本变为原来的 $1/\gamma$ 倍，其中 $\gamma \geq 1$。处在行业技术边界上的企业①要使技术往前走一步，研发的 Hazard Rate 达到 x，必须付出研发成本 $\psi(x) = \beta x^2/2$，其中 $\beta > 0$。而落后企业却只要进行一次研发就可以赶上另一家企业，且付出同样的研发成本 $\psi(x)$ 时，可以使研发的 Hazard Rate 达到 $x + h$，$h \geq 0$ 衡量了模仿的容易度或者研发的溢出程度。

令 x_0、x_n 和 $\bar{x}_n$ 分别代表不存在技术差距行业中的企业、存在 n 步技术差距行业中的领先者企业和落后者企业的研发投入，且令 V_0、V_n 和 $\bar{V}_n$ 分别代表不存在技术差距行业中的企业、存在 n 步技术差距行业中的领先者企业和落后者企业的期望利润的现值。

V_n 的 Bellman 方程如下：

$$V_n = \max_{x_n} \{(\pi_n - \beta x_n^2/2)dt + e^{-rdt}[x_n dt V_{n+1} + (\bar{x}_n + h)dt V_0 + (1 - x_n dt - (\bar{x}_n + h)dt)]V_n\}$$

也就是说，作为技术领先 n 步的企业在 t 时的现值等于现在的利润流 $\pi_n dt$ 减去现在的研发成本 $\beta x_n^2/2 dt$，加上研发所带来的期望资本净所得的折现值。研发所带来的期望资本净所得包括三部分：自己往前走一步对方不动的资本所得；自己不动对方往前走一步的资本所得（此项实为损失符号为负）；还有双方都不动的价值。

---

① 包括存在技术差距行业中的领先者企业和不存在技术差距行业中的两个企业。

当 dt 很小时,$e^{-rdt} \approx 1 - rdt$,$(dt)^2 \approx 0$ 可以忽略不计。那么:

$$rV_n = \pi_n - \beta x_n^2/2 + x_n(V_{n+1} - V_n) + (\bar{x}_n + h)(V_0 - V_n) \tag{8}$$

$$r\bar{V}_n = \bar{\pi}_n - \beta \bar{x}_n^2/2 + x_n(\bar{V}_{n+1} - \bar{V}_n) + (\bar{x}_n + h)(V_0 - \bar{V}_n) \tag{9}$$

$$rV_0 = \pi_0 - \beta x_0^2/2 + x_0(V_1 - V_0) + x_0(\bar{V}_1 - V_0) \tag{10}$$

每个企业都选择最优的研发投入水平使得 Bellman 方程的左边达到最大,则每个企业的最优研发投入水平会与研发使得价值增量成比例[①]:

$$x_n = (V_{n+1} - V_n)/\beta \tag{11}$$

$$\bar{x}_n = (V_0 - \bar{V}_n)/\beta \tag{12}$$

$$x_0 = (V_1 - V_0)/\beta \tag{13}$$

(三) 技术无限大的情形 ($\gamma \to \infty$)

首先,当 $\gamma \to \infty$ 时,易推出 $x_n \to 0$。这是因为,当技术无限大时,即使只领先一步,企业的利润也会达到最高水平,$\phi(\gamma^{-1}, \theta) \approx 1$ 对所有 $\theta \in (0, 1]$ 成立。那么,此时,领先者企业没有任何动力再去研发,$x_n \to 0$ 对所有 $n \geq 1$ 成立。

下面,由于 $\gamma \to \infty$,分析企业 F 的研发决策时,只需要考虑企业 F 只落后一步即可。

【引理1】

当 $\gamma \to \infty$ 时,(11) 式 ~ (13) 式的策略函数变成:

$$x_0^2/2 + (r+h)x_0 = (\pi_1 - \pi_0)/\beta \tag{14}$$

$$\bar{x}_1^2/2 + (r+h+x_0)\bar{x}_1 = (\pi_0 - \bar{\pi}_1)/\beta \tag{15}$$

根据结论 3 的 (c) 易得:$\pi_1 - \pi_0 > \pi_0 - \bar{\pi}_1$。然后,比较 (14) 式和 (15) 式,易得到如下结论。

【结论4】

当 $\gamma \to \infty$ 时,必有 $x_0 > \bar{x}_n > x_n$ 对所有 $\theta \in (0, 1]$ 成立。即表明:当技术无限大时,不存在技术差距行业中的企业研发投入最多,存在技术差距行业中的落后者企业的最优研发投入会高于领先者的最优研发投入。

对于不存在技术差距行业中的企业而言,它目前的利润为双寡头利润 π^d,如果它的技术前进一步,就可获得垄断者利润 π^m,所以,研发能带来的利润增加额为 $\pi^m - \pi^d$;对于存在技术差距行业中的落后企业而言,它目前的利润趋近于零,如果它的技术前进一步,可获得双寡头利润 π^d,所以,研发能带来的利润增加额为 π^d。比较这两种企业的研发动力大小,由于 $\pi^m - \pi^d \geq \pi^d$,因此,前者的研发动力会大于后者的研发动力。最后,对于存在技术差距行业中的领先企业而言,它目前的利润就趋近于垄断利润,如果它的技术前进一步,还是获得垄断利润,所以,它毫无研发的动力。

[①] 由于价值增量一定非负,本文不考虑角点解的情形。

（四）技术无限小的情形（$\gamma \to 1$）

在第三部分，本文分析了技术无限大的情形下不存在技术差距行业中的企业、存在技术差距行业中的领先企业和落后企业的最优研发水平的差异。在本节，本文分析另外一个极端情况，即技术无限小的情形下，这三种类型的企业的最优研发水平的差异。由于利润函数在 $\theta < 1$ 时是平滑的，而在 $\theta = 1$ 处出现了跳跃，因此，本部分把这两种情况分开讨论。在本部分，令 $\varepsilon = \gamma - 1$，由于 $\gamma \to 1$，那么 $\varepsilon \to 0$。

1. 非完全竞争的情形（$\theta < 1$）。

【引理 2】 当 $\theta < 1$ 时，值函数为：

$$V_n = \varphi(1,\theta)/r + n\beta\delta\varepsilon + O(\varepsilon^2) \tag{16}$$

$$V_0 = \varphi(1,\theta)/r + O(\varepsilon^2) \tag{17}$$

$$\overline{V}_n = \varphi(1,\theta)/r - n\beta\delta\varepsilon + O(\varepsilon^2) \tag{18}$$

其中：

$$\delta = \frac{1}{\beta(r+h)} \left[-\frac{\partial \varphi(z,\theta)}{\partial z} \bigg|_{z=1} \right] > 0 \tag{19}$$

由引理 2，（11）式~（13）式的策略函数可化解为：

$$x_n = (V_{n+1} - V_n)/\beta = \delta\varepsilon + O(\varepsilon^2) \tag{20}$$

$$\overline{x}_n = (V_0 - \overline{V}_n)/\beta = n\delta\varepsilon + O(\varepsilon^2) \tag{21}$$

$$x_0 = (V_1 - V_0)/\beta = \delta\varepsilon + O(\varepsilon^2) \tag{22}$$

比较这三个函数，易得如下结论：

【结论 5】

当 $\gamma \to 1$ 和 $\theta < 1$ 时，必有 $\overline{x}_n > x_n = x_0$。即表明：当技术无限小时，不存在技术差距行业中的企业研发投入最少，存在技术差距行业中的落后者企业的最优研发投入会高于领先者的最优研发投入。

当产品市场非完全竞争时，对于不存在技术差距行业中的企业，目前的利润为 $\varphi(1,\theta)$，如果技术往前走一步，就会领先对方技术一步，获得利润 $\varphi(\gamma^{-1},\theta)$，那么，研发所带来利润的增量为 $\varphi(\gamma^{-1},\theta) - \varphi(1,\theta)$；对于存在技术差距行业中的领先者企业，目前的利润为 $\varphi(\gamma^{-n},\theta)$，如果技术往前走一步就会获得利润 $\varphi(\gamma^{-(n+1)},\theta)$，那么研发所带来的利润增量为 $\varphi(\gamma^{-(n+1)},\theta) - \varphi(\gamma^{-n},\theta)$；对于存有技术差距行业中的落后企业，目前的利润为 $\varphi(\gamma^n,\theta)$，如果技术往前走一步就会获得利润 $\varphi(1,\theta)$，那么研发所带来的利润增量为 $\varphi(1,\theta) - \varphi(\gamma^n,\theta)$。

当 $\theta < 1$，$\gamma \to 1$ 时，技术进步的利润增量可以由技术往前走了几步来近似。$\varphi(\gamma^{-1},\theta) - \varphi(1,\theta) = \varphi(\gamma^{-(n+1)},\theta) - \varphi(\gamma^{-n},\theta) \leqslant \varphi(1,\theta) - \varphi(\gamma^n,\theta)$，即往前走 $n(n \geqslant 1)$ 步的利润增量要高于往前走一步的利润增量。因此，有上述的结论 5。

2. 完全竞争的情形（$\theta = 1$）。

【引理 3】 当 $\theta = 1$ 时，值函数为：

$$V_n = n\beta\rho\varepsilon + O(\varepsilon^2) \tag{23}$$

$$V_0 = O(\varepsilon^2) \tag{24}$$

$$\overline{V}_n = O(\varepsilon^2) \tag{25}$$

其中：

$$\rho = \frac{1}{\beta(r+h)}$$

由引理 3 得到如下策略函数：

$$x_n = (V_{n+1} - V_n)/\beta = \rho\varepsilon + O(\varepsilon^2) \tag{26}$$

$$\overline{x}_n = (V_0 - \overline{V}_n)/\beta = O(\varepsilon^2) \tag{27}$$

$$x_0 = (V_1 - V_0)/\beta = \rho\varepsilon + O(\varepsilon^2) \tag{28}$$

【结论 6】

当 $\gamma \to 1$ 和 $\theta = 1$ 时，必有 $x_0 = x_n > \overline{x}_n$。即表明：当技术无限小且产品市场完全竞争时，不存在技术差距行业中的企业研发投入最多，存在技术差距行业中的领先者企业的最优研发投入会高于落后者的最优研发投入。

当产品市场完全竞争时，对于不存在技术差距行业中的企业，目前的利润为零，如果技术往前走一步，就会领先对方技术一步，获得利润 $\varphi(\gamma^{-1}, 1)$，那么，研发所带来利润的增量为 $\varphi(\gamma^{-1}, 1)$；对于存在技术差距行业中的领先者企业，目前的利润为 $\varphi(\gamma^{-n}, 1)$，如果技术往前走一步就会获得利润 $\varphi(\gamma^{-(n+1)}, 1)$，那么研发所带来的利润增量为 $\varphi(\gamma^{-(n+1)}, 1) - \varphi(\gamma^{-n}, 1)$；对于存有技术差距行业中的落后企业，目前的利润为 $\varphi(\gamma^n, 1)$，如果技术往前走一步就会获得利润 $\varphi(1, 1)$，那么研发所带来的利润增量为 $\varphi(1, 1) - \varphi(\gamma^n, 1)$。

由于 $\varphi(\gamma^{-1}, 1) = 1 - \gamma^{-1}$，$\varphi(\gamma^{-(n+1)}, 1) - \varphi(\gamma^{-n}, 1) = (1 - \gamma^{-(n+1)}) - (1 - \gamma^{-n}) \approx 1 - \gamma^{-1}$，$\varphi(1, 1) - \varphi(\gamma^n, 1) \approx 0$，所以，落后企业的研发动力最小。

四、总　　结

本文主要研究了产品市场竞争度对企业研发的影响。企业最优研发水平取决于研发所带来企业利润的增量。产品市场竞争度的增强会降低研发前的企业利润，但也会降低研发后的企业利润，因此，产品市场竞争度对研发后与研发前的利润差额的影响并不一定为线性。本文从理论和实证两个角度都得到了产品市场竞争度与企业研发呈现倒"U"型结构的结论，即随着产品市场竞争度的提高，企业最优研发水平会先上升后下降。

在静态模型的框架下，产品市场竞争度的增加会带来"竞争效应"和

"模仿效应"两个效应。当产品市场竞争度较低时,"竞争效应"会强于"模仿效应",企业最优研发水平会随产品市场的竞争度增强而上升;当产品市场竞争度较高时,"模仿效应"会强于"竞争效应",企业最优研发水平会随产品市场的竞争度增强而下降。因此,企业最优研发水平会随产品市场的竞争度的增强先上升后下降,呈现倒"U"型结构。

在动态模型的框架下,本文分析了无技术差距行业中的企业、存在技术差距行业中的领先者与落后者的最优研发投入水平的差异。当技术无限大时,不存在技术差距行业中的企业研发投入最多,存在技术差距行业中的落后企业的最优研发投入会高于领先者的最优研发投入;当技术无限小且产品市场非完全竞争时,不存在技术差距行业中的企业研发投入最少,存在技术差距行业中的落后企业的最优研发投入会高于领先者的最优研发投入;当技术无限小且产品市场完全竞争时,不存在技术差距行业中的企业研发投入最多,存在技术差距行业中的领先者企业的最优研发投入会高于落后者的最优研发投入。

附录：结论与引理的证明

【结论 1】 的证明：

证明：$V_1(x_1, x_2)$ 对 x_1 求一阶导，并令其等于零，得到：

$$\frac{\partial V_1(x_1, x_2)}{\partial x_1} \propto [h'(x_1)\pi_R - 1][r + h(x_1) + h(x_2)] - h'(x_1)$$
$$[h(x_1)\pi_R + h(x_2)\pi_M + \pi^d - x_1]$$
$$= h'(x_1)[\pi_R r - \pi^d + x_1 + (\pi_R - \pi_M)h(x_2)]$$
$$- [r + h(x_1) + h(x_2)] = 0$$

$V_2(x_1, x_2)$ 对 x_2 求一阶导，并令其等于零，得到：

$$\frac{\partial V_2(x_1, x_2)}{\partial x_2} \propto [h'(x_2)\pi_R - 1][r + h(x_1) + h(x_2)] - h'(x_2)$$
$$[h(x_2)\pi_R + h(x_1)\pi_M + \pi^d - x_2]$$
$$= h'(x_2)[\pi_R r - \pi^d + x_2 + (\pi_R - \pi_M)h(x_1)]$$
$$- [r + h(x_1) + h(x_2)] = 0$$

由于 Hazard 函数的二阶导小于零，因此 $\frac{\partial^2 V_i(x_1, x_2)}{\partial x_i^2} < 0$，$i \in \{1, 2\}$，一阶导等于零的解就是使目标函数最大化的解。

对称解需要满足的方程：

$$6x - [8(\pi_R - \pi_M) - r]\sqrt{x} - 2(\pi_R r - \pi^d) = 0$$

$\pi_R - \pi_M = -\alpha^2/2 + \alpha$ 和 $\pi_R r - \pi^d = r\alpha^2/2 + (1 - r)\alpha + r - 1$

定义：

$$\Delta = (8\pi_R - 8\pi_M - r)^2 + 48(\pi_R r - \pi^d)$$
$$= 16\alpha^4 - 64\alpha^3 + (32r + 64)\alpha^2 + (48 - 64r)\alpha + r^2 + 48r - 48$$

下面证明当 $\alpha \in [1/2, 1]$ 时，$\pi_R r - \pi^d > 0$，也就推出 $\Delta > 0$。

定义：

$\psi(\alpha) = r\alpha^2/2 + (1 - r)\alpha + r - 1$

$\Delta_1 = (1 - r)^2 - 2r(r - 1) = 1 - r^2 \geq 0$

令 $\psi(\alpha) = 0$ 得到：

$\alpha_1 = r - 1 - \sqrt{1 - r^2} \leq 0$

和

$\alpha_2 = r - 1 + \sqrt{1 - r^2}$

$2r^2 - 3r + 5/4 > 0 \Rightarrow 1 - r^2 < 9/4 - 3r + r^2 \Rightarrow \sqrt{1 - r^2} < 3/2 - r \Rightarrow \alpha_2 < 1/2$

所以，当 $\alpha \in [1/2, 1]$ 时，$\psi(\alpha) > 0$，即 $\pi_R r - \pi^d > 0$。

从而，可以得到对称的均衡解①：

$$x^* = \frac{[8(\pi_R - \pi_M) - r + \sqrt{\Delta}]^2}{144}$$

【结论 2】的证明：

证明：

第一步，证明 $\frac{\partial \Delta}{\partial \alpha} > 0$ 对所有 $\alpha \in [1/2, 1]$ 成立。

$$\frac{\partial \Delta}{\partial \alpha} = 64\alpha^3 - 192\alpha^2 + (64r + 128)\alpha + 48 - 64r$$

$$\frac{\partial^2 \Delta}{\partial \alpha^2} = 192\alpha^2 - 384\alpha + 64r + 128$$

因为 $\frac{\partial^3 \Delta}{\partial \alpha^3} = 384\alpha - 384 < 0$ 对所有 $\alpha \in [1/2, 1]$ 成立，且 $\frac{\partial^2 \Delta}{\partial \alpha^2}\bigg|_{\alpha = 1/2} = 64r - 16 \leq 0$ 对所有 $r \in [0, 1/4]$ 成立，所以，$\frac{\partial^2 \Delta}{\partial \alpha^2} < 0$ 对所有 $\alpha \in [1/2, 1]$ 成立。

又因为 $\frac{\partial \Delta}{\partial \alpha}\bigg|_{\alpha = 1} = 48 > 0$，所以，$\frac{\partial \Delta}{\partial \alpha} > 0$ 对所有 $\alpha \in [1/2, 1]$ 成立。

第二步，证明随着 α 的增大，$\frac{\partial x^*}{\partial \alpha}$ 先大于零后小于零，即证明二阶导小于零，当 $\alpha = 1/2$ 时，$\frac{\partial x^*}{\partial \alpha} > 0$；当 $\alpha = 1$ 时，$\frac{\partial x^*}{\partial \alpha} < 0$。

令 $A = \frac{-4\alpha^2 + 8\alpha - r + \sqrt{\Delta}}{12}$，那么 $\frac{\partial x^*}{\partial \alpha}$ 的符号和 $\frac{\partial A}{\partial \alpha}$ 相同。

$$\frac{\partial A}{\partial \alpha} \propto \frac{1}{2\sqrt{\Delta}} \frac{\partial \Delta}{\partial \alpha} - (8\alpha - 1) \propto \frac{\partial \Delta}{\partial \alpha} - 2(8\alpha - 1)\sqrt{\Delta}$$

令 $f(\alpha) = \frac{\partial \Delta}{\partial \alpha} - 2(8\alpha - 1)\sqrt{\Delta}$，由于 $\frac{\partial^2 \Delta}{\partial \alpha^2} < 0$，可以得到：

$$f'(\alpha) = \frac{\partial^2 \Delta}{\partial \alpha^2} - 16\sqrt{\Delta} - (8\alpha - 1)\frac{1}{\sqrt{\Delta}}\frac{\partial \Delta}{\partial \alpha} < 0$$

因为 $\frac{\partial \Delta}{\partial \alpha} > 0$ 和 $8\alpha - 1 > 0$，此时令 $g(\alpha) = \left(\frac{\partial \Delta}{\partial \alpha}\right)^2 - 4(8\alpha - 1)^2 \Delta$，那么，$f(\alpha)$ 的符号和 $g(\alpha)$ 一致。

$$\frac{\partial \Delta}{\partial \alpha}\bigg|_{\alpha = 1/2} = 72 - 32r$$

$$\frac{\partial \Delta}{\partial \alpha}\bigg|_{\alpha = 1} = 48$$

---

① 由于 $\pi_R - \pi^d = r\alpha^2/2 + (1-r)\alpha + (r-1) > 0$，推出 $8\pi_R - 8\pi_M - r - \sqrt{(8\pi_R - 8\pi_M - r)^2 + 48(\pi_R r - \pi^d)} < 0$，那么负根小于 0，故舍去。

$$\Delta\big|_{\alpha=1/2} = r^2 + 24r - 15$$

和

$$\Delta\big|_{\alpha=1} = r^2 + 16r + 16$$

$$g(\alpha)\big|_{\alpha=1/2} = (72 - 32r)^2 - 36(r^2 + 24r - 15) > 0$$

$$g(\alpha)\big|_{\alpha=1} = 48^2 - 196(r^2 + 16r + 16) < 0$$

因此，$f(\alpha)\big|_{\alpha=1/2} > 0$ 和 $f(\alpha)\big|_{\alpha=1} < 0$。

再由 $f'(\alpha) < 0$，必有：x^* 随 α 的增大先上升后下降。

同时，必存在一个 $\alpha^* \in [1/2, 1]$，使得 $f(\alpha^*) = 0$，此时 x^* 达到最大值。

【结论 3】的证明：

对于任何 $\theta \in (0, 1)$，由（3）式可得：

$$\lambda_1 = \frac{1}{1 + (p_1/p_2)^{\theta/(1-\theta)}} \tag{A1}$$

由（4）式以及 $\lambda_1 + \lambda_2 = 1$ 得到：

$$\frac{p_1}{p_2} = \frac{(1 - \theta\lambda_1)\lambda_1 z}{(1 - \theta(1-\lambda_1))(1 - \lambda_1)} \tag{A2}$$

把（A1）式和（A2）式中 p_A/p_B 消掉，重新组合后得到：

$$(1 - \theta\lambda_1)^\theta \lambda_1 z^\theta = (1 - \theta(1-\lambda_1))^\theta (1 - \lambda_1)$$

或：

$$\theta\ln(1 - \theta\lambda_1) + \ln\lambda_1 - \theta\ln[1 - \theta(1 - \lambda_1)] - \ln(1 - \lambda_1) + \theta\ln z = 0 \tag{A3}$$

令 $F(\lambda_1)$ 代表（A3）式的左边，可得：

$$F'(\lambda_1) = G(1, \lambda_1) - G(\theta, \lambda_1)$$

其中，G 的定义为：

$$G(a, \lambda_1) = \frac{a^2}{1 - a(1 - \lambda_1)} + \frac{a^2}{1 - a\lambda_1}$$

由于 $\partial G(a, \lambda_1)/\partial a > 0$ 对 $(a, \lambda_1) \in (0, 1)^2$ 都成立，因此：

$$F'(\lambda_1) > 0 \text{ 对任何 } \lambda_1 \in (0, 1) \text{ 都成立} \tag{A4}$$

由（A3）式、（A4）式和隐函数定理①可知：均衡的 $\lambda_1 = \lambda_1(z, \theta)$，且它对 θ 严格递减。再由对称性可知 $\lambda_2 = \lambda(1/z, \theta)$，并且有：

$$\lambda(1, \theta) = 1/2 \tag{A5}$$

因此，根据（4）式，可知利润函数为：

$$\varphi(z, \theta) = \frac{\lambda(z, \theta)(1 - \theta)}{1 - \theta\lambda(z, \theta)} \tag{A6}$$

---

① 对任何 $\alpha \in (0, 1)$，$\partial F(.)/\partial \theta > 0$ 且 $\partial F(.)/\partial r_A > 0$，所以，$\frac{\partial r_A}{\partial \theta} = -\frac{\partial F(.)/\partial \theta}{\partial F(.)/\partial r_A} < 0$。

由于 $\lambda(z, \theta)$ 对 z 严格递减，以及（A6）式可以直接推知结论 5 的（a）。

由（A3）式可以推知 $\lambda(z, 0) = 1/2$。再由（A6）式可以推出结论 5 的（b）。

为了证明（c），定义 H(.) 为：

$$H(\lambda) = (1-\theta)\left[\frac{\lambda(z, \theta)}{1-\theta\lambda(z, \theta)} + \frac{1-\lambda(z, \theta)}{1-\theta(1-\lambda(z, \theta))}\right]$$

由于：

$$\frac{\partial H(\lambda)}{\partial \lambda} = (1-\theta)\left[\frac{1}{(1-\theta\lambda)^2} - \frac{1}{(1-\theta(1-\lambda))^2}\right]$$

得到：

$$\frac{\partial H(\lambda)}{\partial \lambda} > 0 \Leftrightarrow \lambda(z, \theta) > 1/2 \Leftrightarrow z < 1$$

$$\frac{\partial H(\lambda)}{\partial \lambda} < 0 \Leftrightarrow \lambda(z, \theta) < 1/2 \Leftrightarrow z > 1$$

所以：

$$\frac{\partial H(\lambda(z, \theta))}{\partial z} = \frac{\partial H(\lambda(z, \theta))}{\partial \lambda} \cdot \frac{\partial \lambda(z, \theta)}{\partial z} < 0 \Leftrightarrow z < 1$$

$$\frac{\partial H(\lambda(z, \theta))}{\partial z} = \frac{\partial H(\lambda(z, \theta))}{\partial \lambda} \cdot \frac{\partial \lambda(z, \theta)}{\partial z} > 0 \Leftrightarrow z > 1$$

【引理 1】的证明：

证明：

把 $x_n = 0$ 代入（8）式~（10）式，可以得到：

$$rV_1 = \pi_1 + (\bar{x}_1 + h)(V_0 - V_1) \tag{A7}$$

$$r\overline{V}_1 = \overline{\pi}_1 + (\bar{x}_1 + h)(V_0 - \overline{V}_1) - \beta\bar{x}_1^2/2 \tag{A8}$$

$$rV_0 = \pi_0 + x_0(V_1 - V_0) + x_0(\overline{V}_1 - V_0) - \beta x_0^2/2 \tag{A9}$$

（A7）式~（A9）式，并把（12）式和（13）式代入，得到：

$$r(V_1 - V_0) = \pi_1 - \pi_0 + (\bar{x}_1 + h)(V_0 - V_1) - x_0(V_1 - V_0)$$
$$+ x_0(\overline{V}_1 - V_0) + \beta x_0^2/2$$

化解即得到（14）式。

（A8）式~（A9）式，并把（12）式和（13）式代入，得到：

$$r(\overline{V}_1 - V_0) = \overline{\pi}_1 - \pi_0 + (\bar{x}_1 + h)(V_0 - \overline{V}_1) - x_0(V_1 - V_0)$$
$$- x_0(\overline{V}_1 - V_0) - \beta\bar{x}_1^2/2 + \beta x_0^2/2$$

化解即得到（15）式。

【结论 4】的证明：

证明：

由结论 5 的（c），易得：$\pi_1 + \overline{\pi}_1 > 2\pi_0$，即 $\pi_1 - \pi_0 > \pi_0 - \overline{\pi}_1$。

因此，比较（14）式和（15）式，可知 $x_0 > \bar{x}_1$。

而 $x_1 = 0$，因此，结论 4 得证。

【引理 2】 的证明：

证明：

首先，把利润函数 $\varphi(\gamma^{-n}, \theta)$ 和 $\varphi(\gamma^n, \theta)$ 在 $\gamma = 1$ 处一阶泰勒展开，得到：

$$\pi_0 = \varphi(1, \theta)$$

$$\pi_n = \varphi(1, \theta) - n\varepsilon \left[\frac{\partial \varphi(z, \theta)}{\partial z}\bigg|_{z=1}\right] + O(\varepsilon^2)$$

$$\overline{\pi}_n = \varphi(1, \theta) + n\varepsilon \left[\frac{\partial \varphi(z, \theta)}{\partial z}\bigg|_{z=1}\right] + O(\varepsilon^2)$$

接着，把（11）~（13）式代入（8）~（10）式，得到：

$$r\beta V_n = \beta \pi_n + (V_{n+1} - V_n)^2/2 + (V_0 - V_n)(V_0 - \overline{V}_n) + \beta h(V_0 - V_n) \quad (A10)$$

$$r\beta \overline{V}_n = \beta \overline{\pi}_n + (\overline{V}_{n+1} - \overline{V}_n)(V_{n+1} - V_n) + (V_0 - \overline{V}_n)^2/2 + \beta h(V_0 - \overline{V}_n) \quad (A11)$$

$$r\beta V_0 = \beta \pi_0 + (V_1 - V_0)^2/2 + (\overline{V}_1 - V_0)(V_1 - V_0) \quad (A12)$$

猜解：

$$V_0 = a_0 \varphi(1, \theta) + b_0 n\varepsilon \left[\frac{\partial \varphi(z, \theta)}{\partial z}\bigg|_{z=1}\right] + O(\varepsilon^2)$$

$$V_n = a_n \varphi(1, \theta) + b_n n\varepsilon \left[\frac{\partial \varphi(z, \theta)}{\partial z}\bigg|_{z=1}\right] + O(\varepsilon^2)$$

$$\overline{V}_n = \overline{a}_n \varphi(1, \theta) + \overline{b}_n n\varepsilon \left[\frac{\partial \varphi(z, \theta)}{\partial z}\bigg|_{z=1}\right] + O(\varepsilon^2)$$

代入（A10）~（A13）式得到：

$$a_0 = 1/r, \quad b_0 = -\frac{1}{(r+h)}$$

$$a_n = 1/r, \quad b_n = 0$$

$$\overline{a}_n = 1/r, \quad \overline{b}_n = \frac{1}{(r+h)}$$

那么，引理 2 即得证。

【引理 3】 的证明：

证明：

首先，可知：

$$\varphi(z, 1) = \begin{cases} 0, & \text{如果 } z \geq 1 \\ 1 - z, & \text{如果 } z < 1 \end{cases}$$

则推出：

$$\frac{\partial \varphi(z, 1)}{\partial z}\bigg|_{z \to 1_-} = -1 \text{ 和 } \frac{\partial \varphi(z, 1)}{\partial z}\bigg|_{z \to 1_+} = 0$$

然后，把利润函数 $\varphi(\gamma^{-n}, 1)$ 和 $\varphi(\gamma^n, 1)$ 在 $\gamma = 1$ 处一阶泰勒展开，

得到：

$$\pi_0 = O(\varepsilon^2)$$

$$\pi_n = \varphi(1,1) - n\varepsilon \left[\frac{\partial \varphi(z,1)}{\partial z} \bigg|_{z \to 1_-} \right] + O(\varepsilon^2) = n\varepsilon + O(\varepsilon^2)$$

$$\overline{\pi}_n = \varphi(1,1) + n\varepsilon \left[\frac{\partial \varphi(z,1)}{\partial z} \bigg|_{z \to 1_+} \right] + O(\varepsilon^2) = O(\varepsilon^2)$$

猜解：$V_0 = m_0 n\varepsilon + O(\varepsilon^2)$

$V_n = m_n n\varepsilon + O(\varepsilon^2)$

$\overline{V}_n = \overline{m}_n n\varepsilon + O(\varepsilon^2)$

代入（A10）～（A13）式，按照引理2的同样的待定系数法，求得：
$m_0 = 1/(r+h)$、$m_n = 0$ 和 $\overline{m}_n = 0$

那么，引理3即得证。

参 考 文 献

1. Aghion Philippe, Christopher Harris, 2001, "Competition, Imitation and Growth with Step-by-Step Innovation", *Review of Economic Studies*, Vol. 68.
2. Aghion P. and Howitt P., 1999, "Endogenous Growth Theory", *Cambridge*: The MIT Press.
3. Aghion Philippe, Howitt, P., 1992, "A Model of Growth through Creative Sestruction", *Econometrica*, Vol. 60.
4. Aghion Philippe, Nick Bloom, Richard Blundell, Rachel Griffith and Peter Howitt, 2005, "Competition and Innovation: An Inverted-U Relationship", *The Quarterly Journal of Economics* (5).
5. Arrow K., 1962, "Economic Welfare and the Allocation of Resources for Innovation", *The Rate and Direction of Inventive Activity*, Princeton: Princeton University Press.
6. Portor M., 1990, "The Competitive Advantage of Nations", New York: Free Press.
7. Scherer F. M., 1980, "Market Structure and the Employment of Scientists and Engineers", *American Economic Review*, Vol. 57.
8. Schumpeter, J. A., 1934, "The Theory of Economic Development", *Cambridge, Massachusetts*, Harvard University Press.

Product Market Competition and Innovation

Zhou Yiyi   Ping Xinqiao

ABSTRACT: This paper analyzes the impacts of product market competition (PMC) on R&D. The incentive to perform R&D depends on the incremental rents resulting from innovation. The increasing of PMC results in "competition effects" and "imitation effects". When PMC is relatively low, the "competition effects" dominates the "imitation effects"; when PMC is relatively high, the "imitation effects" dominates the "competition effects". Therefore, the optimal R&D investment first increases and then decreases as the PMC increases. In the context of a dynamic model with "step-by-step" innovation, this paper analyzes the difference of optimal R&D investments among a neck-and-neck firm, a technological leader and a technological follower. When the innovation is very large, the neck-and-neck firm invests most, and the follower invests more than the leader; When the innovation is very small and PMC is not perfect, the neck-and-neck firm invests lest, and the follower invests more than the leader; When the innovation is very large and PMC is perfect, the neck-and-neck firm invests most, and the follower invests less than the leader.

Key words: Innovation　Competition　Imitation Effects

JEL Classification: D21　L10

产业组织理论的实验研究范式[*]

李建标 李晓义[**]

摘 要：应用于产业组织理论研究的经济学/管理学实验研究范式，不仅将市场结构、交易制度、市场力、反垄断规制等因素框架在动态的具体的行为基础之上，而且最大程度地排除了传统的实证计量模型中所包容的未知影响变量。在实验研究范式下，已有的一些研究结论得到了证实（如完全竞争+双向拍卖；寡头垄断+明码标价）或证伪（如完全垄断和寡头垄断+双向拍卖；完全竞争+明码标价）；一些新的研究结果被揭示出来，如市场结构并不是市场行为的惟一因素，有时市场上的交易制度会起主导作用等，所有这些得益于实验研究范式本身的比较优势。本文比较了产业组织理论不同研究范式的特点，着重讨论了实验范式的一般性框架和应用。

关键词：产业组织理论 实验经济学 交易制度 市场绩效

1890 年，马歇尔（Marshall）在其《经济学原理》中强调生产要素不同的组织方式将会导致不同的生产效率，高效的组织方式可以降低企业的单位生产成本，从而促使企业提高市场占有率，其结果是竞争市场中垄断因素的出现。而垄断在降低规模报酬的同时，又会导致竞争市场的效率损失[①]。从此，产业资源的组织方式作为经济学分析的一个重要因素开始进入人们的视野。时至今日，产业组织理论已经成为微观经济学的重要组成部分，并且呈现出了流派众多、研究范式和研究方法不断改进的局面。从流派上看，主要包括哈佛学派、芝加哥学派、博弈论学派和实验方法学派等[②]；从研究范式上看，经历了由哈佛学派的 S→C→P 单项因果范式到博弈论学派

---

[*] 本文感谢以下基金项目的支持：国家自然科学基金面上项目（70672029）、教育部人文社会科学重点研究基地项目（05JJD630023）、国家自然科学基金重点项目（70532001）、天津市社科基金项目（TJ05 - GL004）、南开大学"985 工程"哲学社会科学创新基地——"中国企业管理与制度创新"研究项目。

[**] 李建标、李晓义：南开大学商学院、南开大学公司治理研究中心；地址：天津市南开区卫津路 94 号南开大学商学院；邮编：300071；电子邮件：biaojl@126.com；联系电话：13752361896，022 - 23504339。

[①] 后人称之为"马歇尔冲突"或"马歇尔悖论"，现代产业组织理论研究的发展与演化源自人们对"马歇尔冲突"的争辩。

[②] 广义的产业组织理论研究学派还应该包括以研究企业内部组织方式为主要内容的新制度经济学派和以创新理论为主要研究内容的奥地利学派，本文只考虑狭义的产业组织理论研究，即只涉及企业与企业之间、政府与企业之间的垄断与竞争、规制与反规制行为的研究。

的 $S \Leftrightarrow C \Leftrightarrow P$ 双向因果范式的发展；从研究方法上看，经历了由哈佛学派和芝加哥学派的经验研究到博弈论学派建模研究、再到实验经济学派的实验研究的发展。

我们关注产业组织理论研究者的研究范式和方法论特点，对实验经济学方法应用于产业组织理论研究的比较优势和一般性框架尤其感兴趣。

一、产业组织理论研究的一般范式与方法论特点

20 世纪 30 年代，哈佛大学的张伯伦（Chamberlin）教授发表了《垄断竞争理论》[①]，在这本专著中，张伯伦按照垄断因素的强弱创造性地将产品市场划分为从完全竞争到完全垄断等一系列离散的市场形态，并总结了每种市场形态下的价格形成机制和厂商行为。这种结构化研究风格，直接影响了现代产业组织理论的形成和发展方向。产业组织理论的第一个学派——哈佛学派在哈佛大学诞生与张伯伦《垄断竞争理论》的发表不无关系。

哈佛学派的代表人物主要有梅森（Mason）和贝恩（Bain），受张伯伦的影响，他们构建的产业组织理论体系主要由市场结构（Structure）、市场行为（Conduct）和市场绩效（Performance）三个部分组成。三部分之间基本的逻辑关系是：市场结构决定企业的市场行为，而企业的市场行为又决定了市场绩效，即 $S \rightarrow C \rightarrow P$ 范式。按照这一传导机制，结构、行为和绩效之间存在着单一方向的因果关系，垄断的市场结构导致厂商垄断的市场行为，进而产生不理想的市场绩效。如果要优化市场配置，只需要改善不合理的市场结构就可以达到目的[②]。在研究方法上，哈佛学派依赖单纯的案例分析和统计归纳，由于时代的局限性，他们相信统计意义上的相关性等同于经济意义上的因果关系。实际上，他们的理论更多地是对统计结果的解释，又或者是对某种价值判断的支持，缺乏严密而系统的分析（张维迎，1998）。

20 世纪 50 年代末，针对哈佛学派 $S \rightarrow C \rightarrow P$ 范式的大行其道，以芝加哥大学斯蒂格勒、德姆塞茨教授等人为代表的一批学者在与哈佛学派的争论中发展了他们自己独具特色的产业组织理论，后人称之为芝加哥学派。芝加哥学派在理论上，开始沿着最优化逻辑进行产业组织领域的探索，关注在既定的价格和数量条件下市场主体的最优行为。虽然他们强调结构、行为、绩效之间的关系应为双向因果关系，但实际上，在与哈佛学派的论战中，他们更注重绩效、行为、结构之间的反向传导机制，即 $P \rightarrow C \rightarrow S$ 范

[①] 与张伯伦教授同时提出类似理念的学者还有英国剑桥大学的罗宾逊夫人（J. Robinson），她在 1933 年出版的专著是《不完全竞争经济学》，产业组织理论领域一般将张伯伦和罗宾逊夫人一同视为该理论的先驱。

[②] 范式决定政策主张，哈佛学派主张政府应该对垄断的市场结构进行适当的干预，其目的是构建和维持竞争性的市场格局。

式。市场行为主体的绩效决定其市场行为，良好的市场绩效为其带来的高额利润可以促使其进一步扩大生产，从而对市场结构产生作用[1]。在研究方法上，芝加哥学派相对于哈佛学派并没有什么突破，仍然是以经验研究为主。这两个学派研究范式的共同点都是静态、单向的传导机制，方法论都以实证、经验性归纳为主，所以，芝加哥学派并没有从实质上突破哈佛学派的 $S \rightarrow C \rightarrow P$ 范式。

20 世纪 70 年代，随着博弈论和信息经济学的兴起和传播，产业经济学领域兴起了一股新思潮，以博弈论和信息经济学构建模型进行数理逻辑推导的研究范式逐渐代替统计分析占据了主导地位。博弈论和信息经济学的导入，使产业组织理论的理论体系和研究范式都发生了革命性的变化，所以这一学派也被学术界称为新产业组织理论学派[2]，他们的代表人物有鲍莫尔、泰勒尔等人。新产业组织理论打破了传统的 $S \rightarrow C \rightarrow P$ 单向传导机制，以厂商之间的策略性互动行为作分析问题的出发点，企业的最优化结果不仅是自身行为的函数，也是与其相互依存的其他企业行为的函数，企业之间的这种策略性互动在动态影响产业结构的同时又决定了市场绩效，结构和绩效都是市场参与主体相互博弈的结果，而反过来市场结构和市场绩效又成为企业互动行为的外在条件。因此，这种研究范式是结构、行为和绩效之间的一种动态的、互为因果的传导机制，可表示为 $S \Leftrightarrow C \Leftrightarrow P$ 范式。但是产业组织理论毕竟属于应用经济学范畴，应用经济学理论研究价值的高低取决于其对真实世界的解释力度，博弈模型的推导演绎显然不会有逻辑问题，人们怀疑的是这些模型对参与人的行为假设是否超出了现实人的理性范围。

二、实验经济学研究范式用于产业组织理论研究的比较优势

实验经济学和行为经济学正是在人们对理论模型前提假设的怀疑中产生的[3]，有趣的是，产业组织理论实验方法学派的兴起也与哈佛大学的张伯伦教授有关[4]。本节中，我们重点讨论产业组织理论的实验研究范式及其比较

---

[1] 同样是范式决定政策主张，芝加哥学派的政策主张与哈佛学派恰恰相反，受芝加哥自由主义传统的影响，他们认为只要市场绩效好，市场结构是垄断还是竞争无关紧要，政府尽量少对市场进行干预。
[2] 目前看来，博弈论和信息经济学已经成为产业组织领域理论研究的标准分析工具了。
[3] 但对它们怀疑的角度是不同的，实验经济学怀疑的是理论模型的环境假设，而行为经济学则怀疑理论模型对经济人的行为假设。
[4] 实验经济学的第一个实验是由张伯伦在哈佛大学的课堂上做出的，该实验是为了引导学生理解竞争市场上瓦尔拉斯均衡的实现过程，但实验结果并没有达到预期的效果。当时作为张伯伦学生的史密斯认为没有达到均衡的原因是由于张伯伦设计的市场交易制度有问题，后者在其改进的口头双向拍卖机制下观测到了市场均衡的产生，并由此继续对实验市场进行了深入系统的研究，最终获得 2002 年的诺贝尔经济学奖。

优势。

(一) 实验经济学的研究范式

产业组织是实验经济学者较早关注的领域之一，早期的产业组织实验研究者包括 Hoggatt（1959）、Sauermann 和 Selten（1959）以及 Siegal 和 Fouraker（1960）等著名学者。这些研究多是对一些产业组织经典模型如古诺模型的检验，在实验设计上基本都没有考虑实验市场的交易制度，甚至有的实验还没有采用货币报酬作为被试激励。

Smith 在 1962 年发表的《竞争性市场行为的实验研究》一文是实验方法研究范式的奠基之作，这篇文章体现了作为实验经济学核心的诱导价值思想和比较制度分析思想等重要的实验理念[①]，其主要观点是竞争性市场上的交易制度是有作用的，它不仅可以影响到市场是否均衡，而且还能够影响市场趋向于均衡的路径。此后的实验学者如 Plott 和 Holt 等人在产业组织实验中都将市场制度作为实验设计的一个重要控制变量，对市场交易制度的考虑几乎成为实验经济学研究的一个重要传统。

1982 年，Smith 发表了《作为实验科学的微观经济系统》的论文[②]，Smith 在总结多年实验研究的基础上，第一次规范地给出了实验经济学的一般性研究范式。首先他严格定义了一个实验室微观经济系统 $S = (e, I) = (u^i, T^i, \omega^i; M^i, h^i, c^i, g^i)$，$i = 1, \cdots, N$。其中 e 为系统的环境向量，I 为系统的制度向量。系统环境向量由三个变量构成，u^i 为系统参与人 i 的效用函数，T^i 为系统参与人 i 的技术（知识）禀赋，ω^i 为系统参与人 i 的商品禀赋；制度向量由四个变量构成，M^i 为系统参与人 i 的策略空间，h^i 为系统参与人 i 的系统内收益函数，c^i 为系统参与人 i 的货币报酬函数[③]，g^i 为系统参与人 i 的系统过程规则，规定参与人在什么时候开始和结束行动，参与人在这个系统下的所有活动和交互作用都严格受限于该系统的制度向量 I。实验被定义为系统的环境设置（treatment）和制度设置到系统绩效 P（System Performance）之间的映射，这个映射依靠系统参与人的行为 B（Agent Behavior）来传导，所以实验研究的一般性范式可以表示为：$\left.\begin{matrix} e \\ I \end{matrix}\right\} \rightarrow B \rightarrow P$。当我们对系统的环境设置或制度设置做出我们感兴趣的调整时，例如，e 改变为 e' 或 I 改变为 I'，系统绩效 P 也会发生相应的改变，如变为 P'。比较 P 和 P'，我们就可以得出两种不同环境设置或制度安排的经济效率。所以，实验研究已

[①] 这篇文章被认为是实验经济学正式兴起的一个重要标志。

[②] Smith, V. L., 1982, "Microeconomic System as an Experimental Science", *American Economic Review* 12.

[③] h^i 和 c^i 的自变量都是参与人在系统运行过程中所采取的定义在参与人策略空间 M^i 中的具体策略。

经抛弃了新古典经济学的最优化范式，它的内在逻辑与新制度经济学的比较制度分析相一致。

用于产业组织理论研究的实验方法基本上秉承了 Smith 的这一规范。在产业组织实验中，市场结构 S 与环境设置向量 e 相对应，各种交易制度与制度向量 I 相对应，同样，参与人行为 B 与市场行为 C 相对应，因此产业组织理论的实验研究范式可以概括为：$\left.\begin{matrix}S\\I\end{matrix}\right\}\rightarrow C\rightarrow P$。现有的产业组织实验研究主要关注三类市场结构和三种交易制度。三类市场结构是指完全竞争、完全垄断和寡头垄断；三种交易制度是指双向拍卖（Double Auction）、明码标价拍卖（Posted-offer Auction）和密封标价拍卖（Sealed-bid Auction）[1]。所以，每类市场结构都对应着三种交易制度，实验学者要分别考察各类市场结构三种不同交易制度下的市场绩效，以及市场绩效是如何受交易制度影响的。

（二）实验方法的比较优势

与哈佛学派的 $S\rightarrow C\rightarrow P$ 静态、单向因果范式不同，实验方法的 $\left.\begin{matrix}S\\I\end{matrix}\right\}\rightarrow C\rightarrow P$ 范式是一种动态调整范式，市场结构 S 和交易制度 I 可以随时按照微观系统参与人的行为 C 以及系统绩效 P 的要求进行边际调整，从而便于我们观测和分析调整后的市场绩效 P'。在这一点上它与博弈论学派的动态、双向 $S\Leftrightarrow C\Leftrightarrow P$ 范式有异曲同工之妙，不同的是实验范式中对系统设置的调整完全源自实验学者的研究需要，跟实验学者的学识和经验有很大关系。而博弈论学派所依赖的均衡分析模式一般都需要大量的前提假设，这些假设在现实世界中很难成立，而且我们也很难以来自现实世界的经验数据来验证这些理论模型，因此大量的产业组织实验都是针对产业组织理论中的博弈论模型设计的。

从方法论角度看，实验方法将理论模型研究和实证研究有机地结合起来。所有的实验都不是凭空设计出来的，它们一般都是针对某些理论模型的。实验的环境设置 e 和制度设置 I 可以构造出与理论假设相平行的微观经济系统，理论模型将假设映射到结论的同时，实验也将微观经济系统的环境和制度映射到系统绩效。比较微观系统的结论和理论模型的结论，我们可以验证理论假设是否合理，考察结论对假设的敏感性以及结论成立的边界条件[2]。实验微观系统中观测的现象和数据同样要依赖于实证方法来归纳总结，

---

[1] 各种交易制度的具体内容可参考有关的实验经济学文献，如普林斯顿大学出版社出版的 The Handbook of Experimental Economics。

[2] 需要强调的一点是，理论模型的逻辑是不会错的，如果逻辑错了该理论根本不会存活，我们也就没有检验和考察它的必要了。实验经济学是一种以现实行为人在微观系统中的交互行为来替代理论模型演绎推理的方法论科学，实验经济学一般只怀疑理论模型的假设，如果微观系统结论与模型的数理逻辑结论或形式逻辑结论不一致，我们不必怀疑其推理，只需怀疑其假设。

但这些现象和数据显然不同于现实中的现象和数据，实验室数据在最大程度上排除了不相关因素的干扰，所有的系统绩效变动都可以完全归因于我们对系统设置所做出的我们感兴趣的调整。所以相比较来看，实验方法在产业组织理论研究中更有优势。

三、产业组织理论实验研究的一般性框架

实验研究的科学性在于实验结果的可复制性，如果实验结果不能被采用同一实验方案的不同实验学者重复而又稳定地观测到，那么该实验就有诱导被试达成研究者所偏好的结果甚至捏造实验结果的嫌疑。产业组织实验同样如此，从实验方案的设计到实施实验，再到实验结果的分析都要强调实验的可复制性。

（一）构造实验市场

Holt 认为所有的产业组织实验都可以归为以下三类：检验行为假设的实验、检验理论模型对结构性假设敏感性的实验和探索经验性规则的实验[①]。不同类型的实验决定了不同类型的实验市场（即环境设置参数和制度设置参数），Holt 将接受实验检验的产业组织理论模型的假设分为两种：结构性假设和行为性假设。结构性假设可以通过 Smith 所定义的微观经济系统中的制度设置 I 和环境设置中的 ω^i 来构造，行为性假设则可以通过环境设置中的 u^i 和 T^i 来构造，这样我们选择不同的设置就等于构造了不同的实验市场，我们要构造什么样的实验市场取决于我们要进行什么类型的产业组织实验。一旦实验市场确定，我们就需要制定一份详细的实验说明，该实验说明用来使微观系统的参与人[②]明白他们的资源禀赋以及可采用的策略空间和一些制度规则，这些信息都已经被我们所设计的实验市场的设置参数严格规定了，我们需要做的只是将这些参数化的语言转换为参与人能够理解的一般性语言，同时在转换的过程中，要尽量避免信息丢失和扭曲。

（二）实验实施

实验结果的可复制性要求实验的实施过程必须做到程序化，实验主持人所使用的语言、语气以及手势不能有误导实验参与人的倾向，即便是换一位实验主持人，我们所得到的实验结果仍要保持相对的稳健性。如果在实验实施过程中某些来自外界环境的信息干扰过大，那么我们在实验结果分析时就

---

① 参见 The Handbook of Experimental Economics（普林斯顿大学出版社）第五部分产业组织理论的实验研究由 Charles A. Holt 主笔。

② 在实验中称为被试（Subjects）。

不能完全把实验数据的统计特征归因于实验设置参数的设计及其调整。计算机技术的发展为我们有效控制实验环境提供了便利的条件,目前大部分的实验都是在计算机局域网中实现的①。

(三) 实验结果分析

如上所述,实验数据的分析与自然数据的分析一样都采用现代统计方法进行比较归纳。实验研究的目的不同,实验数据的分析模式也是不同的。用于检验已有理论模型的实验所产生的数据一般都要与理论预测值之间进行统计比较,用于比较不同设置微观系统绩效的实验一般要在这两个系统所产生的数据之间进行统计比较。无论哪种分析模式,我们都需要用到一些代表绩效的指标来评价和衡量一种系统设置。实验学者在这方面积累了丰富的经验,用于产业组织理论实验的绩效指标主要包括以下几种:价格、成交量、剩余分配以及市场效率等。

例如,如果 P_c 和 V_c 分别表示理论预测的竞争均衡价格和成交量,P_m 和 V_m 分别表示理论预测的垄断均衡价格和成交量,P 和 V 表示实验市场实际的成交价格和成交量,那么我们就可以用 $M_P = \frac{P - P_c}{P_m - P_c} \times 100\%$ 和 $M_V = \frac{V - V_m}{V_c - V_m} \times 100\%$ 来表示垄断厂商的市场垄断效率;如果 PB_i 表示买方 i 的保留价格,PS_j 表示卖方 j 的保留价格,P_i 和 P_j 分别表示他们在实验中各自的成交价格,ε_B 为理论预测的买方剩余,ε_S 为理论预测的卖方剩余,$\varepsilon_e = \varepsilon_B + \varepsilon_S$ 为市场总剩余②,那么我们就可以用 $E = \frac{\sum(PB_i - P_i) + \sum(P_j - PS_j)}{\varepsilon_e}$ 来表示市场效率,用 $E_B = \frac{\sum(PB_i - P_i)}{\varepsilon_B}$ 表示买方效率,$E_S = \frac{\sum(P_j - PS_j)}{\varepsilon_S}$ 表示卖方效率,等等。

四、产业组织理论实验研究的代表性实验

几乎所有的产业组织理论实验都是按照上述范式和一般性框架设计实施的。本节中,我们对产业组织理论实验研究中的代表性实验进行归纳,这些

---

① 产业组织理论实验中常用的实验平台软件主要有 MUDA(下载地址及使用说明见加州理工大学经济学和政治科学实验室主页 http://eeps.caltech.edu/)和 z-Tree(下载地址及使用说明见苏黎世大学实证经济学研究所网站 http://www.iew.unizh.ch/ztree/index.php)等。实验研究者可根据具体的实验研究目的设计实验,写出计算机程序流程在上述平台上编制具体的应用程序。

② 在诱导的需求曲线中,ε_B 表示市场均衡点以左部分的需求曲线与理论均衡价格水平线所围成的图形的面积;ε_S 表示市场均衡点以左部分的供给曲线与理论均衡价格水平线所围成的图形的面积;ε_e 表示市场均衡点以左部分的需求曲线与供给曲线所围成的图形的面积。

实验并不是产业组织理论实验的全部,但它们基本可以代表实验方法用于产业组织理论研究的演化趋势。我们的目的不在于全面研究当前所有的产业组织实验[①],而在于佐证上述实验学派的研究范式和方法论。

(一) 市场结构、市场制度与市场绩效的代表性实验研究

不同于现实市场和传统经济学的理论市场,实验市场一般都包括两个维度:市场结构和交易制度,产业组织理论实验研究的兴起正是源于实验学者们对交易制度的关注。交易制度与市场结构一样,都是影响市场行为和市场绩效的重要因素,有时市场行为和市场绩效甚至对交易制度的改变极其敏感。在产业组织理论其他学派的研究范式中,市场制度都是中立的,但是在实验学派的研究框架里,交易制度显然是最重要的设置变量。表1综合了三类实验市场在两种交易制度下的绩效表现[②],这些研究是实验方法早期用于产业组织理论探索的基础性研究。

(二) 市场力实验研究

市场力是指市场中的卖方依靠提高价格来获取利润的能力[③],传统的产业组织理论一向关注市场力是如何产生、存在和发挥作用的。实验经济学者认为,市场力的作用机理不单单受市场结构的影响,市场制度可能会加剧或消除市场力的发生和效果。表2总结了两种市场制度下的市场力实验结果,我们发现在市场力问题上起主导作用的可能仍是市场交易制度,而不是产业组织理论学者一直倡导的市场结构。

(三) 反垄断规制

垄断厂商实施其市场力的影响结果往往造成社会福利的损失,传统产业组织理论的不同学派针对反垄断规制的政策主张各不相同,芝加哥学派甚至认为垄断企业的垄断地位可能恰恰来自于政府的反垄断政策。鲍莫尔等人提出了可竞争市场(Contestable Market)理论,当沉没成本为零或者非常低时,企业可以自由进入市场,这样的市场就成为可竞争市场。可竞争市场中的垄断企业会面临来自潜在进入企业的竞争压力,所以在位企业必须保持高效的组织形态和实行可维持的定价行为,从而产生良好的市场绩效。政府只需要充分保护潜在的竞争压力,不需要实行反垄断规制就可以获得良好的市场效果。

---

① 本文对产业组织理论实验的分类基本上沿用了 Holt 的分类方式,Holt 是产业组织实验研究的权威之一,他对产业组织实验研究的归类大致可以涵盖当前所有的产业组织实验。参见有关产业组织理论实验的详细文献回顾。

② 关于绩效指标的选取见本文第三部分实验结果分析。

③ 广义的市场力是指市场主体通过改变市场价格来获取更多市场剩余的能力,既包括卖方的市场力,也包括买方的市场力,本文只讨论卖方市场力。

表 1 市场结构、交易制度与市场绩效的代表性实验研究

市场结构 交易制度	完全竞争	完全垄断	寡头垄断
双向拍卖	(1) 代表性研究：Smith (1962, 1964, 1965, 1976a)，Plott 和 Smith (1978)。 (2) 市场行为：符合完全竞争市场均衡理论的预测，实验市场对于理论模型，即相对于竞争均衡，实验市场的了假设条件下，也不需要完全信息，也不需要严格限制。 (3) 市场绩效：无论其他参数如何改变，市场总能收敛到理论预测的全部均衡竞争均衡点在均衡上提取市场剩余，而且参数的变化会影响到市场收敛到竞争均衡的路径。[b]	(1) 代表性研究：Smith (1981)，Plott (1989) 等。 (2) 市场行为：在双向拍卖市场上，成交价趋向于垄断均衡价格和干竞争均衡价格之间。 (3) 市场绩效：垄断势力经过多过均衡本身有关。在双向拍卖市场下，垄断方可以通过拒绝交易制度的那种绝对垄断方制定的垄断价格，也即在双向拍卖制度下，供需双方具有几乎等同的议价力量。	(1) 代表性研究：Miller (1977)，Plott 和 Uhl (1981)，Isaac 和 Plott (1981) 等。 (2) 市场行为：垄断方并不总能被各垄断者所遵守，但合谋协议趋势仍然趋向于竞争均衡水平的趋势。 (3) 市场绩效：竞争均衡水平趋近，这意味着双方垄断效率会向的共谋趋势会逐渐被双向拍卖制度下买卖双方的信息对等特征瓦解。
明码标价	(1) 代表性研究：Plott 和 Smith (1978)，Fred Williams (1973) 等。 (2) 市场行为：在相同的诱导价值供需条件下，明码要价 (offer) 市场的成交价收敛于竞争均衡水平的速度要比明码出价 (bid) 市场下成交收敛于竞争均衡的速度要慢甚至根本不收敛于均衡。 (3) 市场绩效：明码标价对交易行为的影响很大，或者需要多个交易时段才能收敛到竞争均衡，市场总剩余、卖者剩余总是低于明码要价的市场则不利于买方。[d]	(1) 代表性研究：Smith (1981)，Issac, Ramey 和 Williams (1984)，Harrison, McKee 和 Rustrom (1989) 等。 (2) 市场行为：在竞争方明码标价均衡；而在垄断者限容易达到垄断方明码标价的垄断均衡。 (3) 市场绩效：在垄断市场基本上可以实现其垄断效率基本几乎为 1，即垄断方明码标价能够获取全部垄断剩余；而在竞争方明码标价似乎不完全竞争市场，全部市场剩余的分配情况近似于完全竞争市场。	(1) 代表性研究：Friedman (1967, 1970) 等。 (2) 市场行为：在寡头垄断市场上，卖方可能达到稳定的买方共谋现象。 (3) 市场绩效：在寡头垄断市场上，垄断方可以观测到垄断方明码标价的共谋会随着经验得理论建议预测的概率达成共谋理论提高。

注：
a. 基本的结构参数和制度参数是指决定实验市场的根本性质，其他制度的变动不能改变实验市场的性质。
b. 作者为根据已有的研究整理。
c. 交易制度的影响的一般规律，市场结果是否披露有较强的谈判力。
d. 作者为根据已有的研究整理。

资料来源：本文作者根据已有的研究整理。

表 2　　　　　　　　　　　交易制度与市场力的实验

比较项目＼交易制度	双向拍卖	明码标价
代表性研究	Holt、Langan 和 Villamil（1986），Davis 和 Williams（1991）等。	Davis 和 Williams（1986），Davis 和 Holt（1994）等。
市场行为	在双向拍卖制度下，即使是在诱导的供需条件上具有优势的一方也很难实施其市场力。双向拍卖制度总是赋予市场参与双方对等的谈判力量，它们影响价格的能力几乎是平等的，即使在市场结构设计上有一方处于明显的劣势	在明码标价制度下，有市场力设计的实验市场中，垄断方的市场力行为会加剧。无市场力设计的实验市场中，前几个时段垄断方可以实施市场力，但随着实验的进行，垄断方的市场力会逐渐消除，最终趋于竞争均衡
市场绩效	价格和成交量都趋向于竞争均衡预测的水平，市场效率接近于完全竞争市场的效率	在有市场力设计的实验市场中，垄断方可以实现全部的市场力收益。而在无市场力设计的实验市场中，垄断方可以暂时获得市场力收益，但这一收益不能维持

资料来源：本文作者根据已有的研究文献整理。

实验学者针对可竞争市场理论设计了一系列检验性实验。Coursey、Isaac 和 Smith（1981，1984）的实验发现在寡头市场中明码标价交易制度下，沉没成本为零的可竞争市场可以对自然垄断厂商的市场力产生一定程度的抑制力。Cousey、Isaac、Luke 和 Smith（1984）又在前面实验的基础上，引入了沉没成本的影响。实验结果显示，在沉没成本不为零时，市场价格仍然会趋向竞争均衡水平，而不是自然垄断的定价水平，从而在一定程度上支持了弱可竞争市场理论（Weak Contestable Market Theory）。

五、讨论与展望

产业组织理论实验学派已经使用实验方法得到了一系列有意义的成果，市场结构并不是市场行为的惟一因素，有时市场上的交易制度可能会起主导作用，产业组织理论学家应该对各种市场结构中的制度设计给予一定的重视。

但实验经济学也不是万能的，实验方法在用于产业组织理论研究的不足可以归结为两个方面：一是，当实验的结构参数和制度参数比较复杂时，实验被试不能完全理解和掌握他们在实验中的策略空间，从而在面临市场决策时，存在着难以克服的主观交易成本，此时即使采用更大的货币报酬也难以诱导被试做出符合逻辑的决策。这种情况在检验复杂的博弈论产业组织理论模型时尤为突出，在复杂的博弈论模型实验中，被试往往通过漫长的学习过程才能基本按照实验参数的要求进行决策，而此时大部分被试已经感到疲劳了，从而实验过程将变得难以控制。二是，当实验采用非对称的激励设计时，会存在着实验被试之间以及被试对自身的角色认同（Role Regarding）问题，尤其是在垄断市场的研究中，扮演垄断角色的被试获得的主观收益和客观收益之和总是高于其他被试，被试之间可能会进行收益的相互比较，从而使实验数据产生一些不能被实验参数解释的变动。

实验学者进行了大量的实践摸索来试图克服这两个问题：对于第一个问题，实验学者往往采用有经验的被试或者提前将实验说明发放给被试来缓解主观交易成本造成的市场行为扭曲；对于第二个问题，实验学者通过引入问卷测试来解决，得分高的被试可以获得相对优势的实验角色，等等。总之，实验经济学是一门方法论科学，它仍处于不断发展、不断完善的阶段，产业组织理论是采用实验方法研究最活跃的领域之一，产业组织理论的实验研究范式可以为经济学其他分支的实验研究提供一定的参考意义。

参 考 文 献

1. 金雪军、杨晓兰：《实验经济学》，首都经济贸易大学出版社 2006 年版。
2. 泰勒尔：《产业组织理论》，中译本，中国人民大学出版社 1997 年版。
3. 张维迎：《产业组织理论的新发展》，载《教学与研究》1998 年第 7 期。
4. Charles A. Holt., 1985, "An Experimental Test of the Consistent-conjectures Hypothesis", *American Economic Review*, Vol. 75.
5. Charles A. Holt, Loren Langan, and Anne Villamil, 1986, "Market Power in Oral Double Auctions", *Economic Inquiry*, Vol 24.
6. Charles A. Holt., 1989, "The Exercise of Market Power in Laboratory Experiments", *Journal of Law and Economics*, Vol 32.
7. Charles A. Holt and Douglas D. Davis., 1990, "The Effects of Non-binding Price Announcements in Posted-Offer Markets", *Economics Letters*, Vol. 34.
8. Charles A. Holt., 1995, Industrial Organization: A Survey of Laboratory Research, The Handbook of Experimental Economics, Princeton University Press.
9. Charles R. Plott., 1982, "Industrial Organization Theory and Experimental Economics", *Journal of Economic Literature*, Vol. 20.
10. Charles R. Plott., 1986, "Laboratory Experiments in Economics: the Implications of Posted Price Institutions", *Science*, Vol. 232.
11. Charles R. Plott, and Peter Gray., 1990, "The Multiple Unit Double Auction", *Journal of Economic Behavior and Organization*, Vol. 13.
12. Charles R. Plott, and Vernon L. Smith. 1978, "An Experimental Examination of Two Exchange Institutions", *Review of Economic Studies*, Vol. 45.
13. Charles R. Plott, and Jonathan T. Uhl., 1981, "Competitive Equilibrium with Middlemen: An Empirical Study", *Southern Economic Journal*, Vol. 47.
14. Charles R. Plott., 1989, "An Updated Review of Industrial Organization: Applications of Experimental Methods", Handbook of Industrial Organization, Vol. Ⅱ.

15. Don R. Coursey, Mark Isaac, and Vernon L. Smith., 1984, "Natural Monopoly and the Contested Markets: Some Experimental Results", *Journal of Law and Economics*, Vol. 27.
16. Don R. Coursey, Mark Isaac, Margaret Luke, and Vernon L. Smith., 1984, "Market Contestability in the Presence of Sunk (Entry) Costs", *Rand Journal of Economics*, Vol. 15.
17. Douglas D. Davis and Arlington W. Williams, 1986, "The Effects of Rent Asymmetries in Posted Offer Market", *Journal of Economics Behavior and Organization*, Vol. 7.
18. Douglas D. Davis and Charles A. Holt, 1994, "Market Power and Mergers in Laboratory Markets with Posted Prices", *Rand Journal of Economics*, Vol. 25.
19. Fred E. Williams., 1973, "The Effect of Market Organization on Competitive Equilibrium: The Muti-unit Case", *Review of Economic Studies*, Vol. 40.
20. Hoggatt, Austin G., 1959, "An Experimental Business Game", *Behavioral Science*, Vol. 7.
21. James W. Friedman., 1967, "An Experimental Study of Cooperative Duopoly", *Econometrica*, Vol. 35.
22. James W. Friedman., 1969, "On Experimental Research in Oligopoly", *Review of Economic Studies*, Vol 36.
23. Mark R. Isaac, Valerie Ramey, and Arlington W. Williams., 1984, "The Effects of Market Organization on Conspiracies in Restraint of Trade", *Journal of Economic Behavior and Organization*, Vol. 4.
24. Robert H. Porter, 1991, "A Review essay on Handbook of Industrial Organization", *Journal of Economic Literature*, Vol. 29.
25. Ross M. Miller, Charles R. Plott, and Vernon L. Smith, 1977, "Intertemporal Competitive Equilibrium: An Empirical Study of Speculation", *Quarterly Journal of Economics*, Vol. 91.
26. Sauermann Heize and Selten Reinhard, 1959, "An Experiment in Oligopoly", *General system yearbook of the Society for General Systems Research*. Vol. V.
27. Siegel Sidney and Fouraker E. Lawrence, 1960, Bargaining and Group Decision Making: Experiments in Bilateral Monopoly, McGraw-Hill, New Youk.
28. Vernon L. Smith., 1962, "An Experimental Study of Competitive Market Behavior", *Journal of Political Economy*, Vol. 70.
29. Vernon L. Smith., 1964, "The Effect of Market Organization on Competitive Equilibrium", *Quarterly Journal of Economics*, Vol. 78.
30. Vernon L. Smith., 1965, "Experimental Auction Markets and the Walrasian Hypothesis", *Journal of Political Economy*, Vol. 78.
31. Vernon L. Smith and Arlington W. Williams., 1981, "On Nonbinding Price Controls in a Competitive Market", *American Economic Review*, Vol 71.
32. Vernon L., 1982, "Smith. Microeconomic Systems as an Experimental Science", *American Economic Review*, Vol. 72.
33. Vernon L. Smith and Arlington W. Williams., 1982, "The Effects of Rent Asymmetries in Experimental Auction markets", *Journal of Economic Behavior and Organization*, Vol. 3.
34. Vernon L. Smith., 1989, "Theory, Experiment and Economics", *Journal of Economic Perspective*, Vol. 3.

The Experimental Research Paradigm for Industrial Organization Theory

Li Jianbiao Li Xiaoyi

Abstract: The economics/management experimental research paradigm used in Industrial Organization Theory study not only based market factor such as market structure, exchange institutions, market power, market regulation, etc. on observed human behavior, but exclude the influence of unknown variables in classic econometric models to a substantial extent. In the experiment paradigm, some theoretic results have been confirmed, some have been falsified, and even some new rules have been found out in laboratory. All of these developments can attribute to the comparative advantage of experiment paradigm. This paper discussed all of the research paradigms in Industrial Organization Theory study, especially giving out the general framework and applications of experiment paradigm.

Key words: Industrial Organization Theory Experimental Economics Exchange Institutions Market Performance

JEL Classification: B41 L19

关于企业利润率差异的经验研究：问题、方法和结论

贺 俊[*]

摘 要：本文对企业利润率差异问题的相关经验研究从问题、方法和结论三个方面进行了引介和评述。西方学术界在该领域的研究经历了从产业组织到战略管理、从结构分析到效应分析的演变。我们不仅对同一传统内的问题演进和方法改进进行了梳理，而且对两大传统的研究重点和方法进行了系统的比较。与西方学术界在该领域已经积累了丰富的研究成果和完善的数据、经验技术相比，国内在该领域的研究水平整体上还比较落后。文章指出目前国内该领域研究普遍存在的不足甚至谬误，并指出未来可能改进的方向。

关键词：企业利润率差异 产业组织 战略管理

标准新古典经济学的理性基础，一个是消费者主体的效用最大化，另一个是作为企业主体的利润最大化，完美的市场均衡结果是经济个体最大化目标函数的结果。然而，在新古典基于一系列严格假设的完全竞争均衡状态下，企业的经济利润和经济利润率为零。新古典的这一论断显然与现实世界存在较大的差距，因而新的能够为"企业超额利润率"提供生存空间的理论不断涌现，其中最具开创性的研究，一是以熊彼特为代表的"非均衡"流派以及后来在其基础上发展起来的演化经济学，他们认为市场过程是一个连续的非均衡的过程，超额利润率是对企业家创新活动的报酬；另一个是由 Bain 发展起来的、强调市场"不完全性"的产业组织研究，在古典的 SCP 框架下，正的利润率是企业市场力量的表现，而企业市场力量的来源又是高的市场集中度和进入壁垒等市场结构因素。需要指出的是，企业利润并不是产业组织经济学家分析的出发点，产业组织作为经济学的一个分支其规范判断的核心标准一直是经济效率，包括配置效率、技术效率和动态效率三方面的内容（罗斯基，1993），但由于古典的产业组织用利润率来测度资源的配置效率，因此，产业和企业利润率差异问题成为早期产业组织研究的一项重要内容。之后，随着 20 世纪 70 年代由 Demsetz 掀起的关于利润率差异来源是"结构"还是"效率"的大争论的深入，产业组织经济学家逐渐达成共识，

---

[*] 贺俊：中国社会科学院研究生院；电话：13691543518；电子邮件：econhejun@126.com；地址：北京市海淀区中关村海淀北二街六号中国普天信息产业股份有限公司资本运营部，毛科君收（转贺俊）；邮编：100080。

利润率并不是衡量企业市场力量的合适指标,同时,随着新产业组织理论的兴起和计量经济学方法的成熟,产业组织研究的重心也逐渐由产业层次的利润率差异问题转移到对产业内企业的价格—成本分析。但学术界对企业利润率差异问题的研究并没有随着产业组织的转向而就此结束,对企业竞争来源的关注很自然地将企业长期利润率差异问题的研究引入到管理学领域,而产业组织在20世纪70~80年代积累起来的丰富研究成果也成为管理学领域对企业财务绩效差异问题研究的基础和起点。因此,企业利润率差异问题的研究实际上是先后在两个不同的传统中被传承推进。

一、产业组织对绩效差异问题的关注

(一) Bain 的开创性研究及早期的发展

Bain 提出"结构—行为—绩效"问题的背景是垄断或市场势力问题,尽管 Bain 本人的研究是基于对新古典经济学的批判,如他指出,标准微观经济学使用的概念(如 Lerner Index)都是不可测度的,因此对这些理论的经验检验无法实施,但 Bain 对市场势力的理解却完全是新古典意义上的,Bain 将效率等价于静态的配置效率,并用利润率、具体地说是行业中大企业(一般为 4 家)的平均净资产收益率来测度市场势力的强度或配置效率的损失程度,而把技术效率和熊彼特强调的动态效率排除在产业绩效的视野之外[①]。进一步地,Bain 认为,行业利润率差异是市场集中度和进入条件共同作用的结果。需要注意的是,尽管 Bain 提出进入条件(或进入壁垒)主要包括绝对成本优势、规模经济和产品差异化三方面的内容,但 Bain 在研究中却犯了与自己严厉批评的新古典经济学几乎同样的错误,即他没有提出可以对进入条件进行客观测度的指标,而是采用了给不同行业的进入壁垒高低主观打分的方法,这使得研究的可信度和说服力大打折扣 (Bain, 1951; 1956)。

Bain 开创性研究的主要成果体现在两个方面:

1. 市场集中度与行业平均利润率水平(而不是企业利润率水平,Bain 认为,行业平均利润率水平可以反映企业利润的长期趋势)呈现非连续的正相关关系(将 CR8≥70% 作为反映市场集中度的虚拟变量)(Bain, 1951),如果把 Bain 的这一发现放到最一般的"结构—绩效"模型中,实际上相当于对模型施加了一个特别的约束:

$$\pi_j = \beta_0 + \beta_{1j} C_j + \sum \beta_k x_k + \mu_j$$

[①] 对市场结构的福利判断必须基于对静态效率和动态效率的综合判断,因此,产业组织的另外一个重要的问题便是研究市场结构(相对稳定的产业因素)对企业研发的影响。如果市场结构对静态效率和动态效率的作用是相反的,则对市场结构的综合判断就是一个权衡的问题。

s. t. $\beta_{1j} = \bar{\beta} > 0$ if $C_j > \bar{C}$ 和 $\beta_{1j} = o$ if $C_j < \bar{C}$

其中，C_j 为市场集中度；$\bar{C}$ 为门槛值；x_k 为解释行业利润率的其他变量。

2. Bain 认为，进入壁垒和市场集中度对行业利润率有交互影响作用（Bain，1956）。后来承接 Bain 的"结构—绩效"思路，但使用改进的方法或数据进行研究的学者基本发现，将进入壁垒纳入模型后，市场集中度对利润率的解释变得显著但不再重要，而进入壁垒对利润率的影响显著而且重要[1]（Martin，2002；Comanor 和 Wilson，1974）。这些研究的计量模型比较普遍地引入的反映市场结构的变量包括最小有效规模、广告强度和研发强度，一些在更广泛意义上理解市场结构的研究还将需求增长也引入模型，而市场集中度的测度也经常使用经过进出口调整的市场集中度数据，以更准确地反映开放经济条件下的竞争特征。Geroski 将引入新的市场结构变量的研究成为"完全结构假说（Full Structuralist Hypothesis）"研究（Geroski，1988）。

（二）对 Bain 研究成果的批评及利润率差异问题的深化

Bain 的研究成果问世以后，引起了学术界的强烈反应，众多优秀的经济学家在批判的基础上不断推进该领域的研究。笔者认为，在后续的研究中，两个方面的质疑和批评是根本性而且与本文的主题相关的：一是关于如何刻画产业的长期均衡特征的研究；二是试图对结构绩效相关关系进行合理解释的研究。

1. Brozen 对利润率收敛问题的关注及后续的发展。Brozen1970 年的一项研究表明，Bain 使用的 1936~1940 年的样本在 16 年之后，其高集中度产业的收益率下降，而低集中度产业的收益率上升，因此，Brozen 认为，长期看行业收益率都有向社会平均水平收敛的趋势，Bain 的研究揭示的并不是长期均衡状态的"结构—绩效"关系（Brozen，1971）。但遗憾的是，Brozen 虽然指出和部分地修正了 Bain 研究的不足，另一方面也暴露了同样严重的问题：因为 Brozen 报告的 1953~1957 年间 42 个行业的收益率与 Bain 报告的 1936~1940 年的行业收益率高度相关，这表明，这些行业的收益率即便有收敛趋势，其收敛的速度也是很慢的；此外，Brozen 也缺乏证据支持为什么自己使用的数据反映的就不是企业的短期绩效特征？1953~1957 年数据反映的特征也很有可能只是对长期均衡关系的短期偏离或波动。

Brozen 研究的缺陷最终促成了 Mueller 对该领域的贡献，即对行业和企业长期利润率变动特征（包括收敛程度和速度收敛）的研究（Mueller，1986；1990）。Brozen 提出的问题和 Mueller 给出的答案对于企业利润率差异

---

[1] 市场集中度对行业平均利润率的影响显著但不重要与二者相关关系呈现非连续性（即存在门槛值）实际上是等价的。

问题的研究具有重要意义。因为如果经验研究结论支持企业利润快速收敛的结论,那么不仅证明 Bain 基于截面数据的结论完全是错误的,而且可能意味着长期利润率差异根本就不是一个有意义的问题。

Mueller 的研究关注两个问题:一是长期看,企业之间的利润率差异是持续存在还是会呈现收敛趋势,这实际上是对古典经济学一个基本命题的检验,即竞争是否能够导致利润率的收敛;二是如果收敛,收敛的速度如何。Mueller 认为,可以将企业的利润率分解为三部分,即所有企业都享有的竞争性回报、企业特定的永续的租金水平和企业特定的短期准租金水平,其中短期准租金水平随时间而波动,而且长期看会收敛为零。即企业的利润率分解为:

$$\pi_{it}^{*} = \frac{\prod_{it}}{\overline{\prod}_{t}} = c + r_i + s_{it} \tag{1}$$

长期竞争均衡假设等价于下面两个条件成立:

$r_i = 0$,且 $\lim_{t \to \infty} E(s_{it}) = 0$

(1) 式变换后可以得到企业的相对超额利润率水平(即企业利润率相对于社会平均利润率高出的百分比)为:

$$\pi_{it} = \frac{\prod_{it} - \overline{\prod}_{t}}{\overline{\prod}_{t}} = (c - 1) + r_i + s_{it}$$

Mueller 进一步假定短期准租金具有自相关性,即:

$s_{it} = b_i + \lambda_i s_{i,t-1} + \mu_{it}$

则有:

$\pi_{it} = b_i(1 - \lambda_i) + \lambda_i \pi_{i,t-1} + \mu_{it}$

从而得到一阶自回归模型:

$\pi_{it} = \alpha_i + \lambda_i \pi_{i,t-1} + \mu_{it}$

其中,π_{it} 是企业 i 在 t 期相对于平均利润率水平的超额利润率水平;λ_i 是即期乘数,反映利润率的调整速度,$0 < \lambda_i < 1$,λ_i 越接近 0,企业向平均水平收敛的速度越快。

Mueller 使用 1950~1972 年间美国最大的 1000 家制造业企业中 600 家企业的利润率数据〔利润率 = (税后利润 + 利息)/总资产价值,即总资产收益率〕对模型进行估计,研究发现,一方面,企业的利润率差异具有持续性,1950~1952 年平均利润率最高的企业组的 23 年间估计的长期利润率比平均水平高约 30%,而最低组比平均水平低近 20%,因此,存在竞争不能消除的长期租金;另一方面,企业利润率有向平均水平收敛的趋势,各组的 λ_i 的水平基本上都在 0.5 左右,这意味着 $\pi_{i,t-1}$ 对 $\pi_{i,t+4}$ 的影响只有 1/32。后来 Geroski 和 Odagiri 对英国、日本、德国、法国等国家的研究也基本支持企业利润率差异长期存在的结论（Mueller，1990）。Glen，Kevin 和 Singh 使用和 Mueller 同样的方法对包括巴西、印度、韩国在内的 7 个发展中国家进行了利润率收敛问题研究，结果发现，这些市场的 λ_i 值大概在 0.3 左右，这意味着无论是短期利润率还是长期利润率，发展中国家的企业利润率收敛的速度都比发达经济更快，作者认为这反映了发展中国家的市场竞争更激烈（Glen etc., 2003）。

2. Demsetz 对企业利润率差异问题的提出和解释。如果说 Brozen 的矛头指向是 Bain 经验研究的方法，那么，Demsetz 的研究则直指 Bain 研究的内核——理论基础（Demsetz, 1973）。不管是市场集中度还是进入壁垒都是行业内企业共同的外生条件，如果按照结构决定产业绩效的观点，则同一产业内的企业的盈利能力应该相近，但经济中一个基本的事实是，产业内部存在显著的利润率差异。Demsetz 认为，如果企业间存在成本差异，则低成本企业不仅可以获得较高的市场份额，而且可以获得较高的利润率，因此企业规模和财务绩效差异都是效率差异的结果。但按照这种逻辑，Demsetz 应该直接检验企业利润差异是否可以全部（或很大程度上）由企业的成本差异解释，但可能由于当时的数据和计量技术的约束，Demsetz 没有直接测度企业的成本，而是通过证伪 Bain "垄断假说"的一个推论来间接支持自己的"效率假说"。Demsetz 认为，大企业的串谋具有"公共产品"的性质，即成功的串谋也能使小企业受益，这意味着，如果垄断是高集中度的原因，则高集中度产业中所有规模企业的收益率都应该更高；而如果集中是源于效率，则大企业和小企业之间的收益率差异应该与市场集中度存在正相关；也就是说，大企业因为更有效率而因此能够获得更高的收益率。Demsetz 将行业按照 CR_4 分组，又分别计算了各行业不同规模企业组的收益率，结果显示，高集中度行业中各规模水平企业的利润率并不明显地比低集中度行业相应规模水平的企业的利润率高（见表1），因此他得出结论，垄断不是结构—绩效相关关系成立的原因。

表1　　　　Demsetz 根据市场集中度和企业规模计算的收益率

CR_4	R_1	R_2	R_3	R_4	$\bar{R}$
10~20	7.3	9.5	10.6	8.0	8.8
20~30	4.4	8.6	9.9	10.6	8.4
30~40	5.1	9.0	9.4	11.7	8.8
40~50	4.8	9.5	11.2	9.4	8.7
50~60	0.9	9.6	10.8	12.2	8.4
>60	5.0	8.6	10.3	21.6	11.3

注：转引自（Demsetz, 1973），其中 R_1 是最小规模企业的收益率，R_2、R_3、R_4 依次是更大规模企业的收益率。

Demsetz 提出的问题非常重要,但他的理论基础和经验方法都存在缺陷:首先,理论上,他不能证明效率差异和利用市场势力是非此即彼的[①],而事实上,二者并不是相互排斥的,譬如在不对称成本的双寡头古诺模型中,低成本厂商的利润率更高,同时均衡价格高于生产的边际成本。Geroski 认为,无论企业利润来源于市场势力还是效率,只要企业的定价高于边际成本,就存在福利净损失;此外,当存在成本差异的时候,低成本企业也必然会将成本优势转化为定价优势(Geroski,1988),或者说,即便 Demsetz 能够说明大企业的串谋不是行业内所有企业都可以享受的"公共产品",但也没有证明串谋不是大企业的"私人产品",而实际上,美国的数据显示,集中度确实与大企业的利润率正相关,与小企业的利润率没有相关关系(Schmalensee,1989);其次,在经验研究方法方面,由于 Demsetz 只使用了描述性的统计方法,而且忽略了重要的进入壁垒变量,因此变量间关系的统计显著性如何不得而知。从这两个角度看,Demsetz 的研究只是对 Bain 结论的修正,而不是颠覆,Demsetz 的贡献不在于回答了一个问题,而在于提出了一个新的问题,那就是如何解释行业内部的利润率差异。

Demsetz 之后,经济学家对企业利润率问题的关注主要沿着两种思路前进:一是试图直接在模型中引入企业的效率变量来解释企业的利润率差异,如 Martin 使用单位劳动增加值作为企业效率的代理变量,发现单位劳动增加值和市场集中度对企业利润率差异都有显著的影响(Martin,1988)。另外一类研究则认为利润率根本就不是产业组织经济学关注的产业绩效合适的度量指标,所以寻找测度和解释市场力量的新理论和方法。在美国四五十年代大企业迅速形成的历史背景下,Bain 研究的初始动机是解决两个问题:一是探寻导致企业垄断力量的因素,特别是那些"稳定的"、"可观测"的因素,这个问题 Bain 通过建立"结构—行为—绩效"分析框架给予解决;另一个问题便是具体如何测度企业市场势力的程度?由于受到当时数据和计量方法的局限,Bain 认为反映资源配置效率的 Lerner 指数是不可观测、不可度量的,并选用利润率来度量企业垄断力量的强度。后来的产业组织研究不仅纠正了 Bain 在产业层面研究垄断问题的错误,回归到在企业层面研究垄断问题的路线[②],而且逐渐意识到利润率并不是刻画静态配置效率的合适指标,首先,理论上讲,反映企业定价能力的仍然是价格—边际成本加成,其次,随着产业组织理论以及数据和计量技术的完善,通过估计行为方程的参数间接

---

① 利润率不是判断企业是否具有市场力量的命题对于研究中国的垄断问题具有重要的意义,中国很多受行政性保护的国有大企业的财务绩效并不理想,但如果可以证明其产品定价显著高于边际成本,就可以判断其具有较强的垄断力量。部分具有垄断力量的国有企业之所以利润率较低,可能的原因,一是通过盈余管理隐藏利润;二是过度投资行为提高了企业的平均成本。

② "结构—绩效"关系之所以不能在产业间成立的一个重要原因是跨行业的截面研究无法控制产业间需求弹性的差异,其暗含的假设是所有产业的需求弹性都是相同的(卡尔顿等,1998)。

估计企业的价格—边际成本加成成为可能，而这也正是 20 世纪 80 年代以后由 Bresnahan 等学者倡导的所谓"经验产业组织经济学的复兴"运动的主题①。至此，在市场力量背景下分析企业利润率差异问题的研究逐渐退出产业组织经济学家的视野。新经验产业组织的兴起实际上意味着利润率差异问题已经退出了主流经验产业组织研究的舞台。

二、管理学界对企业利润差异问题的研究进展

管理学研究企业利润率问题的出发点与经济学存在明显的区别：首先，经济学家将利润率作为企业市场势力的代理变量，其根本目的是解释企业市场势力的原因并对社会资源的配置效率进行评价，管理学则直接关注企业利润率的差异；其次，经济学对利润率差异的解释常常止步于市场结构或企业效率差异，因为在这个层次的研究就已经具有非常鲜明的公共政策含义，而管理学则还必须进一步探讨企业效率差异的具体来源，因为只有发现具有明确的企业行动意义的变量，才对企业的管理活动具有指导价值。

(一) 研究进展

最早明确将管理因素纳入利润差异问题的研究是 MIT 的 Schmalensee 1985 年发表的一项研究成果（Schmalensee, 1985）②，该研究的对象是业务层面（business-level）的利润率差异。Schmalensee 提出的假说是，影响业务层利润率差异的因素主要来自于三个方面：一是 Bain 强调的与市场结构相关的产业特征，或产业效应；二是与该业务所属企业的管理水平相关的企业效应（后来的研究称为公司效应）；三是 Demsetz 强调的该业务的效率因素。Schmalensee 对该假说检验的方法是使用 1975 年 456 个企业的 1775 个业务层数据对以下模型进行了估计：

$$r_{ij} = \mu + \alpha_i + \beta_j + \gamma MS_{ij} + \varepsilon_{ij}$$

其中，r_{ij} 是业务层的利润率；α_i 是业务所属的企业；β_j 是业务所属的行业，MS_{ij} 是业务 i 在行业 j 的市场份额。Schmalensee 的主要研究结论是，产业效应非常重要，大概可以解释业务层利润差异的 20% 和产业层面利润率差异的 75%，市场份额（效率）的影响显著，但只能解释利润率差异的很小部分，企业效应（管理因素）并不显著。

---

① 详见 Bresnahan1989 年被收入"Handbook of Industrial Organization"中的综述文章（Breshahan, 1989）。

② Schamlensee 虽然是著名的产业组织经济学家，但大概由于其在斯隆商学院执教的背景，使他的研究的问题意识是管理学导向的。

Schmalensee 的研究的特点在于引入了产业效应和企业效应虚拟变量[①]，这样模型就可以更好地解释市场份额对利润率差异的影响，此外，Schmalensee 的研究开启了被 Mcgahan 称为"利润方差分解（profit variance-decomposition）"的研究，该研究旨在在一般的意义上揭示影响企业利润率差异的各主要因素的重要性，而不是探究企业绩效的具体驱动因素（Mcgahan and Porter，2002）。也正因此，"利润方差分解"研究的一个缺陷在于不能揭示影响因素与企业利润率的因果关系。仅仅揭示相关，而不是因果联系的研究显然是不能被主流的经济学家所接受的，但由于该研究对于管理学，特别是战略管理具有重要的含义，因此运用 COV、ANOVA 等统计手段进行的利润方差分解分析开始受到管理学界的重视。

Schmalensee 的研究仍然存在比较严重的缺陷：（1）过高的产业效应与直觉背离；（2）因为只使用了一年的截面数据，所以不能纳入反映宏观经济的年度效应，不能揭示长期均衡特征，也不能纳入业务层效应的虚拟变量，为了反映业务层的作用，作者引入了市场份额变量，因此 Schmalensee 的效应研究实际上是不彻底的效应分析；（3）没有考虑异常值对回归结果的影响。

Scott 和 Pascoe 1988 年的研究主要针对 Schmalensee 的后两个错误进行了改进，他们首先将产业效应、企业效应和业务层效应作为解释变量，然后再将产业特定变量（如市场集中度、最小有效规模等）、企业特定变量（企业多元化指数、资产负债率）和业务层特定变量（如市场份额、广告强度等）作为解释变量分别回归，结果发现，企业效应和产业效应都是重要的，而且业务层变量和企业变量、产业变量都存在重要的交互重要。Kessides 在剔除了 Schmalensee 样本中的 5 个异常值后使用 Schmalensee 的方法重新进行计量分析，结果发现企业效应既重要又显著（Kessides，1990）。

Rumelt 1991 年的一项研究对 Schmalensee 的研究进行了重大的修正，他使用 1974~1977 年的数据，并将 Schmalensee 的市场份额变量直接替换为业务层效应（Business-unit Effects），其构造的描述性模型如下：

$$r_{ikt} = \mu + \alpha_i + \beta_k + \gamma_t + \delta_{it} + \phi_{ik} + \varepsilon_{ikt}$$

其中，α_i 是产业效应；β_k 是公司效应；γ_t 是反映宏观经济影响的年度效应；δ_{it} 是产业—年度交互项；ϕ_{ik} 是业务层效应。Rumelt 认为公司效应和业务层效应反映的是企业资源的或竞争定位的差异，Rumelt 的研究发现，业务层效应可以解释利润率差异的 46.37%，而产业效应只能解释 8.32%。Rumelt 的贡献不仅在于研究方法的改进，更重要的是第一次正式地将利润率差异问

[①] 后来 Mcgahan 和 Porter 的研究与 Schmalensee 使用的定义略有不同，Schmalensee 的企业效应实际上相当于后来 Mcgahan 使用的公司效应的概念，Mcgahan 认为，企业效应相对于产业效应，包括业务层效应和公司效应两方面的内容。

题引到管理学的传统中来。自此,企业利润率差异问题成为战略管理学领域以 Porter 为代表的"环境学派"(强调定位和活动分析)和以 Barney 为代表的"资源学派"争论的焦点之一。前者认为,市场结构决定了行业间的利润率差异,企业在产业中的竞争定位则决定了产业内的利润率差异,后者则认为,是企业间的能力或资源差异决定了企业间的利润率差异。

Rumelt 的研究虽然一定程度上修正了 Schmalensee 的部分错误,但并没有给利润率差异问题研究画上句号。首先,Schmalensee 和 Rumelt 使用的数据都是美国 20 世纪 70 年代中期的数据,当时石油危机对美国经济的影响还没有消除,在特殊的宏观经济背景下研究结论是否具有一般性值得怀疑;其次,Rumelt 尽管引入了公司效应,但公司效应的作用非常微弱,这意味着一个很强的结论,即公司效应对企业绩效的影响是不重要的,这种反直觉的结论可能来源于定义和测度方法问题;最后,两人使用的数据都只覆盖了制造业,影响了结论的一般性。因此,90 年代以后的研究就是针对两人提出的问题和存在的缺陷继续前进。其中,Mcgahan 和 Porter 利用 1981~1994 年包括服务业在内的全部上市公司的 58132 个观测值对利润率差异问题进行了一系列深入的研究(Mcgahan and Porter,1997,1999,2002;Mcgahan,1999)。他们 2002 年最新的研究采用的模型形式(或更准确地说是数据结构式)为:

$$r_{ikt} = \mu + \gamma_t + \alpha_i + \beta_k + \phi_{ik} + \varepsilon_{ikt}$$

其中,r_{ikt} 是 t 年公司 k 的第 i 个业务单元的利润率,利润率 = 营业利润/实际资产,其中实际资产 = 总资产 - 金融资产,实际资产的计量范围包括黄金、土地、设备、专利等;μ 是所有企业在样本期间的平均利润率;γ_t 是年度效应;α_i 是产业效应;β_k 是公司效应(如果公司为单一业务公司,则该变量取值为零);ϕ_{ik} 是业务单元效应。

Mcgahan 和 Porter 的研究发现:(1) 4 个方面的效应都显著,但业务层效应的重要性要大于产业、年度和公司效应;(2) 产业效应、公司效应和业务层效应不仅截面相关(Related in Cross Section),而且跨期相关(Related Intertemporally),Mcgahan 和 Porter 进一步指出,进一步解释它们的相互作用是未来研究的方向;(3) 产业、年度、公司和业务层效应的重要性因部门不同而有差异,产业效应在服务业中的作用要比制造业中的作用更强;(4) 虽然企业效应比产业效应更重要,但产业效应的稳定性和可预测性更好。Mcgahan 和 Porter 的研究实际上已经综合了效应研究和 IO 中 Mueller 对收敛性问题的研究,他们的基本思路是先分解利润,再研究各分解利润的自相关性。

由于与之前的研究相比,Mcgahan 和 Porter 的研究不仅在样本数据方面覆盖了更长的时期和更规范的产业部门,而且在统计技术方面进行了改进,因此,从技术性的角度看,他们的研究结论更令人信服。但不可否认的是,他们的研究也同样存在缺陷:首先,正像 Mcgahan 和 Porter 自己指出的,由于方差分析本质上只是描述性的,不能解释变量之间的因果关系,与之相关的一个严重的问题是,该研究不能说明产业效应、公司效应等因素的经济学或管理学含义;其次,由于业务单元的划分一般采用标准行业分类,因此可能低估产业(经济学意义上的)效应的作用;最后,存在定义问题,以公司效应为例,作者将公司效应定义为公司各个业务的利润率具有相同的趋势,但很有可能公司的作用在于集中资源发展个别业务单元。

(二) 对管理学研究的一个简短评述

尽管效应分析本身不能代替结构分析,但效应分析却对设定正确的结构分析模型具有重要的意义。具体地说,如果研究者在模型中除了引入所关注的结构变量外,为了控制其他因素对因变量的影响还引入了效应变量,那么就必须根据特定的经济学或管理学理论,判断该结构变量所属的效应,并将属于该效应的其他重要的解释变量纳入模型(当然,重要但明显无关的解释变量可以不纳入)[1],即对该效应进行"完全设定(Full Specification)"。举个例子,如果研究者关注企业的广告强度对业务层利润率的作用,则计量模型除了广告强度变量外仅仅控制年度效应、产业效应和公司效应还是不够的,因为广告强度属于业务层效应的范畴,而业务层效应的其他变量与广告强度很可能是相关的[2],因此在设定模型时要根据经济学或者管理学理论进一步控制其他的与广告强度相关的业务层效应变量,如根据竞争定位理论,将业务层的竞争优势分解为差异化和低成本优势,并用广告强度和研发强度作为差异化程度的代理变量,则模型还需要进一步引入研发强度和成本变量(或成本的代理变量),只有这样,才能更准确地揭示广告强度对企业财务绩效的影响[3]。事实上,不完全设定正是 Mcgahan 等学者对 Schmalensee 研究成果的主要批评之一(Mcgahan and Porter, 2002),同时也是我们国内目前经济学和管理学经验研究中一个普遍存在的错误。

此外,不管是效应分析还是结构分析都没有解决与 Bain 古典"结构—绩效"范式同样的错误,即解释变量的内生性问题。举例来说,如果在结构模型中引入研发强度解释企业利润率差异,则不仅研发强度影响企业利润率,企业利润率也会影响企业的研发强度,因为利润率高的企业研发投入的能力更强,因而可能拥有更高的研发强度。产业组织经济学家在 20 世纪 70 年代中期以后提出了解决解释变量内生性问题的一个方法——构造联立方程模型(Geroski, 1982; Martin, 2002),但迄今为止,还没有看到管理学领域有类似的研究。

---

[1] 因为我们知道,遗漏重要且与解释变量相关的解释变量会导致参数估计有偏,这在结构分析中是严重的缺陷。
[2] 如果其他变量与广告强度几乎不相关,则从结构分析的角度讲无须控制其他变量。
[3] 一个比较合理的结构分析模型的案例,可以参见(边燕杰,2004)。

三、综合评述

从前面的分析可以看出，企业利润率差异问题的研究实际上是在产业组织和战略管理两个不同的传统中被推进。经济学对企业利润率问题的关注从对垄断或效率问题开始，他们研究企业利润率收敛问题的出发点是竞争的有效性，研究企业长期利润率差异的决定因素的目的是尽可能地发掘出影响企业垄断力量的相对稳定的、可观测的外生变量（如 Bain 的市场集中度），经济学家在研究中渴望发现变量之间的因果关系；管理学家则直接关心如何解释企业的利润率差异，他们对企业利润率收敛问题的关注在于探究企业的独特能力是否能够长期维持，管理学家尽管也偏爱变量之间的因果关系，但对于相关关系也同样可以接受，因为这样的关系对于企业同样具有政策含义。

由于研究的出发点不同，在变量的选取方面两个传统也存在明显的差异。产业组织研究关注能够解释因果关系的结构分析，因此引入的变量都是具有具体含义的产业和企业的特定变量，如反映市场竞争程度的 CR_n、HHI，反映进入壁垒的研发强度、销售费用强度等指标企业特定变量；而管理学除了关注结构分析以外，还关注影响企业利润率差异的效应，具体包括宏观效应、产业效应、企业效应和业务层效应。

在使用的经验研究方法方面，产业组织研究主要使用计量模型，如早期简单的一元或多元线性模型、20 世纪 70 年代以后逐渐推广使用的联立方程模型、自回归模型和面板数据模型，而管理学领域除了使用计量模型以外，还使用 AOV、ANOVA 等统计分析技术。

两者的另一个差异反映在对利润率的测度。由于产业组织认为利润率并不是度量企业市场力量的合适指标，因此产业组织逐渐放弃在垄断问题的背景下继续研究利润率差异问题，转而通过直接估计产业内企业的价格、成本或使用 Tobin'q 来衡量企业绩效。在管理学文献中，利润率一般用总资产收益率或净资产收益率，此外，研究者为了使会计数据尽可能准确地反映企业的竞争优势，还经常根据研究的目的对会计数据进行必要的调整，例如，一项对中国国有企业改革绩效进行的研究采用总资产回报率测度企业绩效，由于作者分析的目的是揭示国有企业可以在利益相关者进行分配的单位投资回报，因此对会计数据进行了以下调整：总资产回报率等于以市场价格计算的税前利润除以企业总资产净值。其中，税前利润将原材料价格和产出价格调整为市场价格（因为作者使用的是调研数据，可以进行该调整），然后除以通货膨胀率；另外，工资中不包括额外的奖金，因为作者认为奖金是对职工企业控制权的回报。资产净值通过永续盘存法确定，并且将每年资产的账面价值按通货膨胀率进行调整（武常岐，2004）。

四、国内的研究进展

(一) 研究的发展和现状

国内学者对企业利润率差异问题关注的出发点与西方有很大的不同,西方产业组织关注的是企业的垄断问题,而国内经济学家关注的主要是产权改革或制度因素对行业或企业利润率的影响。在经济学的研究中,主要以解释产业间的利润率差异为主。如魏后凯利用1995年工业普查资料进行相关分析发现,中国制造业集中度与各利润率指标之间呈现出较好的正相关关系(魏后凯,2003),作者认为,大企业之间的合谋在中国不是普遍现象,中国高集中度产业存在的高利润率应主要归因于行业效率的差异。陈志广综合Bain和Demsetz的研究思路同样使用1995工业普查资料数据对制造业行业利润率和市场集中度相关关系成立的原因重新进行研究,发现效率和垄断因素的混合作用形成中国制造业行业利润率与市场集中度的正相关关系(陈志广,2004)。刘小玄则认为,制度因素和市场结构因素都是影响中国制造业行业利润率差异的重要变量,因此她在解释行业利润率差异的回归模型中还引入国有企业比重变量,研究发现,国有产权比重与行业利润率存在显著的负相关(刘小玄,2003)。张军试图在企业层面而不是行业层面解释利润率差异,但作者实际使用的企业数据是行业内按所有制类型计算的平均水平数据(作者认为这样可以反映一个典型的所有制企业的情况),同时,作者在回归模型中引入了多达9个解释变量,包括资本—劳动比率、资本存量、工程技术人员比重、出口比重、企业的福利支出、国有企业的虚拟变量、乡镇企业的虚拟变量、名义产出的年均增长率和企业数目的增长率,回归发现:所有制是典型企业利润率差异的重要解释变量;企业的资本—劳动比率与盈利能力显著负相关,作者认为,这说明中国经济在劳动密集生产上具有竞争优势;企业出口比重与企业盈利能力负相关,作者认为,这反映了中国贸易条件恶化对企业出口的影响;资产规模对利润率有显著但微弱的影响,因此工业企业整体上处于规模报酬不变的阶段(张军,2003)。

整体上看,国内关于行业利润率水平差异的研究处于国外20世纪60~70年代的水平,此外,特别地,国内外经济学家在对企业超额收益率的规范判断方面存在显著差异:在Bain的研究中,超额利润率是企业具有较强的市场力量的表现,因此超额收益率实际上反映的是效率损失。经过Demsetz的批评和之后Geroski等学者的发展后,一个比较得到广泛认同的结论是,超额收益既包含效率优势但也仍然部分地反映企业的垄断力量,因此从经济学或从社会福利的角度看,超额收益的福利判断是不清楚的或者中性的。而国内的经济学研究却倾向于将企业的超额收益或好的财务表现作为产业或企业具有良好绩效的衡量标准，如江小涓认为竞争有效的一个基本论据就是规模扩张或新进入的企业的利润较高（江小涓，1996），又如武常歧用企业的总资产回报率作为国有企业改革绩效的代理变量，并认为"总资产回报率较之全要素生产率能更精确地反映国有企业的绩效水平"（武常歧，2004）。引起这种差异的原因有出于问题界定的特殊性的考虑，但也有效率和效益概念混淆的问题（罗斯基，1993）。

目前国内学术界还没有对企业利润率收敛问题和利润率差异的效应问题的规范研究。贺小刚利用66家医药类上市公司1994～2001年的数据进行了描述性的统计分析，结果发现，企业间的利润率差异持续存在，但利润率存在收敛趋势（贺小刚，2004）。作者认为，资源的可交易性、可共享性导致的同质性是企业利润率收敛的原因，但作者并没有经验支持自己的判断，也没有说明为什么随着时间推移资源同质性的作用会逐渐大于资源异质性的作用。

目前在国内的管理学界，还没有出现对企业利润率差异的效应分析，但从公司治理角度、企业战略角度，如企业多元化、企业家的社会资本（边燕杰，2004）等角度对企业财务绩效进行结构分析的成果已经比较丰富，这些研究一般都认为关注的解释变量对企业财务绩效有显著的影响。

(二) 存在的缺陷

1. 理论方面的不足。国内的经验研究常常将公司因素和业务层因素混为一谈。在战略管理范畴里，公司战略和业务层战略是两个不同层次的内容。在 Mcgahan 的研究中，企业效应包括公司层效应和业务层效应。在国内的结构分析研究中，在企业和公司层次，研究者基本上都会将总资产作为公司规模的代理变量的控制变量纳入模型，但总资产的经济学和管理学含义实际上是不清楚的，因为总资产既不能说明公司层次的多元化程度，也不能反映企业在业务层面的规模经济状况。

概念不清问题。如有学者认为，影响企业利润率差异的因素除了产业效应和企业效应外，还有战略群组[①]效应，并认为企业效应主要反映了企业能力，而群组效应主要反映了企业的战略能力（郭朝阳，2002），作者认为，所谓的企业能力和战略能力实质上是解释企业竞争优势的两种不同视角，前者是资源为基础的观点（Resource-based View），后者是以企业战略行动为基础的观点（Activity-based View），二者对企业竞争优势来源的解释不同，但都属于企业效应的范畴，是企业战略效应的不同解释；或者更准确地说，如果非要把企业能力和战略能力作为两个不同的解释变量纳入模型，那么这两

---

① "Strategic Group" 一词目前在国内的译法尚未统一，常见的有"战略组别"、"策略群组"、"战略小组"、"战略簇群"等，作者采用"战略群组"的译法。

个变量将具有严重的共线性。因此把群组效应作为与产业效应、企业效应并列的解释企业利润率差异的因素引入模型是不合适的。

与概念不清相关的问题是研究者在经验研究中解释变量选取的随意性。如前面提到的张军对企业利润率差异的研究,即使不考虑在结构分析中不宜引入过多变量的技术性问题,仅仅在变量质量方面也存在严重的问题,如假说的提出缺乏一致、明确的理论传统,而仅仅根据直觉罗列可能影响企业绩效的因素,此外,各变量之间的交互作用也没有考虑。

2. 经验研究中存在的不足。在关于利润率差异的结构分析文献中比较普遍地存在以下几方面的缺陷:

在模型的选取方面的问题:(1) 结构分析中完全忽视解释变量的内生性问题,国内学者中张军注意到了这个问题,他在关于模型的注脚中指出:"严格说来,我们模型中的所有解释变量都不是外生变量,而是内生变量。然而由于缺乏合适的变量定义,很难构造联立模型。我们只能假设这些变量是预先决定和/或制度性给定的"(张军,2003),但作者并没有解决内生性问题,他认为很难构造联立模型,但实际上之所以这些变量无法构造联立方程就是因为他选取的解释变量缺乏一致的理论框架。(2) 在研究市场结构对利润率(行业或企业)的影响时,忽略了进入壁垒。尽管国内学者在文献综述时都会引用 Bain 的研究成果,并且都会提及进入壁垒对利润率的重要影响,但在模型设定时却常常只引入市场集中度,而将反映进入壁垒的变量遗漏,其结果可能会高估市场集中度对利润率的影响[①]。(3) 有些研究虽然纳入了进入壁垒变量,如用广告支出强度作为产品差异化的代理变量,但没有引入新的变量控制行业之间的广告支出强度的差异。国外的相关研究一般引入虚拟变量——耐用消费品或消费品行业(如果行业为消费品行业,取值为1,否则取值 0)。

数据和测度方面的问题:(1) 存在数据短的问题,研究中多使用截面数据,不能揭示长期均衡的特征。(2) 数据窄的问题,研究中多使用制造业行业数据或上市公司数据,结论的一般性受到一定的局限。(3) 数据时间比较早,多使用 1995 年工业普查资料数据,没能揭示改革开放至今后半段历程的企业利润差异变化特征,而事实上,在 20 世纪 90 年代中期以后,无论是宏观经济周期波动、产业市场结构、所有制基础、消费者需求结构和企业战略行为都发生了深刻的变化,因而这些研究对当前的公共政策和商业政策的启示有很大的局限性。(4) 产业的定义问题。经济学中的产业是在需求替代弹性的意义上定义的,但考虑到研究的可行性(研究成本问题),国内外的经验研究都采用政府统计部门根据技术性质划分的行业统计数据,但目前国

---

① 国外部分研究在测度行业的产品差异化时采用市场份额累计达到 50% 的企业的广告支出强度之和或研发强度之和。

内研究的缺陷在于没有对行业进行必要的"筛选"。产业与行业的定义区别意味着在经验研究中，并不是越细分的行业数据越接近产业定义，如中国四位数分类的"甘蔗糖业（1331）"、"甜菜糖业（1332）"和"加工糖业（1334）"就不如三位数分类行业"制糖业（133）"更接近产业定义。Bain 的研究对明显不符合经济意义的行业进行了剔除：地方性行业，因为这类行业的市场范围是区域性市场，而统计数据覆盖的范围是全国，因此数据低估了产业的实际集中度[①]；明显地按照技术标准分类而不符合产业定义的行业；剔除"其他类"行业。（5）在使用市场份额（销售量）度量市场结构变量时，没有将进出口计入行业总销售收入（或总销售量）中，从而低估或高估了那些贸易依存度较高行业的市场集中度；当然，也可以通过在模型中纳入进出口变量来部分地解决该问题，但这种方法不利于对模型的结构解释。

（三）未来研究的方向

未来国内产业组织和战略管理领域的研究可以在问题、方法和数据三个方面继续进一步推进对中国企业利润率差异的理解。其中，最初步的工作是在充分吸收和借鉴西方研究成果的基础上最大程度地避免以上论及的技术性错误和不足。在产业组织传统中的研究应该特别注意变量的内生性问题，解决的方法一是在恰当的理论基础上尽可能地引入外生解释变量；二是通过恰当地选择模型和估计方法等计量技术尽可能降低变量内生的成本。相比技术的改进，未来国内学者在该领域研究的主要阻碍仍然是数据的可能性问题，未来可以利用的数据主要是上市公司数据和国家统计局的普查资料数据，上市公司数据的好处是易得，而且作为面板数据可以揭示更多的信息，统计局普查数据的好处是覆盖范围广，但存在截面数据自身的不足。且两种数据都存在前面中提到的不能分离业务层效应和业务层特定因素的问题。进一步改进数据质量的一个可能的方向是获得包含企业和业务层信息的调研数据。

未来国内学术界在利润率差异问题的研究的一个更重要的改进可能是在问题意识方面，即在中国特定的转型发展背景下，对企业利润率差异问题的含义进行进一步的挖掘，这方面的工作不仅可以推进我们对中国企业竞争战略和产业组织问题的理解，而且也是中国学者对相关理论做出原创性贡献的可能突破口。比如在利润率的收敛性问题上，可能形成的具有转型发展意义的、竞争性的命题或假说有：由于转型发展市场的不完全程度更高，因此企业的长期利润率差异显著；转型发展的背景下，由于环境的剧烈变化，外生随机不可控因素使得企业盈利能力的持续性更差；由于行业的严格管制，行

[①] 如果研究者希望样本包含这类行业，则克服低估区域性行业市场集中度的一个方法是在模型中引入虚拟变量，如 Local，如果该产业为区域性的，则变量取值为 1；如果产业是全国性的，则变量取值为 0。Comanor 和 Wilson 1967 年的研究采用了这种方法，而 Collins 和 Preston 则进一步使用了地理分布指数的变量（Geo）（Martin，2003）。

业利润差异显著而且不能快速地收敛。需要说明的是，产业利润的收敛问题对于回答企业利润问题可能提供重要的启示，即如果行业利润差异不显著而且收敛迅速，则产业效应可能是不重要的。又如在利润率差异的解释方面，可能形成的有意义的命题或假说有：由于转型发展过程中，企业的机会主义行为严重，因此产业效应和宏观效应的解释力量更强；因为企业的同质性较强，竞争手段和竞争优势的同质性较强，因此企业效应的解释力应该更小；市场竞争的过程同时也是企业竞争优势的培育和企业资源积累的过程，企业效应在企业利润率差异中的解释力应该越来越强；制度效应是解释中国企业利润率差异的重要变量，但随着市场化改革的推进，国有企业和民营企业的行为目标逐渐趋同，制度变量的解释力应该逐渐下降；因为企业规模普遍较小，规模经济效应应该是显著的，等等。

参 考 文 献

1. 边燕杰：《公司的社会资本及其对公司业绩的影响》，载徐淑英主编：《中国企业管理的前沿研究》，北京大学出版社 2004 年版。
2. 陈志广：《是垄断还是效率？基于中国制造业的实证研究》，载《管理世界》2004 年第 12 期。
3. 郭朝阳：《策略群组与企业盈利水平差异》，载《中国工业经济》2002 年第 6 期。
4. 贺小刚、李新春：《资源异质性、同质性与企业绩效关系研究》，载《南开管理评论》2004 年第 7 期。
5. 江小涓：《经济转轨时期的产业政策》，上海三联书店 1996 年版。
6. 卡尔顿、佩罗夫：《现代产业组织》（第三版），中译本，上海三联书店 1998 年版。
7. 罗斯基：《经济效率与经济效益》，载《经济研究》1993 年第 6 期。
8. 刘小玄：《中国转轨过程中的产权和市场》，上海三联书店 2003 年版。
9. 魏后凯：《市场竞争、经济绩效与产业集中》，经济管理出版 2003 年版。
10. 武常歧、李稻葵：《国有企业改革：产权多元化还是改善经营管理》，载徐淑英主编：《中国企业管理的前沿研究》，北京大学出版社 2004 年版。
11. 徐淑英、刘忠明：《中国企业管理的前沿研究》，北京大学出版社 2004 年版。
12. 张军：《中国的工业改革与经济增长》，上海三联书店 2003 年版。
13. Bain, Joe, 1951, "Relation of Profit Rate to Industry Concentration", *Quarterly Journal of Economics* 65, pp. 293–324.
14. Bain, J. S., 1956, Barriers to New Competition, Cambridge, Harvard University Press.
15. Bresnahan, Timothy, 1989, "Empirical Studies of Industries with Market Power", in Handbook of Industrial Organization, edited by Richard Schmalensee & Robert Willig, North Holland.
16. Brozen, Yale, 1971, "Bain's Concentration and Rates of Return Revisited", *Journal of Law and Economics* 14, pp. 351–369.
17. Comanor, William & Wilson, Thomas, 1974, Advertising and Market Power, Harvard

University Press.

18. Demsetz, Harold, 1973, "Industry Structure, Market Rivalry and Public Policy", *Journal of Law and Economics* 16.
19. Glen, Jack, Lee, Kevin, and Singh, Ajit, 2003, "Corporate profitability and the dynamics of competition in emerging markets: a time series analysis", *Economic Journal* 113, pp. 465–484.
20. Geroski, Paul, 1982, "Simultaneous Equation Models of the Structure-performance Paradigm", *European Economic Review* 219.
21. Geroski, P, 1988, "Competition Policy and Structure-performance Paradigm", in Economics of Industrial Organization, edited by Davis, Stephen, Longman.
22. Geroski, Paul, 2003, The Evolution of New Markets, Oxford University Press.
23. Kessides, Ioannis, 1990, "Toward a Testable Model of Entry: a Study of US Manufacturing Industries", *Economica* 57, pp. 219–238.
24. Martin, Stephen, 1988, "Market Power and/or Efficiency?", *Review of Economics and Statistics* 70, pp. 331–335.
25. Stephen Martin, 2002, Advanced Industrial Economics, Blackwell Publishers.
26. Mcgahan, Anita, 1999, "The Performance of US Corporations: 1981–1994", *Journal of Industrial Economics* 11, pp. 373–398.
27. Mcgahan, Anita & Porter, Michael, 1997, "How Much Does Industry Matter, really?", *Strategic Management Journal* 18, pp. 15–30.
28. McGahan, A. and Porter, M. E., 1999, "The Persistence and Shocks to Profitability", *Review of Economics and Statistics* 81, pp. 143–153.
29. McGahan AM and Porter ME., 2002, "What Do We Know about Variance in Accounting Profitability?", *Management Science* 48, pp. 834–851.
30. Mueller, Dennis, 1986, Profits in the Long Run, Cambridge University Press.
31. Mueller, Dennis, (edit), 1990, The Dynamics of Company Profits: an International Comparison, Cambridge University Press.
32. Pakes, Ariel, 1987, "Mueller's Profits in the Long Run", *Rand Journal of Economics* 18, pp. 319–332.
33. Rumelt, Richard, 1991, "How Much Does Industry Matter?", *Strategic Management Journal* 12, pp. 167–185.
34. Schmalensee, Richard, 1985, "Do Markets Differ Much?", *American Economic Review* 75, pp. 341–351.
35. Schmalensee, R., 1989, "Inter-industry Studies of Structure and Performance", in Handbook of Industrial Organization, edited by Richard Schmalensee & Robert Willig, North Holland.
36. Scott, John & Pascoe, George, 1986, "Beyond Firm and Industry Effects on Profitability in Imperfect Markets", *Review of Economics and Statistics* 68, pp. 284–292.

Empirical Studies on Profitability Difference between Firms: Questions, Methods and Main Findings

He Jun

Abstract: This paper is a selective literature review of the empirical studies on the profitability difference between firms from perspective of question, method and result. English-language based studies experienced a transition from the tradition of industrial organization to that of strategic management, and from structural analysis to effect analysis. We provide a systematic comparison of the ideas and techniques within and between these two traditions. Compared to the studies abroad, the level of the Chinese studies in this area are relatively low. Shortcoming or even serious errors in data and techniques are identified and further research directions are suggested in the end.

Key words: Profitability Difference Industrial Organization Strategic Management

JEL Classification: D430 L120 M310

公司治理研究的深化与拓展：
对近期文献的回顾[*]

曹廷求　于建霞[**]

摘　要：本文从更一般的层面上对20世纪90年代以来的公司治理研究及其最新进展进行了回顾性整理。从研究视角看，公司治理大体上经历了"美国—主要市场经济国家—国际化"等三个不同的研究阶段，随之研究范围不断扩展、研究内容不断创新、研究方法也不断优化，目前已经形成相对完善的理论架构并在理论和实践领域得到了广泛认同。预期将来的研究，大股东治理、金融机构治理和中国的公司治理问题将会引起更大的关注。

关键词：公司治理　治理机制　治理模式　金融机构治理　大股东治理

20世纪80年代兴起的公司治理研究已经迅速成为多个领域共同关注的全球性热点问题，大批理论分析和实证研究文献的涌现正在从深度和广度两个方面推动公司治理理论的发展。本文试图对这一趋势进行文献梳理和评述，[①] 以洞察公司治理研究的国际动向，并为我国的相关研究提供经验借鉴。限于篇幅，本文的重点放在20世纪90年代以后的文献上。全文共分四个部分：第一部分是对公司治理研究的总体性概括；第二部分和第三部分分别描述近阶段公司治理研究的主要内容及其所表现出来的主要特点；第四部分对公司治理研究趋势作些许展望。

一、公司治理研究的视角及其扩展

为了表述和分析的方便，我们依据研究视角的差别大体上将到目前为止的公司治理研究划分为三个阶段：第一个阶段是20世纪90年代以前公司治

---

[*] 本文为国家自然科学基金重点项目（70532001）的部分研究成果。

[**] 曹廷求，济南市山大南路27号山东大学经济学院（250100）；联系电话：0531－6333217，13153029797；电子信箱：tqcao@126.com。于建霞，济南市二环东路7366号，山东经济学院国贸学院（250014）；联系电话：13173005299；电子信箱：jianxiayu@126.com。

[①] Shleifer 和 Vishny（1997）及 Denis 和 McConnell（2003）对公司治理进行了总体性评述，郑红亮（2000）对中国的公司治理研究进行了评述、姚伟等（2003）对公司治理理论最新进展进行了综述。与以上4篇文献相比较，本文的特点是试图从更一般的意义上总结公司治理研究的最新进展，而不同于 Shleifer 和 Vishny（1997）侧重于集中型股权结构、Denis 和 McConnell（2003）重点分析公司治理的国际化趋势、郑红亮（2000）关注中国的公司治理问题和姚伟等（2003）侧重于公司治理理论的技术层面。

理研究的兴起阶段，此阶段的研究主要围绕美国的公司治理问题而展开；90年代初至1997年前后可以视为公司治理研究的第二阶段，此阶段公司治理研究的视野已经从美国模式扩展到美、英、日、德等主要市场经济发达国家，以公司治理原则的制定和推广为标志的公司治理实践活动使得理论研究与实践应用并重成为此阶段的主要特点；1998年至今可以视为公司治理研究的第三阶段，这一阶段的突出特点是公司治理研究的视角已经从主要市场经济发达国家进一步扩展到全球主要国家，从而使公司治理步入到国际化公司治理的新阶段；另外1997年开始的（亚洲）金融危机引起了人们对金融机构公司治理问题的极大关注，以商业银行公司治理为主要内容的金融机构公司治理问题的兴起成为此阶段的另一大特点。

（一）以美国模式为主导的公司治理研究阶段（20世纪90年代以前）

正如 Blair（1995）所言，对公司治理问题所产生的兴趣在一定程度上是由对美国的公司治理制度在投资、有效监督、制约管理者等方面是否提供了相应的激励等问题的关注所驱使的。20世纪80年代美国公司在汽车、家用电器、钢铁和纺织品等市场上与德日公司竞争的失败引发了理论界对美国公司竞争力下降原因的思考，在随后的讨论中理论界逐渐把原因归结到美国公司的治理结构缺陷上来。从这个意义上说，公司治理问题兴起的直接诱因是美国公司竞争力的下降。此时研究和争论的焦点集中在控制权市场、董事会及其独立性、管理者薪酬等三个方面。

伴随着此阶段的最大争议当属股东至上主义与利益相关者（Stakeholders）理论，以及由此引致的究竟应该是股东单边治理还是利益相关者参与的共同治理的争论。[①] 传统的股东至上观点认为股东是公司的所有者，公司控制权自然属于股东所有；新兴的利益相关者观点则认为"所有权"是共同的，公司应尽可能地照顾到利益相关者的利益，股东只是利益相关者中的一员。两种观点分别构成了不同的理论基础，并据此得出了不同的理论结论和公司治理的模式。由于以 Blair 为代表的利益相关者理论所遵从的仍然是其所批评的那些理论的概念框架和基本逻辑，所以很难动摇股东至上主义的主流地位（张春霖，1998），但它毕竟给我们提供了研究和解决公司治理问题的一条新的思路，从而可以帮助我们更好地理解和解决公司治理的相关问题。

---

① 相关利益者理论的思想最早可以追溯到哈佛法学者杜德，他在1932年指出，公司董事必须成为真正的受托人，他们不仅要代表股东的利益，而且也要代表其他利益主体如员工、消费者特别是社区的整体利益。1963年斯坦福研究所最先提出"利益相关者"的概念。20世纪70年代以来，相关利益者的定义越来越多起来（卢昌崇，1999）。李维安（2001）在国内较早的引进了利益相关者的概念并倡导共同治理的理念；杨瑞龙（2002）对共同治理进行了较系统的理论阐释。

(二) 以主要发达市场经济国家为主导的公司治理研究阶段 (1990~1997年)

此阶段公司治理研究的视野开始纳入英、日、德等主要市场经济发达国家，但是研究的重心仍然放在美国或者英美模式上。英美与日德在公司治理上所表现出来的诸多鲜明特点，使得英美模式与日德模式的差别化特征、相互比较以及孰优孰劣的争论占据了大部分研究空间。

根据股权结构和治理体系上的差别可以将公司治理划分为（以英美为代表的）市场主导型和（以日德为代表的）银行主导型两种不同的公司治理模式 (Kaplan, 1997)。[①] 按照 Melis (1998) 的总结，市场主导型公司治理模式的主要特征有：(1) 股权结构高度分散；(2) 公司的主要股东是私人和金融机构；(3) 公司融资的主要来源是股份资本和信贷资本 (Alexander and Nobes, 1994)；(4) 银行与企业的关系保持一定距离，银行往往不追求采用股权去强化客户关系或者施加影响 (Charkham, 1995)；(5) 公司绩效和高层管理者主要由资本市场估价 (De Jong, 1997)；(6) 股东主要依赖资本市场流动性提供的以现金流权利为基础的控制机制来行使自己的权利，宁愿"退出"也不发出"抱怨"；(7) 依靠管理者薪酬激励和控制权市场来弥补股东在监督管理者问题上的被动 (Moerland, 1995)；(8) 高管人员往往对董事会能施加一定的影响，董事会并不都是独立于管理层 (Seifert et al., 2000)。

银行主导型公司治理模式的主要特征有：(1) 股权结构高度集中，存在对管理者有巨大影响的少数大股东 (La Porta et al., 1999)，这些股东之间存在着战略考量的长期联系 (Monks and Minow, 1995)；(2) 公司的主要股东是银行和家族；(3) 可自由交易股份的比例很小，没有活跃的控制权市场 (Moerland, 1995)；(4) 雇员是重要的参与公司决策的利益相关者 (De Jong, 1997)；(5) 银行直接为公司融资（包括股权融资和债券融资）；(6) 代理权争夺是银行强化其股东地位的重要举措 (Monks and Minow, 1995)；(7) 高层管理者在决策方面缺乏自主性 (De Jong, 1997)；(8) 董事会更加独立于管理层 (Seifert et al., 2000)。

在某种程度上说，对两种类型公司治理模式比较研究的直接目的是判别究竟哪种模式最优。实际上，从划分公司治理类型开始（甚至在理论上正式划分之前），究竟哪种模式更优的争论就一直没有停止过。不难发现的是，哪种模式最优的理论观点的流行其实是与此模式背后国别经济的强势密切相

[①] Melis (1998) 又进一步将银行主导型公司治理模式划分为德国模式和拉丁模式，其中德国模式包括德国、澳大利亚和斯堪的纳维亚国家；拉丁模式包括法国、意大利、西班牙、葡萄牙、比利时和希腊 6 国。La Porta et al. (2000) 认为，用法系作为划分治理模式的标准比传统的以股权结构集中度的标准要好。

连的。20世纪80年代日德经济的蒸蒸日上以及相比之下美国经济的不景气,使得银行主导型公司治理模式优于市场主导型公司治理模式的观点广为流行,Gilson and Roe (1993) 是认为银行主导型体系(至少在与特殊生产体系结合方面)具有效率优势的早期代表性文献。这个时期比较有市场的看法是,应该对美国公司的竞争力问题和低效投资率问题承担责任的是公司内部及贯穿所有公司的投资资金分配的那些制度(Porter, 1992),与日德关系投资为主的"奉献资本(Dedicated Capital)制度"不同,美国实行的是市场短视(Myopia)的"流动资本(Fluid Capital)制度",① 正是因为这个制度鼓励公司管理者将主要精力短视地集中在短期业绩上而牺牲了长期业绩和竞争能力。进入90年代以后,随着日本经济步入长期低迷和美国经济的强劲走势,市场主导型公司治理模式最优的理论观点又占了上风。有研究认为其主要原因是市场主导型体系中外部监督的多目标系统能够促使公司对外部环境的主要变化更快地做出反应(John Coffee, Jr., 1999),市场主导型体系中恶意并购的流行也使得其保持了对于银行主导型体系的长期优势(Macey, 1998)。

在公司治理模式比较研究后期,讨论的主要问题是全球公司治理模式的演变趋势,主要涉及三个方面的内容:(1)公司治理模式是否趋同?赞同的观点认为两种模式的自身固有缺陷和外部环境条件变化(例如,经济全球化)等因素会促使两种治理模式取长补短和相互渗透,并最终导致全球范围内公司治理模式趋同(如John Coffee Jr., 1999)。相反,也有研究认为企业自身差别化的特征和企业内部代理关系的不同都需要不同的公司治理模式与之相匹配,公司治理模式不可能实现趋同。(2)如果趋同的话,目标模式是什么?比较激进的观点认为资本市场和产品市场竞争的加剧会促使公司治理朝美国模式转型,从这个意义上说,公司治理模式趋同其实就是美国模式主导地位的确立(Hansmann and Kraakman, 2000)。也有研究认为公司治理模式趋同的目标模式不会是现存的某一种固定的模式,各种模式之间会在趋同的潮流之下,取长补短,相互借鉴和渗透,逐渐形成理想化的具备较强适应能力的治理模式(Bebchuk and Roe, 2000)。(3)怎样实现趋同。比较有代表性的观点是公司治理模式趋同实际上有两种形式,即形式趋同和功能趋同(John Coffee Jr., 2000)。目前此方面的争论仍在继续。②

此阶段研究的另一个焦点问题是为什么会形成英美、日德模式?对两个模式形成原因的分析进一步将公司治理研究引向深入。对两种模式形成原因的解释主要有法律和政治两种截然不同的观点(于建霞,2003)。从20世

---

① Porter 是"市场短视论"的主要倡导者(John Coffee, Jr., 1999),Blair (1995) 对此作了较全面的评述。

② 最新的研究请参见 Goergen et al. (2005) 及 Braendle and Noll (2005)。

90 年代初开始，一些学者尝试用政治理论来解释美国大型公司分散股权结构的特征，他们认为，是政治力量和历史的协调统一，而不是传统观点所认为的经济效率造就了美国公司的分散性股权结构。在这些学者中，John Pound 首当其冲，而 Mark Roe 被认为是这方面最有影响的学者[①]。这种观点认为，美国公司分散的股权结构完全是政治因素作用的结果，主要原因是美国自由主义和平民主义的政治倾向故意拆散金融机构，使金融机构没有足够的财力去过多持有公司股份或者多向公司融资，从而削弱金融机构的控制力并导致了分散股权结构的形成。由此可以得出美国政治切断了公司的演进路径的结论（Roe, 1991）[②]。

股权结构法律观点的主要思想是：分散的股权结构不是对金融机构进行政治约束的结果，而是强有力的司法保护鼓励投资者成为小额所有者，如果没有这些保护，许多投资者就会放弃股票投资，除非他们可以参加强有力的大型股东集团或者以大折扣的超低价购买股票。从这个意义上，集中的股权结构只是一个防止侵占以保护自己的措施而已。也就是说，投票权是股东最大化自己股票价值的一种法律替代（John Coffee Jr, 1999）。从法律的角度对公司股权结构及其相关问题的研究是按照以下思路展开的：首先将公司股权结构理解为公司融资工具和融资渠道的一种存量；在这个基础上，从分析外部投资者尤其是股东的权利开始，探寻股东对公司提供融资的收益与成本；然后进一步分析股东权利、股东投资行为差异以及由此形成的公司股权结构类型与公司所处法律环境之间的关系。La Porta et al. (1998) 认为投资者保护程度与股权结构集中度成反比，至少有两方面的原因可以解释为什么投资者保护差的国家股权结构集中度高：(1) 在其他情况不变的条件下，大股东甚至控股股东为了监督管理者可能需要拥有更多的资本，以行使其控制权；(2) 在投资者保护程度差的情况下，公司发行新股的吸引力减小，小股东往往只愿意在价格低到一定程度时才购买股票，这种对于公司股份的过低需求使得只有少量的投资者购买公司股份，从而促使股权结构走向集中。从目前研究的态势看，股权结构法律观点为更多的研究者所接受。在某种程度上甚至成为近阶段公司治理研究的主要方向之一。受此影响，随着公司治理法律观点的普及，从资本市场和法律规则的角度研究公司治理正在成为一股新的潮流。

除了理论研究的进展之外，此阶段，随着公司治理准则的发布和推广，公司治理理论在实践中得到了广泛的应用，进而极大地提升了国际范围内的

---

① John Coffee Jr. 认为他的功绩在于使政治学成为财务制度结构新的研究领域和分界限（John Coffee Jr, 1999, P. 5）。

② 在这一点上，John Coffee 似乎与 Roe 不同，他认为"美国传统的治理模式是路径依赖的历史产品，而不是为了更有效率的不可避免的'自然'结果"（John Coffee Jr, 1999, P. 3）。

公司治理水平。① 自1992年英国的Cadbury报告颁布以来，已经有100多个国际和区域组织、政府部门和行业协会等先后颁布了具有针对性的公司治理准则或指引。近年以公司治理质量和公司治理原则的执行情况为主要内容的公司治理评价悄然兴起，成为公司治理领域新的研究潮流（李维安，2002；2004）。

(三) 全球（国际化）视角的公司治理研究阶段（1998年至今）

1997年开始的金融危机极大的改变了公司治理研究，这种影响主要体现在两个方面：一是转型和新兴市场经济国家（地区）的公司治理问题开始引起普遍关注，使得公司治理研究的视野基本上覆盖全球主要国家和地区；二是对危机原因的分析使得金融机构公司治理问题成为公司治理研究的崭新亮点，目前金融机构公司治理问题已经成为公司治理研究的重要部分。

与比较成熟的英美日德等为代表的市场经济国家不同，转型和新兴市场国家在市场体制、政府职能、法律环境、资本市场发育程度等诸方面处在变迁和不断完善之中，并因此而导致这些国家的公司治理存在诸多特殊性，也引发了产生于成熟市场体系的经典公司治理理论在转轨和新兴市场适应性问题的争论，因此发现和寻找转型和新兴市场国家公司治理的特殊性及其背后的原因成为此类研究的基本思路。由于受公司治理法律观点的理论影响，也出于对转轨和新兴市场特点的考虑，对转型和新兴市场国家法律体系的完善和法律执行效率的分析占据了重要的地位。例如，Pajuste（2002）采用中东欧9国1994~2001年样本的研究认为，与发达国家相比，这些国家的股票市场不仅收益率低而且风险还要高，这与1995年和1998年两个危机年份的负面影响有关，法律执行情况是解释证券市场收益的最有利因素；对小投资者的法律保护对证券市场活动有重要的影响；他们还发现法律的执行比法律的制定更为重要。Klapper and Love（2002）对新兴市场中的投资者保护、公司治理与公司绩效之间的关系进行了研究，结果发现，治理良好的公司会从不好的公司治理环境中获得更大的收益，因为这些公司可以通过建立良好的公司治理而提供投资者保护的信誉而从无效率的法律及其执行中获得部分补偿；他们还发现，在法律环境脆弱国家的公司治理和公司绩效的关联度更低，这说明提高法律体系应该摆在政策制定的优先位置。Claessens and Fan (2002) 对亚洲公司治理文献进行了较全面的回顾。

除此以外，此阶段公司治理研究的另一个特点是研究的重点从分析某一种模式的背景和成因深入到各种模式差异的原因分析，从以银行为主体研究"企业—银行"的关系深入到以资本市场为主体研究"企业—资本市场"的互动，其中La Porta et al.（1999）提出的只有那些能够有效保护小投资者

---

① 详细内容请参见李维安（2002）或者www.cg.org.cn。

的法律体系才能发展活跃的股票市场的观点是其中的代表。

在金融机构公司治理的研究方面,由于是刚兴起不久,难以总结一般性的研究规律,但从目前国际上已有的文献看,我们可以得出以下基本判断:(1) 20 世纪 90 年代中期之前,金融机构更多的是作为公司治理的重要监督力量参与其中,在 90 年代中期之后,公司治理无疑已经进入了非金融机构公司治理和金融机构公司治理并重的新阶段。从一般公司的治理者转变到被治理的对象,是金融机构公司治理问题的主要特征。(2) 金融机构治理是公司治理的一般理论在金融中介这一特殊领域的应用,既是公司治理理论和金融中介理论的有机结合,也是公司治理一般与金融中介特殊性的统一。从金融机构与一般公司相比较的自身特点以及在公司治理方面所反映出来的特点和差别入手来研究金融机构公司治理问题是研究金融机构公司治理问题的基础,因为只有弄清了金融机构的特点才能更恰当的运用公司治理理论,正因为如此,目前这方面的研究也最集中。从这个意义上看,把握金融中介的特殊性质和金融中介自身的特殊性是创新金融机构公司治理理论的关键。(3) 亚洲金融危机的教训表明,公司治理的目标不仅在于保护投资者的利益,而且在于减少市场系统风险和保持金融体系的稳定。金融机构公司治理的这种目标定位不仅赋予了其更深刻的内涵和更丰富的内容,更重要的是表明了金融机构治理对金融风险的内在影响机制和维护金融体系稳定的目标追求,由此研究金融机构公司治理与风险控制之间的关系成为金融治理研究的主要内容,这是非金融机构公司治理研究所不同的。(4) 鉴于商业银行自身的复杂性和特殊性以及其在国民经济中的重要地位,银行治理成为了金融机构公司治理研究的重点内容。总体上看,目前国际上对金融机构公司治理的研究,在理论方面尚未确立广为接受的一般理论架构,实证分析也仅是涉及部分国家。但在实践领域,在各国政府和多个国际性、区域性组织的推动下,公司治理已经作为防范金融风险和金融体系重构的重要部分而得到推广。从这个意义上,实践又一次走在了理论的前面(李维安、曹廷求,2004)。

二、公司治理研究的主要内容及其深化

近阶段的公司治理研究主要围绕股权结构和公司治理机制两个问题而展开,对以上两方面的回顾基本可以反映公司治理研究的全貌。

(一) 股权结构与公司治理

因为股权结构对于公司治理的特殊影响,所以,在一定意义上这是公司治理研究的起点,也是公司治理研究的重心。很多公司治理研究是从这里开始引发的,而且很多公司治理问题的争论也要最终归结到股权结构上来。具体而言:(1) 不同的股权结构类型会形成不同的公司治理模式。英美模式和

德日模式的最大区别之一就在于英美的分散股权结构和德日的集中股权结构。（2）不同的股权结构会决定不同的股东行为，尤其是对公司治理产生重要影响的大股东行为。分散股权结构条件下单个股东的搭便车行为使得非公司所有者的管理者掌权，使得所有者—管理者代理问题也因此成为了公司治理研究的核心问题；同样，集中股权结构条件下大股东对管理者的监督作用，以及大股东侵占其他利益相关者利益而引发的大股东—其他利益相关者代理问题又成为公司治理研究的最新热点。（3）针对不同类型的股权结构，会产生与之相匹配的公司治理机制。例如，分散的股权结构使得通过控制权市场对公司管理者进行惩罚提供了可能；而集中的股权结构是日本的主银行制和德国的全能银行制的基本要求。（4）最新的研究表明，股权结构对于资本市场的发育和发展也有重要的影响。例如，有研究认为分散的股权结构鼓励更有效的、更具流动性的资本市场的发展[①]（John Coffee, Jr., 1999）。

一般而言，从股权结构的角度研究公司治理主要围绕两个问题而展开：一是股权结构集中度；二是股东的类型与构成。具体分述如下：

1. 股权集中度。依据集中度的不同，可以将股权结构划分为分散和集中两种股权结构类型。1932年，Berle and Means 以美国最大的200家公司为样本提出的过度分散股权结构，并在此基础上得出了所有权与控制权相分离的结论，从而将所有权与控制权问题引入到现代企业理论，并使之成为现代企业理论研究的核心问题之一，这被公认为研究股权结构的起源。这种分散的股权结构削弱了激励公司经营者去追求利润最大化的机制，使公司的财富被用于其他目的，而不是用于利润最大化（Demsetz, 1983），因此有必要建立健全管理者激励约束机制以促使股东利益最大化，在某种程度上这可以视为现代公司治理理论的思想渊源。

在20世纪70年代之前，过度分散的股权结构及建立在此基础上的Berle-Means命题基本上支配了相关领域。但从20世纪80年代开始集中股权结构的实证证据开始大量涌现，La Porta et al.（1998）对全球49个国家最大10家公司股权结构集中度的横向研究所得出的股权结构在世界范围内是相当集中的结论。近年这方面的研究更是层出不穷，相关的一系列研究证明，集中已经取代分散而成为现代公司所有权结构的主要特征，Berle-Means命题只不过是仅适用于少数普通法系发达国家大公司的特例（La Porta et al., 1998），现代公司股权结构的主要特点不是分散而是集中，大股东已经在全球范围内普遍存在。

集中的股权结构具体又可以分为两种形式：单一控股股东的股权结构和几个大股东并存的股权结构。其中单一控股股东的集中股权结构（Jensen

---

[①] Levine and Zervos（1998）认为，更具流动性的资本市场更有利于长期投资和更好的投资回报，因而有利于经济增长和生产率的提高。

and Meckling, 1976; Shleifer and Vishny, 1986; Burkart et al., 1997) 是目前研究的集中点。在此基础上的"活跃股东监督假设"（Active Monitoring Hypothesis）[①] 认为外部大股东有监督和影响管理人员以保护他们投资的激励（Friend and Lang, 1988），因为大股东往往持有公司较大比例的股份，如果一个或少数几个大股东持有公司股份的一定比例（如10%~20%），他们就有动力去搜集信息并监督经理人员，从而避免搭便车问题。他们也可以通过拥有足够的投票权对经理人员施加压力甚至通过代理权竞争和接管来罢免经理人员（Shleifer and Vishny, 1986）。在更加极端的情况下，大股东还可以通过持有公司51%甚至更多的股权而拥有对公司及其经理人员的绝对控制权，大股东不仅对利润最大化有广泛的兴趣，而且可以通过控制公司资产来实现期望收益，从而解决代理问题（Shleifer and Vishny, 1997）。按照这种观点，外部大股东减少了管理者机会主义的范围，从而使股东与管理者的代理摩擦较小。Shome and Singh (1995) 提供了支持"活跃股东监督假设"的实证支持。与此同时大股东也存在侵占其他利益相关者利益的激励和可能，使大股东侵占及其引致的代理成本问题成为目前此领域研究的焦点。一般认为，这种大股东侵占可以通过以下方式进行：窃取公司利润、将公司资产以低于市场价的价格转移给自己的（全资或占更大股份）公司、分化公司机会（将更好的市场机会让给自己的公司）、个人或家庭成员在公司里占据更理想的位置或者支付更高的薪酬（Renneboog, 1997）。这方面也已经积累了大量的实证研究文献，其中最有影响的是 Claessens et al. (2002) 对东亚9个国家（地区）的研究。

几个大股东并存的股权结构又可以称为相对集中的股权结构（Closely-held Corporation），这主要是以 Daniel Wolfenzon 为主的经济学家提出的。与分散的股权结构或者单一控股股东的股权结构不同，相对集中的股权结构是指在任何单一股东都不能单方面控制公司而他们又能有效地控制管理者的股权结构。在这种类型的公司里，因为股东相对较大，股东的数量也不是很多，公司股东既有能力有效地监督管理者，但是任何股东又都没有可能去侵占其他股东的利益，此时公司治理面临的主要问题是股东之间的矛盾（Pagano and Roell, 1998; Bennedsen and Wolfenzon, 2000; Gomes and Novaes, 1999）。目前，此方面的研究相对较少。

2. 股东类型与公司治理。从股东构成的角度研究公司治理，首先需要对股东进行合理的分类。根据不同国家股权结构的实际，往往采取不同的分类方法。比较有代表性的是 Isabelle et al. (2000) 在研究德国、比利时、法国

[①] "被动投票者假设"（Passive Voters Hypothesis）对 Shleifer and Vishny (1986) 的"活跃股东监督假设"提出了挑战。他们认为，大股东只是与管理者共谋以对付分散股东利益最大化的被动投票者（Pound, 1988）。McConnell and Servaes (1990) 对此提供了实证支持。

和英国等四个国家的公司股权结构时，将股东划分为 11 个类别：控股公司、银行、保险公司、投资基金、产业和商业公司、家庭与个人（包括董事及其相关者）及私人公司（具体指那些家庭完全控制的公司）、联邦及地区机构、执行董事及其家庭、非执行董事及其家庭、物业公司以及分散股份。他们又将这 11 种类型的股东又归入 4 种大的类别：机构（包括银行、保险公司、投资基金、物业公司）、公司（包括控股公司、产业和商业公司）、政府（包括联邦及地区机构）、个人及私人公司（具体指那些家庭完全控制的公司、执行董事及其家庭、非执行董事及其家庭）。Brickley et al.（1988）注意到，不同类型的股东给予管理者的压力不一样而导致自身的行为也不一致，并由此将股东划分为"压力抵制型（Pressure-resistant）"和"压力敏感型（Pressure-sensitive）"两种类型。"压力抵制型"股东往往较少受到公司管理者的影响，并且会较多地反对管理者，这一类型的股东主要包括共同基金、公共养老基金等；相反，"压力敏感型"股东往往与公司有现实或者潜在的利益关联，管理者的选择和偏好往往会影响他们自身的利益，因而比较容易受到来自公司管理层的压力，这一类型的股东以银行、保险公司和信托公司为代表。虽然各国股权结构的巨大差异导致理论研究时的不同分类，但在绝大部分研究中，政府、家族、机构投资者和外国投资者是被重点研究的四种股东类型，尤其是机构大股东的兴起及其对公司治理的影响是此领域研究的热点问题（于建霞，2003）。

（二）公司治理机制的研究

公司治理机制不仅是近期公司治理研究的热点问题，也是公司治理研究的重要组成部分，Denis and McConnell（2003）甚至认为，公司治理是促使自私的公司控制者做出公司所有者价值最大化的机制组合。按照李维安（2001）的论述，公司治理机制可以分为内部治理机制和外部治理机制两部分，其中内部治理机制主要包括股东权利保护和股东大会作用的发挥、董事会、监事会、高管人员薪酬制度及激励计划、内部审计制度等；外部治理机制主要包括产品市场、经理市场、资本市场、控制权市场以及市场中的独立审计评价机制等，内外公司治理机制的有机结合构成了完整的公司治理体系。Karpoff et al.（1996）对股东监督活动、Holderness（2002）对大股东进行了评述；Murphy（1999）、Core, Guay and Larcker（2001）对高层管理者薪酬激励进行了述评；公司控制权市场的文献纷繁浩杂，Jarrell et al.（1988）对此领域的实证性文献、Weston et al.（1990）对理论性文献分别作了评述，最新的评述有 Holmstrom and Kaplan（2001）和沈艺峰（1999）。限于篇幅，本文只就其中最主要的公司治理机制——董事会[1]以及最近研究较

---

[1] John and Senbet（1998）及 Hermalin and Weisbach（2003）对此作了评述。

多的公司治理机制之间的关联和替代问题作简要述评。

作为监督和控制管理者行为的公司治理主要机制，董事会享有雇用、解雇、发放高层管理者薪酬的重要权力。有大量的证据表明董事会在公司决策和绩效方面能发挥重要的作用，例如，Renneboog（1997）对比利时的研究；Weisbach（1988）对美国的研究；Kaplan and Minton（1994）对日本的研究都得出了董事会具有效率的结论。

但相反的观点认为董事会是缺乏效率的。例如，Jensen（1993）认为，董事会缺乏效率是因为董事会文化缺乏多样化、CEO决定提供给董事的信息和日程安排、执行董事和非执行董事持股比例过低、董事会规模过大、CEO与董事长往往由一人兼任。同时，董事会成员也面临他们自己的代理问题，CEO通常也是董事会的一员甚至董事长，并且往往在选择董事人选时扮演重要的角色（Lorsch and MacIver，1989）。如果董事会成员受到公司经营层的巨大影响或者被他们控制，他们是否能够有效地协调管理者—所有者利益就不是很明朗（Brook et al.，2000）。

董事会的规模、董事会的领导结构、董事的独立性被认为是董事会保护股东利益能力的主要决定因素，也是关于董事会设计讨论的主要内容（Jensen，1993）。其中，董事会独立性特别是外部董事能否提高董事会效率的研究占据了董事会研究的主要地位，一些实证结果支持外部董事会维护所有者利益而监督管理者的观点（如Mayers et al.，1997；Lee et al.，1992）。

因为大部分控制机制共同存在，而且每一种公司内部治理机制都是有成本的，如大股东也可能同时引致控制私利问题、管理者的大量持股有可能引致管理者筑围问题、过高的负债会增加公司的破产风险，所以有必要寻找一种公司治理机制的最佳结合（Ugurlu，2000）。从这一思路出发最近有大量的研究涉及公司治理机制的相互关联问题（Jensen et al.，1992；Agrawal and Knoeber，1996；Bathala et al.，1994；Chaganti and Damanpour，1991；Mayers et al.，1997）。例如，有研究发现，提高机构投资者的持股比例可以代替负债和管理者持股在减少代理成本方面的作用（Bathala et al.，1994），而且这种联系会因为家族和内部机构股东的存在而减弱（Chaganti and Damanpour，1991）；Gul and Tsui（1998）的研究成果表明，在减少自由现金流的代理成本方面，债务监督可以与管理者所有权相互替换。

从公司治理结构到公司治理机制，再到治理机制的关联与替换反映了公司治理研究不断深化的过程，但此领域研究面临的基本事实可能是企业往往是同时运用多种治理机制，而且这种多个治理机制的组合体是在特定的法律、文化、制度环境下运行。由于受研究对象复杂性和研究条件的限制，目前的研究大都停留在治理机制的两两关联上，既难以研究更多治理机制的组合效应，也较少考虑外部环境的约束效果。从这个意义上，如何缩小理论和现实的偏差、不断创新研究方法是治理机制研究所面临的重大课题。

三、公司治理研究的主要特点

（一）方法不断创新

伴随着公司治理研究的不断深化，研究方法也不断创新。其中最突出的特点是实证研究的方法在公司治理领域得到广泛的应用，尤其强调全球范围内实证证据的收集。应该说实证分析的方法已经成为当前公司治理研究的首选。

从现有的文献看，公司治理研究方法的创新主要体现在两个方面：

1. 早期的研究都将公司治理机制视为与公司自身特点无关的外生变量，随着研究的不断深化，将公司治理机制视为内生变量的研究方法得到了推广，并得到了更加信服的研究结论。比较明显的有两个例证，一是对公司股权结构的研究，传统上研究管理者持股与公司绩效的关系时，一般都是将管理者持股比例视为外生变量。在这样的假设下，股权结构水平就不会依赖于样本公司是大的产业公司（例如，IBM），还是小的风险投资公司。Demsetz (1983) 首先对这种方法提出了挑战，指出管理者所有权不应该是外生的，而应该是内生的。在 Demsetz and Lehn (1985) 首先指出股权结构受公司规模、产业和管制等因素影响的基础上，Smith and Watts (1992) 和 Gaver and Gaver (1993) 都发现，公司的投资机会与其是否运用股权激励有关，这可以解释为高的代理成本和信息不对称更严重的公司拥有更多的成长机会。Himmelberg et al. (1999) 发现了能力更强的管理者持有更高比例公司股份的证据。这些都说明在管理者能力较强的情况下，管理者所有权是控制非正常支出和鼓励最大化股东利益的长期投资的最好工具。另一个例证是对董事会的研究。同样，早期的研究（如 Baysinger and Butler, 1985）将董事会视为既定特点（如更多的外部董事或者双重领导更利于监督管理者和执行其职能），并直接检验作为董事会特点的公司绩效的函数。最近的研究认为不存在适合所有公司的最优董事会结构，不同的公司可以根据其自身不同的特点选择不同结构的董事会。受这种方法的影响，当前的研究主要集中在公司特点与董事会特点的联系上（Hermalin and Weisbach, 1991），即不再将董事会视为外生变量，而看作是由公司特点决定的内生变量，并以此为基础开展进一步的研究，Hermalin and Weisbach (2003) 对此作了较全面的评述。

2. 技术方法也同时在不断创新并因此而极大地推进了公司治理的研究。例如在计量和刻画股权结构方面，在传统的分散股权结构的假设下，计量所有权的方法是根据公司财务报表公布的股权结构资料直接计算公司的股权结构并以此进行与股权结构有关的实证研究。随着集中股权结构观点的越来越认同，这种直接计算股权结构的方法就显得与公司实际的股权结构的差距比较大。因为既然是集中股权结构,金字塔结构是普遍采取的构建集中股权结构的方式之一,这样每一个上市公司可能只是金字塔结构的其中一级,依据公开公布的股权结构资料不能够刻画出股权结构全貌。为了真实地反映公司股权结构,比较能接受的方法是将公司的金字塔结构全部描述出来,并据此计算和刻画公司的股权结构,这种根据公司全部股权结构资料计算股权结构的方法称之为终极所有权方法。与中间所有权方法相比,终极所有权方法更加客观、公平地反映了公司真实的股权结构和控制权结构状况,但其获取公司股权结构全部资料的难度较大。[①] 目前终极所有权方法在国际上得到了普遍的应用,尤其是在计量集中股权结构条件下大股东侵占及其代理成本的研究方面是必备的。总体而言在计量大股东侵占及其所引致的代理成本方面有两种具体的方法,一种方法是通过计量大额股份的转让价格与市场价格的差额来计量大股东侵占的代理成本(唐宗明等,2002);更为流行的是第二种方法,通过计算大股东现金流支配权与控制权的分离度来刻画大股东侵占成本(La Porta et al.,1999;刘芍佳等,2003)。

(二)研究范围不断延伸

总体而言,公司治理研究范围的扩大主要体现在以下两个方面:一是公司治理机制不断扩展,并延伸到公司治理的各个环节。公司治理研究经历了一个从个别公司治理机制到全部治理机制再到公司治理各个环节的推进过程。应该说目前的研究已经基本涵盖公司治理的各个方面,尚存的工作是整合和提供经验证据。其中公司治理中的会计和审计问题、信息披露问题、法律环境等方面的研究进展较快。二是研究对象不断扩展,极大地丰富了公司治理研究。公司治理研究的深化不仅表现在纵向的公司治理机制和环节的延伸上,在横向的方面也表现在研究对象的不断拓展,这种拓展主要表现在:(1)从单个法人的公司治理进展到集团公司的公司治理;(2)从国内企业的公司治理进展到跨国公司的公司治理;(3)从一般公司治理进展到金融机构公司治理;(4)从企业公司治理进展到非营利组织的公司治理。

近几年,公司治理研究已经从侧重企业层面的微观研究进一步深化到国民经济的宏观层面,着眼于经济增长及相关宏观因素去反思公司治理问题已经成为国际上公司治理研究的最新潮流。例如,Amir Licht(2001)从跨文化的角度对公司治理的全球化趋势进行了独到的分析;Heery and Wood(2003)研究了公司治理与就业之间的关联;Kleffner et al.(2003)采用加拿大公司为样本研究了公司治理对于风险管理的效果;Gugler et al.(2003)对发达国家和发展中国家公司治理对投资回报的影响进行了比较。

---

① Valadares and Leal(2002)利用巴西公司的股权结构为样本,对这两种方法进行了比较,并得出了差异比较大的结论。

（三）学科交叉趋势明显

目前，从大的学科上讲，公司治理是经济学、管理学和法学三大领域的重点研究内容，虽然在研究方法上三个学科各有倚重，[①] 但研究的主要问题、争论的焦点以及理论深化的顺序和程度等都基本相同，这表明三个学科在公司治理研究上成果共享的成分很高，真正做到了相互补充和借鉴，使得公司治理研究成为了三个学科的交会点。

四、公司治理研究的趋势

历经近30年的发展，公司治理的理论架构和运作体系已经初步确立，在理论和实践领域也都得到了广泛认同。预期将来的研究，在内容上，除了在现有的框架内进行更深入更细致的工作以外，探寻公司治理更核心、更本质的内容从而进一步深化公司治理研究是当务之急，其中开展治理风险、治理成本等方面的研究是正确选择之一；在方法上，有必要改变目前公司治理研究过于倚重实证研究的现状，引入诸如实验经济学等比较成熟的方法值得尝试。从国内外公司治理的研究态势看，在未来一段时期内，公司治理研究可能呈现以下特点：

1. 大股东治理问题将成为公司治理的主题。从公司治理理论研究的角度看，集中型股权结构以及以此为依托的大股东的存在不仅是一个既定的事实，而且可能还会延续很长的一个时期。在这个背景下，如何更好地调整公司治理研究的目标、方向和中心，使其更好地服务于集中型股权结构的现实已经成为公司治理理论研究的当务之急。对于我国而言，不仅国有企业表现出集中型股权结构的显著特征，大部分的民营企业、国有和股份制商业银行等也都是如此。从这个意义上说，集中型股权结构以及建立在此基础上的广义的公司治理更加符合我们的实际，大股东治理问题将成为今后一段时期公司治理研究的基调。

2. 金融机构公司治理问题将成为研究热点。金融机构在公司治理中"治理者"和"被治理者"的双重角色说明了金融机构公司治理问题的重要性。作为治理者，金融机构自身的治理状况直接影响一般公司治理；作为被治理者，金融机构公司治理不仅被视为一般公司治理的导向和目标，而且防范金融风险和维护金融稳定的目标定位也赋予了金融机构公司治理新的内涵和更高的要求。在金融全球化、自由化的国际背景下，从公司治理视角研究金融风险发生和传播的机理，探寻减少和防范金融风险、健全发展金融体系

[①] 经济学更加注重规范分析、管理学文献主要采用实证和案例分析的方法、法学文献主要采用逻辑推理和理论归纳的研究方法。

的公司治理良策无疑是金融机构公司治理研究最重要的内容之一。从国内的情况看,公司治理已经被视为提升金融机构竞争力和深化国有银行改革的重要内容。由此可以推断,金融机构公司治理问题将会引起更广泛的关注。

3. 中国公司治理问题将引起更大关注。作为转轨和新兴市场经济的大国,中国不仅被视为成功转型的典范,而且持续的高速增长更是引起了全球的广泛关注。制度的转型不仅为公司治理研究提供了难得的微观素材和宏观背景,更重要的是中国在诸多领域存在的特殊性对经典公司治理理论提出了挑战,也为公司治理研究提供了许多全新的课题。无疑中国的公司治理问题将会引起更广泛的关注和得到更多的认同。

参 考 文 献

1. 李维安:《公司治理原则与国际比较》,中国财政经济出版社 2002 年版。
2. 李维安:《中国上市公司治理指数与治理绩效的实证分析》,载《管理世界》2004 年第 2 期。
3. 李维安:《公司治理》,南开大学出版社 2001 年版。
4. 李维安、曹廷求:《股权结构、治理机制与城市银行绩效:来自山东、河南两省的调查证据》,载《经济研究》2004 年第 12 期。
5. 刘芍佳等:《终极产权论、股权结构及公司绩效》,载《经济研究》2003 年第 4 期。
6. 卢昌崇:《公司治理论》,东北财经大学出版社 1999 年版。
7. 沈艺峰:《现代公司控制权市场的演变》,载《中国经济问题》1999 年第 2、3 期。
8. 唐宗明等:《中国上市公司大股东侵害度实证分析》,载《经济研究》2002 年第 4 期。
9. 杨瑞龙:《共同治理的政治经济学分析》,中国人民大学出版社 2002 年版。
10. 姚伟等:《公司治理理论前沿综述》,载《经济研究》2003 年第 5 期。
11. 于建霞:《代理成本与股权结构:中国的实证及国际比较》,南开大学国际经济研究所博士学位论文,2003 年。
12. 张春霖:《理解现实的企业》,载《经济社会体制比较》1998 年第 5 期。
13. 郑红亮:《中国公司治理结构改革研究:一个理论综述》,载《管理世界》2000 年第 3 期。
14. Agrawal and Knoeber, 1996, "Firm Performance and Mechanisms to Control Agency Problems Between Managers and Shareholders", *Journal of Financial and Quantitative Analysis*, Vol. 31, pp. 377 – 397.
15. Alexander and Nobes, 1994, A European Introduction to Financial Accounting, Prentice Hall.
16. Bathala et al., 1994, "Managerial Ownership, Debt Policy and the Impact of Institutional Holdings: An Agency Perspective", *Financial Management*, Vol. 23, pp. 38 – 50.
17. Baysinger and Butler, 1985, "Corporate Governance and the Board of Directors: Performance Effect of Changes in Board Composition", *Journal of Law, Economics and Organization*, Vol. 1, pp. 101 – 124.
18. Bebchuk and Roe, 2000, "A Theory of Path Dependence in Corporate Governance and Ownership", *Stanford Law Review*, Vol. 52, pp. 127 – 170.

19. Bennedsen and Wolfenzon, 2000, "The Balance of Power in Closely Held Corporations", Copenhagen Business School, Working Papers.
20. Berle and Means, 1932, The Modern Corporation and Private Property, MacMillan.
21. Blair, 1995, Ownership and Control: Rethinking Corporate Governance for the 21 Century, The Brookings Institution.
22. Bolton et al., 1998, "Blocks, Liquidity, and Corporate Control", The Journal of Finance, Vol. 53, pp. 1–25.
23. Braendle and Noll, 2005, "The Societas Europaea-A Step Towards Convergence of Corporate Governance Systems?", SSRN Working Papers.
24. Brickley et al., 1988, "Ownership Structure and Voting on Antitakeover Amendments", Journal of Financial Economics, Vol. 20, pp. 267–291.
25. Brook et al., 2000, "Corporate Governance and Recent Consolidation in the Banking Industry", Journal of Corporate Finance, Vol. 6, pp. 141–164.
26. Burkart et al., 1997, "Large Shareholders, Monitoring, and the Value of the Firm", The Quarterly Journal of Economics, Vol. 112, pp. 693–728.
27. Cadbury, 1992, Report of the Committee on the Financial Aspects of Corporate Governance, Gee & Co Ltd.
28. Chaganti and Damanpour, 1991, "Institutional Ownership, Capital Structure and Firm Performance", Strategic Management Journal, Vol. 12, pp. 479–491.
29. Charkham, 1995, Keeping Good Company, Oxford University Press.
30. Claessens and Fan, 2002, "Corporate Governance in Asia: A Survey", International Review of Finance, Vol. 3, pp. 71–103.
31. Claessens et al., 2002. "Disentangling the Incentive and Entrenchment Effects of Large Shareholdings", Journal of Finance, Vol. 57, pp. 2741–2771.
32. Claessens et al., 2000, "The Separation of Ownership and Control in East Asian Corporations", Journal of Financial Economics, Vol. 58, pp. 81–112.
33. Core, Guay, and Larcker, 2001, "Executive Equity Compensation and Incentives: A Survey", University of Pennsylvania, Working Papers.
34. De Jong, 1997, "The Governance Structure and Performance of Large European Corporations", Journal of Management and Governance, Vol. 1, pp. 5–27.
35. Demsetz and Lehn, 1985, "The Structure of Ownership: Causes and Consequences", Journal of Political Economy, Vol. 93, pp. 1155–1177.
36. Demsetz, 1983, "The Structure of Ownership and the Theory of the Firm", Journal of Law and Economics, Vol. 26, pp. 375–393.
37. Denis and McConnell, 2003, "International Corporate Governance", ECGI Working Papers.
38. D'Orio and Knudsen, 2002, "Growth and Corporate Governance in Transition Economies", University of York, Working Papers.
39. Fama and Jensen, 1983, "Separation of Ownership and Control," Journal of Law and Economics, Vol. 26, pp. 301–326.
40. Fan and Wong, 2001, "Do External Auditors Perform a Corporate Governance Role in Emerging Markets? Evidence From East Asia", Hong Kong University, Working Papers.

41. Franks and Mayer, 1997, "Corporate Ownership and Control in the UK, Germany, and France", *Journal of Applied Corporate Finance*, Vol. 4, pp. 30 – 45.
42. Friend and Lang, 1988, "An Empirical Test of the Impact of Managerial Self-interest on Corporate Capital Structure", *Journal of Finance*, Vol. 53, pp. 271 – 281.
43. Gaver and Gaver, 1993, "Additional Evidence on the Association Between the Investment Opportunity Set and Corporate Financial, Dividend and Compensation Policies", *Journal of Accounting and Economics*, Vol. 16, pp. 125 – 161.
44. Gilson and Roe, 1993, "Understanding the Japanese Keiretsu: Overlaps Between Corporate Governance and Industrial Organization", *Yale Law Journal*, Vol. 102, pp. 871 – 906.
45. Gilson, 2000, "Globalizing Corporate Governance: Convergence of Form or Function", Columbia Law School Working Papers.
46. Goergen et al., 2005, "Corporate Governance Convergence: Evidence from Takeover Regulation", ECGI Working Papers, No. 33.
47. Gomes and Novaes, 1999, "Multiple Large Shareholders in Corporate Governance", The Wharton School Working Papers.
48. Gordon, 2003, "An International Relations Perspective on the Convergence of Corporate Governance: German Shareholder Capitalism and the European Union, 1990 – 2000", ECGI-Law Working Papers.
49. Gugler et al., 2003, "The Impact of Corporate Governance on Investment Returns in Developed and Developing Countries", *Economic Journal*, Vol. 113, pp. 511 – 539.
50. Gul and Qiu, 2002, "Legal Protection, Corporate Governance and Information Asymmetry in Emerging Financial Markets", City University of Hong Kong, Working Papers.
51. Gul and Tsui, 1998, "A Test of the Free Cash Flow and Debt Monitoring Hypotheses: Evidence From Auditing Pricing", *Journal of Accounting and Economics*, Vol. 24, pp. 219 – 237.
52. Hansmann and Kraakman, 2000, "The End of History for Corporate Governance", Yale Law School Working Papers.
53. Heery and Wood, 2003, "Employment Relations and Corporate Governance", Cardiff Business School, Working Papers.
54. Hermalin and Weisbach, 1991, "The Effect of Board Composition and Direct Incentive on Firm Performance", *Financial Management*, Vol. 20, pp. 101 – 112.
55. Hermalin and Weisbach, 2003, "Boards of Directors as an Endogenously Determined Institution: A Survey of the Economics Literature", *Frbny Economic Policy Review*, Vol. 11, pp. 7 – 26.
56. Himmelberg et al., 1999, "Understanding the Determinants of Managerial Ownership and the Link Between Ownership and Performance", *Journal of Financial Economics*, Vol. 53, pp. 353 – 384.
57. Holderness, 2001, "A Survey of Blockholders and Corporate Control", *FRBNY Economic Policy Review*, Vol. 9, pp. 51 – 63.
58. Holmstrom and Kaplan, 2001, "Corporate Governance and Merger Activity in the United States: Making Sense of the 1980s and 1990s", *Journal of Economic Perspectives*, Vol. 15, pp. 121 – 144.

59. Huson, 1997, "Does Corporate Governance Matter? Evidence from CalPERS Interventions", University of Alberta, Working Papers.
60. Isabelle et al., 2000, "Corporate Monitoring by Blockholders in Europe: Empirical Evidence of Managerial Disciplining in Germany, Belgium, France and the UK", Department of European Economics Research Discussion Paper. .
61. Jarrell et al., 1988, "The market for corporate control: The empirical evidence since 1980", *Journal of Economic Perspectives*, Vol. 2, pp. 49 – 68.
62. Jensen and Meckling, 1976, "Theory of the Firm: Managerial Behavior, Agency Costs and Ownership Structure", *Journal of Financial Economics*, Vol. 3, pp. 305 – 360.
63. Jensen, 1993, "The Modern Industrial Revolution, Exit, and the Failure of Internal Control Systems", *Journal of Finance*, Vol. 48, pp. 831 – 880.
64. John Coffee Jr., 1999, "Privatization And Corporate Governance: The Lessons From Securities Market Failure", Columbia Law School, Working Papers.
65. John Coffee Jr., 2000, "Convergence and Its Critics: What Are the Preconditions to the Separation of Ownership and Control?", Columbia Law School Working Papers.
66. Kaplan and Minton, 1994, "Appointments of Outsiders to Japanese Boards Determinants and Implications for Managers", *Journal of Financial Economics*, Vol. 36, pp. 225 – 258.
67. Kaplan, 1997, "Corporate Governance and Corporate Performance: A Comparison of Germany, Japan, and the US", *Journal of Applied Corporate Finance*, Vol. 9, pp. 86 – 93.
68. Karmel, 1991, "Tensions Between Institutional Owners and Corporate Managers: an International Perspective", *Brooklyn Law Review*, Vol. 57, pp. 139 – 152.
69. Karpoff et al., 1996, "Corporate Governance and Shareholder Initiatives: Empirical Evidence", *Journal of Financial Economics*, Vol. 42, pp. 365 – 395.
70. Klapper and Love, 2002, "Corporate Governance, Investor Protection and Performance in Emerging Markets", World Bank, Working Papers.
71. Kleffner et al., 2003, "The Effect of Corporate Governance on the Use of Enterprise Risk Management: Evidence From Canada", *Risk Management and Insurance Review*, Vol. 6, pp. 53 – 73.
72. La Porta et al., 1998, "Law and Finance", *Journal of Political Economy*, Vol. 106, pp. 1113 – 1155.
73. La Porta et al., 1999, "Corporate Ownership Around the World", *Journal of Finance*, Vol. 54, pp. 471 – 517.
74. La Porta et al., 2000, "Investor Protection and Corporate Governance", *Journal of Financial Economics*, Vol. 58, pp. 3 – 27.
75. Lee et al., 1992, "Board Composition and Shareholder Wealth: the Case of Management Buyouts", *Financial Management*, Vol. 21, pp. 58 – 72.
76. Levine and Zervos, 1998, "Stock Markets, Banks and Economic Growth", *American Economic Review*, Vol. 88, pp. 537 – 558.
77. Licht, 2001, "The Mother of All Path Dependencies: Toward a Cross-Cultural Theory of Corporate Governance Systems", Herzliyah-Radzyner School of Law, Working Papers.
78. Lorsch and MacIver, 1989, Pawns or Potentates: The Reality of America's Corporate Boards,

Harvard Business School Press.

79. Macey, 1998, "Measuring the Effectiveness of Different Corporate Governance Systems: Toward a More Scientific Approach", *Journal Applied Corporate Finance*, Vol. 10, pp. 16 – 25.
80. Mayers et al., 1997, "Board Composition and Corporate Control, Evidence from the Insurance Industry." *Journal of Business*, Vol. 70, pp. 33 – 62.
81. McConnell and Servaes, 1990, "Additional Evidence on Equity Ownership and Corporate Value", *Journal of Financial Economics*, Vol. 27, pp. 696 – 612.
82. Melis, 1998, "Corporate Governance in Europe", Di Cagliari University, Working Papers.
83. Mitton, 2000, "A Cross-Firm Analysis of the Impact of Corporate Governance on the East Asian Financial Crisis", Brigham Young University, Working Papers.
84. Moerland, 1995, "Corporate Ownership and Control Structures: An International Comparison", *Review of Industrial Organization*, Vol. 10, pp. 443 – 464.
85. Monks and Minow, 1995, Corporate Governance, Oxford University Press.
86. Murphy, 1999, "Executive Compensation", in Orley Ashenfelter and David Card (eds.), *Handbook of Labor Economics*, Vol. 3, North Holland.
87. Opler and Sokobin, 1997, "Does Coordinated Institutional Activism Work? An Analysis of the Activities of the Council of Institutional Investors", The Ohio State University, Working Papers.
88. Pagano and Roell, 1998, "The Choice of Stock Ownership Structure: Agency Costs, Monitoring and the Decision to Go Public", *Quarterly Journal of Economics*, Vol. 113, pp. 187 – 225.
89. Pajuste, 2002, "Corporate Governance and Stock Market Performance in Central and Eastern Europe: A Study of Nine Countries, 1994 – 2001", Stockholm School of Economics, Working Papers.
90. Porter, 1992, "Capital Disadvantage: America's Failing Capital Investment System", *Harvard Business Review*, Vol. 70, pp. 65 – 82.
91. Pound, 1988, "Proxy Contests and the Efficiency of Shareholder Oversight", *Journal of Financial Economics*, Vol. 20, pp. 237 – 265.
92. Preobragenskaya and Mcgee, 2003, "Corporate Governance in a Transition Economy: A Case Study of Russia", Barry University-Andreas School of Business, Working Papers.
93. Renneboog, 1997, "Ownership, Managerial Control and the Governance of Companies Listed on the Brussels Stock Exchange", Catholic University of Leuven, Working Papers.
94. Roe, 1991, "A Political Theory of American Corporate Finance", *Columbial Law Review*, Vol. 10, pp. 36 – 49.
95. Rwegasira, 2000, "Corporate Governance in Emerging Capital Markets: Whither Africa?", *Corporate Governance: An International Review*, Vol. 10, pp. 258 – 267.
96. Seifert et al., 2000, "The International Evidence on Performance and Equity Ownership by Insiders, Blockholders, and Institutions", Old Dominion University, Working Papers.
97. Shleifer and Vishny, 1997, "A survey of corporate governance", *Journal of Finance*, Vol. 52, pp. 737 – 784.
98. Shleifer and Vishny, 1986, "Large Shareholders and Corporate Control." *Journal of Politi-*

99. Shleifer and Vishny, 1997. "A Survey of Corporate Governance", *Journal of Finance*, Vol. 52, pp. 737 – 783.
100. Shome and Singh, 1995, "Firm Value and External Blockholdings", *Financial Management*, Vol. 24, pp. 3 – 14.
101. Smith and Watts, 1992, "The Investment Opportunity Set and Corporate Financing, Dividend and Compensation Policies", *Journal of Financial Economics*, Vol. 17, pp. 263 – 292.
102. Solomon et al., 2002, "A Conceptual Framework for Corporate Governance Reform in South Korea", *Corporate Governance: An International Review*, Vol. 10, pp. 29 – 46.
103. Thomsen and Pedersen, 1996, "Nationality and Ownership Structures: the 100 Largest Companies in Six European Nations", *Management International Review*, Vol. 36, pp. 149 – 166.
104. Weisbach, 1988, "Outside Directors and CEO Turnover", *Journal of Financial Economics*, Vol. 20, pp. 431 – 460.
105. Weston et al., 1990, Mergers, Restructuring, and Corporate Control, *Prentice-Hall*.
106. Yermack, 1996, "Higher Market Valuation of Companies with a Small Board of Directors", *Journal of Financial Economics*, Vol. 40, pp. 185 – 212.

Deepening and Broadening of Corporate Governance Research: A Review of Recent Literature

Cao Tingqiu   Yu Jianxia

Abstract: We put forward a general view on corporate governance research and its latest development since 1990s on the basis of reviewing recent literature in this paper. Corporate governance research went through three different stages on the whole, i. e. "U. S. A. — Main Market Economic Countries — Internationalization". With broadening of study fields, innovating of research items, developing of methodology, a more perfect theoretical framework has been formed currently and accepted widely both in theory and in practice field. It is expected that issues of dominant shareholder governance, financial institution governance and Chinese corporate governance will be paid more attention in future research.

Key words: Corporate Governance   Governance Mechanism   Governance Mode   Corporate Governance of Financial Institutions   Dominant Shareholder Governance

JEL Classification: M10   N01

电视节目差别的理论阐释：一个文献综述

池 建 宇[*]

摘　要： 本文综述了从经济学角度论述电视频道间节目差别的相关理论文献。电视产业具有双边性市场特征，所以频道间的节目差别和一般产业的产品差别有所不同。在给定时段内节目差别最小化和最大化策略都可能被电视频道采用。市场结构、经营模式和观众对广告的厌恶程度都影响电视节目的差别程度，节目差别程度的变化会导致消费者福利的相应变化。经历了离散模型、连续模型和现代模型三个阶段，从经济学角度对电视节目差别的研究逐渐回归到主流的产业经济学产品差别理论的分析框架。

关键词： 双边性市场　节目差别　产品差别理论

一、引　　言

几乎在世界上的所有国家，电视已经成为人们日常生活中不可或缺的组成部分。电视传媒业主要从两方面影响人们的生活：一方面，它通过播出电视节目影响人们对闲暇时间的分配；另一方面，它通过传播电视广告来影响企业的经营状况和经济决策。同报纸、出版、互联网等传媒市场一样，电视传媒市场也是一个双边性市场（Two-sided Market），这有别于传统市场的单边性特征（One-sided Feature）。因而，电视传媒产业的盈利模式、经营策略和传统产业有显著差别。一般企业作为产品的供给者只需要面向一个产品市场，在这个市场上企业向消费者提供产品以获取收益。而电视企业则需要同时面向两个产品市场：一个是电视节目市场（Program Market），在这个市场上，它向电视观众提供节目以获取收视费；[①] 另一个是广告市场，它通过向广告厂商出售观众的广告时间而获得广告费。[②] 注意到这两个市场是有关联的，电视节目收视率越高，这个频道对广告市场的影响越大，从而吸引更多的广告，但更多的广告反过来又会降低这个频道的收视率。[③] 电视传媒产业

---

[*] 池建宇：北京师范大学经济与工商管理学院。电话：010-58803479；通讯地址：北京师范大学经济与工商管理学院2005博；邮编：100875；电子邮件：yunjing22@163.com。

[①] 这个市场也被称为观众市场（Audience Market）（Kadlec, 2002; Gabszewicz et al., 1999）。收视费就是节目的价格，如果是免费电视频道，则收视费为0，我国绝大多数电视频道均为免费频道。

[②] 这里的广告厂商指在电视上做广告的企业。有些电视频道不播出任何广告，收入完全来源于订户，它们和普通企业并无不同，不满足双边性。

[③] 这里假设电视观众是厌恶广告的，即广告会给他们带来负效用。

的双边性特征直接决定了它的盈利模式和经营特点与其他传统产业的显著差别。这种差别直接反映在电视传媒企业的市场策略上，它需要在广告厂商利益和观众偏好之间进行权衡（Tradeoff）。这种兼顾两面市场的特殊的市场策略长期以来没有引起理论界的足够重视，电视企业广告数量和一定时段广告频率的确定，电视节目差别最小化和最大化问题，以及付费电视和免费电视之间的竞争等问题都不能被经典的产业经济学的模型合理地加以解释。而近30年来，电视传媒产业迅速发展，相关技术日新月异，盈利模式也在不断发生变化，关于电视媒体企业市场行为的经济学理论研究远远落后于电视产业的实践发展。

确定一定时段内节目与其他电视频道的差别程度是电视频道重要的市场策略。电视频道间节目的差别程度会显著影响它们的收益水平。在一定时段内，一个电视频道可能选择和其他频道完全相同的节目类型，也可能选择完全不同的节目类型。在电视产业，电视频道间的节目类型同时存在"收敛"和"发散"两种趋势。[①] 在第一种趋势下，大多数电视频道在某一时段都会播出与其他频道类型相同或相似的节目，不断缩小频道间节目类型的差别程度。第二种趋势会使得在一定时段各个频道播出不同类型的节目，从而提高节目差别程度。

电视频道在某时段的节目"收敛"或"发散"都是为了提高该时段的观众规模进而增加收益。另外，各电视频道间的节目差别还表现为节目质量的差别。电视频道的节目差别策略和普通企业的产品差别策略有什么区别？什么时候电视频道会追求与其他频道的节目差别最大化？什么时候它又会追求差别最小化？收入完全靠广告支撑的免费频道和一部分甚至全部收入依靠订户的收视费的付费频道的差别策略有什么区别？这些都需要从理论上做出解释。要解释电视传媒这个特殊的产业，需要在模型中体现出它的一些特征。显然，对电视企业市场策略的研究属于产业组织理论在电视产业领域的扩展和深化，而对电视节目的差别进行研究是产业组织理论中产品差别理论的应用和发展。同时，这个研究领域也属于近些年来方兴未艾的传媒经济学（Media Economics）的一部分。[②] 经过几十年的发展，在这个领域的经济模型越来越多，对现实的解释力也不断增强。本文试图对过去50多年来关于电视频道节目差别的相关理论文献进行简要的总结回顾。

本文的结构如下：第二部分介绍电视产业的特殊属性双边性，这是电视节目差别不能完全用一般的产品差别理论解释的根本原因；第三部分简单介

[①] 在这里，节目类型收敛是指在一定时段内各电视台趋向于播出相同或相似的电视节目类型的现象，即各电视台存在的节目类型差别最小化的趋势，这个现象常常被称为电视节目的趋同性。电视节目发散则表示相反的概念，即在一定时段内各电视台存在的节目类型差别最大化的趋势。

[②] 传媒经济学是一个非常宽泛的概念，以经济学方法研究传媒领域的成果都可被归入这个范畴。对这个概念的详细阐述可参见 Picard（1989）、Alexander et al.（1998）以及 Albarran（2002）。

绍电视频道间节目差别的理论基础，即产品差别理论；第四部分回顾电视节目差别的相关经济学理论文献；第五部分是总结。

二、双边性：一个特殊属性

电视传媒产业是一个双边性市场，这是电视企业具有其他单边性市场中企业所不具备的市场策略的根源。关于双边性市场，很多学者进行了研究，但并没有形成一个公认的清晰和明确的定义。[①] 简单地说，双边性市场涉及两个参与集团，它们需要通过一个中间媒介来相互发生作用（Armstrong, 2006）。Rochet 和 Tirole（2006）把双边性市场的中间媒介称为平台（Platform），认为媒介平台通过将市场两边的终端使用者的利益联系起来而向两个集团都收取费用，或至少不需要向任一方支付费用。一个平台对市场两边收取费用的高低直接影响市场两边终端两个参与集团通过这个平台交易的意愿，进而影响市场交易规模。双边性市场的另一个重要特征是市场两边的两个集团通过媒介平台相互发生作用涉及"间接的"网络外部性（Network Externalities），它会影响到市场的需求规模（Roson, 2005）。[②] 具体到电视产业，电视企业作为媒介平台同时面对广告市场和观众市场，而观众市场规模的扩大——观众人数增加——会提高广告厂商所做广告的边际利润。可见，在一定程度上，观众市场对广告市场的影响存在类似网络外部性的性质。

电视企业同时面对两个参与集团，同时参与两个市场的"产品"供给，它给观众提供电视节目，同时给广告厂商提供广告空间，这两个方向都存在外部性（Kind et al., 2006）。具体来说，广告厂商通过在电视节目间歇做广告降低了节目带给观众的效用，从而带给观众负的外部性。反过来，观众则在电视节目的间歇观看广告而有可能以后购买广告厂商的产品，从而给广告厂商带来正的外部性。而电视媒体企业正是扮演了将市场两面正负外部性内部化的角色。对于广告厂商负外部性给观众造成的效用损失，可以看作观众观看"免费"的电视节目的机会成本或价格（Zhou, 2004; Gabszewicz et al., 2004）。另一方面，观众收看广告的正外部性给广告厂商带来收益，广告厂商为此需付出的代价是广告费用，广告费用构成电视企业制作或购买电视节目所需资金的来源。这里需要指出的是，有一些付费电视频道不播出广告，完全靠订户的收视费补偿节目制作或购买成本。[③] 它们事实上只面对一个市场即观众市场，不属于双边性市场，因而不存在外部性问题。不过，这种完全不播放广告的电视频道无论是从绝对数还是相对数来说，都不占主流。从

[①] 国内关于双边性市场的一个文献综述可参见朱振中和吕廷杰（2006）。
[②] 网络外部性被定义为一个用户消费一种产品所获得的效用随着使用该产品以及与之兼容的产品的用户人数而增加（Katz and Shapiro, 1985; Farrell and Saloner, 1986）。
[③] 如美国时代华纳旗下的 HBO（Home Box Office）。

目前来看,世界上所有的免费电视频道和大部分付费电视频道,都或多或少地播出广告并从中获取收益。

Kremhelmer 和 Zenger（2004）从另一个角度对传媒市场中广告的性质进行了研究。他们把广告看作企业和消费者的一种交易,即消费者消费给他们带来负效用的广告商品,企业对他们付费。但如果这个交易直接在企业和消费者之间进行,则存在逆向选择的问题,容易形成经典的柠檬市场（Akerlof, 1970）：广告价格对于高收入消费者来说太低导致他们退出市场,这进一步会使企业降低广告价格,最终市场上只剩下低收入消费者,使得市场失败。为了克服逆向选择问题,需要传媒企业作为企业和消费者的中介来完成广告的交易,有效的为企业甄别消费者群体。对于电视传媒市场来说,Kremhelmer 和 Zenger（2004）把电视企业产品分为两种：一是主要产品,即电视节目；二是次要产品,即广告。电视企业通过扭曲主要产品市场来校正次要产品市场。

电视传媒市场的双边性特征导致了电视企业市场策略的复杂性,电视频道确定一定时段内广告时间与节目时间的比例、广告的数量、广告的频率、节目的质量和各频道间节目的差别程度时均要同时考虑广告厂商的利益和观众的偏好。本文只考虑电视频道的节目差别策略。由于观众市场和广告市场联系密切,电视企业、广告厂商和观众三方的市场策略便构成了一个序贯博弈。电视企业的策略是这个博弈的中心环节。现有文献中,主要是在完全垄断和寡头垄断的市场结构框架内研究电视企业的策略,这也基本符合当今各国的现实情况。

三、电视节目差别的理论基础：产品差别理论

（一）从产品差别到节目差别的两个维度：水平差别和垂直差别

节目差别是在各产业普遍存在的产品差别在电视领域的表现形式,产品差别是节目差别的实质所在。所以,要分析电视节目间的差别,产品差别理论便成为其理论基础。节目差别和普通的产品差别有很多共同之处。根据 Beath 和 Katsoulacos（1991）,产品差别可以分为水平差别（Horizontal Differentiation）和垂直差别（Vertical Differentiation）两个维度。前者指的是同一价格水平下产品在商标、外观、颜色等方面的差别,消费者对这种产品差别无法进行排序；后者主要指产品的质量差别,消费者可以根据这种差别对产品进行排序。同样,电视节目之间的差别也可按照这两个维度来进行分析。不同类型的节目如体育节目和新闻节目间的差别属于水平维度的节目差别,而不同质量的电视节目如电视剧之间的差别则属于垂直维度的节目差别。

产业组织理论对两个维度的产品差别的研究经过几十年的发展已经比较

成熟。研究水平维度的产品差别，关键在于对消费者的产品偏好的分布做出合理假设。关于这一点，根据 Eaton and Lipsey（1989），产业组织理论主要有两种研究路径或方法：一是始于 Hotelling（1929）的区位研究方法（Address Branch）；二是由 Chamberlin（1933，1951）开创的非区位研究方法（Non-address Branch）。区位研究方法假设消费者偏好分布在一个可以描述产品性质的连续的参数空间内，这个空间被称为产品空间，不同的消费者被认为在这个空间内位于不同的位置，产品间的差别就被定义为它们在产品空间内的距离。非区位研究方法则通过代表性消费者的假设来得到消费者对存在差别性的产品总的偏好（Aggregated Preferences）。

用区位研究方法来研究产品差别的理论模型主要体现在豪特林模型（Hotelling's Model）及其扩展形式上，这些模型也被称为空间竞争模型。豪特林模型是一个线性双寡头模型，它的结论是在关于距离的线性运输成本假设下，市场内的两个企业经过一个两阶段的静态博弈，都将位于线性市场的中间位置，即企业间产品差别将消失（Hotelling，1929）。这个结论后来被称为最小差别化原则（Principle of Minimum Differentiation）（Boulding，1966）。但在保留豪特林模型其他所有假设不变的情况下，设运输成本是距离的二次函数，此时最小产品差别化原则被最大产品差别化原则（Principle of Maximum Differentiation）所替代，即为了取得利润最大化，企业将选择彼此相距尽可能远的空间位置（d'Aspremont et al.，1979）。

对产品的垂直差别的研究也是在豪特林模型的框架之内，Shaked 和 Sutton（1982，1983，1987）分析了如果同时存在产品的水平差别和垂直差别时产业的性质。如果同时考虑两个维度的产品差别，"差别最大化原则"和"差别最小化原则"所需的条件都会发生相应的变化。并且产品的垂直差别对市场结构有重大影响，均衡时产业内企业数有限，符合自然寡占（Natural Oligopolies）的性质。

尽管产品差别理论是电视节目差别的理论基础，但分析节目差别并不是产品差别理论的简单应用，我们需要考虑电视产业的双边性市场性质，在相关经济模型中加入新的变量。

（二）观众的效用函数

在产品差别理论中，消费者效用函数的设定是其具体分析产品差别性质的前提。原因在于消费者对差别产品的需求曲线是由效用函数推导出来的，在消费者和厂商的博弈中，消费者的行动取决于其效用函数的形式。在实现均衡时，消费者取得其效用函数的最大值。消费者的效用函数一般被设定为线性或二次形式。

同样，在分析电视节目的差别时也应该对观众的效用函数形式做出比较合理的假设。观众数量最大化是电视企业在一定约束条件下的目标之一。电视节目观众的数量和质量直接关系到电视企业的利润。满足观众的需求是电视频道必须做到的,而观众的需求取决于他们对电视节目的偏好。只有对观众偏好做出合理的假设,才能正确认识电视节目需求函数的性质。所以电视观众的偏好是研究电视频道节目差别策略的重要部分,在一定假设基础上对观众的偏好进行分析是研究电视节目差别的前提。

要分析观众的偏好,必须设定观众收看电视节目及广告的效用函数的形式。与普通消费者效用函数不同,观众的效用函数涉及广告的效应。一般来说,观众被认为是厌恶广告的,所以通常假设对观众来说广告是一种坏的商品,给观众带来一定的负效用(如 Kremhelmer and Zenger, 2004;Gabszewicz et al., 1999;Nissen and Sørgard, 2001)。[①] 观众从收看电视节目中可以获得一定的效用,但是如果电视频道提供的节目组合不符合观众的偏好,同样会降低观众的效用水平(Gal-Or and Dukes, 2003)。当然,节目质量的高低也对观众的效用有一定影响(Kremhelmer and Zenger, 2004)。所以,在分析电视节目不同维度的差别时,进入观众的效用函数的变量是不同的,但是都会涉及广告量。同一般的产品差别一样,观众的效用函数采用线性或二次函数形式。

1. 水平维度的电视节目差别下的观众效用函数。在分析电视节目的水平差别时,观众的效用函数一般采用二次函数形式。其中,比较有代表性的是 Shubik-Levitan 效用函数(如 Gal-Or and Dukes, 2003;Kind et al., 2006)。这种函数也采用二次形式,它的好处在于确保反映产品差别的参数不影响市场规模,即产品种类增加时市场规模是固定的(Kind et al., 2006)。[②] Gal-Or and Dukes(2003)假设市场内只有两个电视频道和两个广告厂商,给出了如下效用函数:

$$U(x) = v_s - t_s \{\lambda(x) d_1 + [1 - \lambda(x)](1 - d_2) - x\}^2 \\ - \gamma \{\lambda(x)(f_1^1 + f_2^1) + [1 - \lambda(x)](f_1^2 + f_2^2)\}$$

其中,f_i^j 代表广告厂商 i 在电视频道 j 每单位时间投放的广告量,x 是观众对电视节目组合的偏好在分布区间 [0, 1] 内与左端点的距离。$\lambda(x)$ 是偏好类型为 x 的观众将观看电视的时间分配给频道 1 的比例。d_1 是频道 1 的节目组合在区间 [0, 1] 内距左端点的距离;d_2 是频道 2 的节目组合距右端点的距离。v_s 是观众收看最满意的节目组合所获得的效用。参数 t_s 和 γ 分别反映电视节目的差别程度和观众对广告的厌恶程度。

这个效用函数较好的表现了观众获得负效用的两个来源:广告和不满意的节目组合。而且频道间的替代效应也在这里得到了体现。可以得到在一定预算约束下观众效用最大化时的 $\lambda(x)$。

---

① 关于这个假设,也存在不同的看法,可以参见 Becker 和 Murphy(1993)。
② 这个函数最早由 Shubik 和 Levitan(1980)提出。

采用Shubik-Levitan效用函数可以很方便地分析电视节目的差别问题和最优广告时间问题，并且很容易计算消费者剩余，便于进行福利分析。另外，由Shubik-Levitan效用函数可以推导出双寡头垄断线性需求函数，将它推广到企业总数为n后，同样便于分析企业的利润最大化决策。所以越来越多的观众效用函数采用了这种函数形式。

2. 垂直维度的电视节目差别下的观众效用函数。分析垂直的节目差别时给出的观众效用函数大多采用线性形式（如Liu，2002；Kremhelmer and Zenger，2004）。其中，比较有代表性的是Nissen和Sorgard（2001）给出的双寡头垄断下的观众效用函数：

$$U_i = (bq_i - e_i) - d(bq_j - e_j), \quad b > 0, \quad d \in (0, 1), \quad i, j \in \{1, 2\}, \quad i \neq j$$

其中，q_i为投资于频道i的节目质量，e_i是频道i的总广告量，参数b衡量观众对质量的偏好，参数d衡量观众转移到其他频道的概率。

这个效用函数着重考虑了频道间不同质量的电视节目的替代效应，反映了节目质量差别对观众效用的影响。与上面水平维度的电视节目差别下观众的效用函数相比，垂直维度下的观众效用函数形式和内涵都更为简单。不过，一般认为单纯的质量差别对电视观众的效用影响并不大，更有意义的是节目质量差别和节目类型的多样性即水平差别结合起来对观众效用的影响。

总体来看，观众效用函数的设定是以产品差别理论中的消费者效用函数为基础，再加入广告对观众的效应。无论是水平维度还是垂直维度的节目差别，观众对广告的厌恶程度对他获得的效用水平有重要影响。

四、最大化还是最小化：电视节目差别策略

在设定观众效用函数基础上，可以研究电视企业的节目差别策略。由于电视企业连接广告厂商和电视观众两个方向，所以在不考虑制作和购买节目成本的情况下，它的利润最大化目标可以大致分解为2个既一致又对立的目标：广告收入最大化和观众数量最大化。电视频道的节目差别策略服从于这两个目标，是复制其他频道的节目类型，还是播出与其他频道差别较大的节目类型，是选择高质量还是低质量的电视节目，不同的选择会导致频道间不同的节目差别程度。在一定时段内，各电视节目类型的收敛实际上就是各电视频道采取节目的水平差别最小化策略，而节目类型发散则说明各频道采取节目的水平差别最大化策略。同样，在节目差别的垂直维度也存在类似的策略。

对电视企业节目策略的理论研究被称为节目选择理论（Theory of Program Choice），具体来说，它主要研究需求状况和市场结构怎样决定电视节目的价格、数量、质量以及各频道节目类型的多样性（Diversity）或差别（Difference）问题（Waterman，2006）。电视节目的价格和数量的决定和普

通市场并无区别，所以，节目质量和节目质量多样性的决定便成为节目选择理论的主要内容。实际上，电视节目质量和节目类型多样性可以分别看作垂直和水平维度的节目差别。可见，两个维度的节目差别构成了节目选择理论的核心内容。对节目选择理论的大多数研究集中在电视频道间节目水平维度的差别程度这个角度，也有一些文献从节目质量角度进行分析（如 Nissen and Sørgard, 2001）。近年来，一些文献研究了节目类型多样性和节目质量之间的关系（如 Liu et al., 2004）。由于现实生活中电视节目两个维度的差别往往是交织在一起的，所以有必要研究不同频道间节目质量和节目类型多样性之间的关系。

对节目差别的研究既与电视产业的发展实践密切相关，又受到产业经济学产品差别理论进展的重要影响。Owen，Wildman（1992）和 Waterman（2006）对相关理论模型进行了评论。事实上，对节目差别的研究主要集中在水平差别的维度。这是因为自从电视诞生以来，不同频道节目类型的趋同现象就非常明显，研究者力图通过经济模型来解释这个现象。而不同频道电视节目质量差别问题长期以来并不突出，所以垂直维度的节目差别问题并没有引起足够的重视。总体来看，对电视节目差别的研究是以节目的水平差别为主线的。

大致来说，对电视频道节目差别的研究可分为三个阶段。第一阶段从 20 世纪 50 年代到 70 年代末，这个阶段的相关模型都是离散的，没有和产业组织理论相联系，分析比较粗糙。第二阶段从 20 世纪 80 年代到 90 年代初，它继承了第一阶段的研究思路，但将离散模型转化为更易分析的连续模型，这是一个巨大的进步。第三阶段从 20 世纪 90 年代中期至今，这期间这个领域的研究工作已经和产业组织理论相结合，产品差别理论成为节目差别的理论基础。这三个阶段可以分别被命名为离散模型阶段、连续模型阶段和现代模型阶段。

（一）离散模型阶段

自从电视诞生以来，随着电视频道的不断增多，电视节目类型的趋同性越来越严重，一个频道开发了一种收视率高的节目，很快其他频道就进行复制，使得观众面对的同类节目大量增加，相对"小众"的有特色的电视节目类型不断减少。这个现象在 20 世纪 60 年代达到顶峰，它引起了很多研究者的重视。当时的电视频道大都为免费频道，收入全部来源于广告，所以相关研究的对象均为免费频道。这个阶段的研究主要关注不同市场结构下的电视频道的节目差别化策略对社会福利的影响。最早关注节目差别问题的是 Steiner（1952），尽管他研究的是广播电台间节目的水平差别最小化问题，但他的研究方法同样适用于电视节目的差别问题。

Steiner 模型是一个较复杂的离散模型，但它的基本思想可以用一个简单的例子加以说明。① 假设给定时段内观众总规模为 8750 人，将它分为 3 个集团，各集团的规模和对节目类型的偏好见表 1。

表 1　　　　　简化的 Steiner 模型的观众集团的规模和节目偏好

观众集团	集团 1	集团 2	集团 3
集团规模	5000	2500	1250
集团节目类型偏好	节目 A	节目 B	节目 C

注：本表内容来自于 Owen、Wildman（1992）和 Waterman（1006）。

假设观众不直接为节目付费，电视企业收入完全来源于广告，它的目标是观众规模最大化。并且假设观众对节目类型的偏好是惟一的，如果节目类型不满足观众的偏好，观众将不会选择其他类型的节目而选择关机。再假设如果多个电视频道的节目类型相同，则它们平分这个节目类型的观众市场，可以得到以下结论。

垄断的市场结构：

1 个频道播出节目 A —— 获得 5000 观众

1 个频道播出节目 B —— 获得 2500 观众

1 个频道播出节目 C —— 获得 1250 观众

观众总规模：8750

寡头垄断的市场结构：

2 个频道播出节目 A —— 各获得 2500 观众

1 个频道播出节目 B —— 获得 2500 观众

观众总规模：7500

从这个例子可以得出 Steiner 模型的基本结论：在竞争性的市场结构下，节目复制现象将大量存在，导致各频道间节目差别缩小，大量的节目都属于规模大的观众集团所偏好的类型，而规模小的观众集团的偏好很难得到满足。② Steiner（1952）认为这里的原因是广告厂商之间的激烈竞争，进而引起电视频道间争夺观众规模的竞争。只要存在广告厂商之间的竞争，频道间的节目复制现象就难以避免。而在垄断条件下，电视企业控制所有电视频道，频道间节目差别较大，各频道会播出所有类型的电视节目，从而满足各类观众的偏好，增加社会福利。Steiner（1952）认为这是很多政府允许垄断性的公共电视台存在的原因。③

Wiles（1963）不赞同 Steiner（1952）的结论，认为只要技术可行，在电视产业，原子式竞争的企业同样能达到垄断的公共企业所达到的效果。在

---

① 这个例子的详细说明可参见 Owen 和 Wildman（1992）。

② 这里竞争性的市场结构包括寡头垄断、垄断竞争和完全竞争，以区别于垄断的市场结构。

③ 如英国的 BBC。

自由竞争的条件下，不存在节目差别程度最大化或最小化，只存在最有利可图的差别程度。

Steiner 模型是研究电视节目差别的第一个理论模型，存在重大缺陷。如它假设观众的偏好得不到满足时会直接选择关机，这显然不符合实际情况，另外它没有对观众的偏好分布做出合理的假设，只是简单地进行分组，而没有对分组依据做出解释。这些都削弱了它的结论的合理性。Beebe（1977）扩展和修正了 Steiner 模型，构建了另一个经典模型。

Beebe 模型保留了 Steiner 模型的大部分假设，但它对观众偏好模式假设做出修正以更贴近现实。它把观众对电视节目类型的偏好模式分为三种。第一种是 Steiner 模型的偏好模式，即观众对节目类型的偏好是唯一的，观众只有一种节目类型可选。第二种模式是观众对节目类型的偏好分为最优偏好和次优偏好，前者是观众的第一选择，后者是他的第二选择，如果节目类型不满足这两种偏好，观众将选择关机。第三种模式下，观众仍然有第一选择和第二选择，同时把符合规模最大的观众集团最优偏好的节目类型作为所有观众的普遍偏好（Common Denominator），即使它不满足一些观众的最优偏好和次优偏好，它仍将成为这些观众的第三选择。

Beebe（1977）同样按照规模大小把观众分为不同的集团，但他认为观众在各集团人数分布的不同将直接影响最后的结论。Beebe 假设某时段观众总规模为 10000 人，他列举了三种观众分布形式：高偏态分布（Highly Skewed Distribution）、偏态分布（Skewed Distribution）和近似矩形分布（Nearly Rectangular Distribution），具体如表 2 所示。

表 2　　　　　　　　Beebe 模型三种观众偏好分布下的规模

观众集团	各集团观众规模		
	高偏态分布	偏态分布	近似矩形分布
1	8000	5000	1077
2	1600	2500	970
3	320	1250	872
4	64	625	785
5	12	313	707

注：本表数字来自于 Beebe（1977）。

Beebe 模型的结论是观众的偏好和分布状态共同决定了哪种市场结构能够更好地满足观众对节目类型多样化的需求。而对于观众的偏好和分布状况，哪种假设较符合现实，需要进行经验验证（Beebe，1977）。

（二）连续模型阶段

电视产业各频道节目类型缺乏多样性的状况在 20 世纪 70 年代有所改

观，原因是有线电视在此期间得到迅速发展。有线频道的大量增加使得电视节目的数量和种类也不断增长，但仍然远远落后于人们的预期（Owen and Wildman，1992）。在这个时期，很多电视频道特别是有线频道不再完全依赖于广告收入，观众的收视费成为它们的重要收入来源。从20世纪70年代末期的文献看，连续模型取代离散模型成为研究电视节目差别问题的主流。在这一阶段，由于付费电视市场力量的增强，越来越多的文献对付费频道和免费频道的节目类型多样性进行比较，相关的福利分析也由垄断性和竞争性市场结构间的比较变成付费和免费频道间的比较。

Spence和Owen（1977）构建了一个模型分析付费电视和免费电视的福利损失。根据这个模型，付费电视有能力满足观众节目类型偏好的多样性，但它对收视费的定价一般来说是缺乏效率的；而免费电视仍然无法提供足够多的节目类型以满足更多观众的偏好，从而造成福利损失。考虑付费电视，相对于竞争性的市场结构，垄断将导致更少的节目类型和更高的收视价格，更加偏离社会最优状态。而免费电视的结论是一样的，垄断结构会减少节目类型，降低社会福利。Spence和Owen（1977）认为付费频道和免费频道都不可能实现社会福利最大化的最优状态，但相比于免费频道，付费频道由于可以提供更多的节目类型和数量可以实现次优状态。

Spence-Owen模型实际上是离散的Steiner模型的连续化，假设前提也基本相同，但它没有像Beebe模型那样对观众的偏好模式做出更合理的假设，这是这个模型的重大缺陷。并且，Spence-Owen模型只分别讨论了付费频道间的竞争和免费频道间的竞争，而没有考虑二者之间的竞争关系，这不符合实际情况，事实上它们属于同一个市场，付费频道和免费频道二者之间的竞争已逐渐成为电视产业主要的竞争形式。Wildman和Owen（1985）在Spence-Owen模型的基础上构建了一个新的模型讨论了免费电视频道和付费频道间的竞争问题，认为这种竞争必然导致付费电视的市场份额提高，使得节目种类增加，能更好地满足观众对较小众化的节目类型的偏好，进而增加社会福利。

（三）现代模型阶段

电视产业在20世纪90年代取得突破性变革，原先作为电视网附属的有线电视获得迅猛发展，订户大幅增加，有线频道逐渐成为电视产业的主导力量。有线电视系统可以为订户提供更加多样化的服务，包括本地电视网的节目、一些远程电视台的节目、付费频道的节目以及先观看后付费（Pay-per-view）的节目等，各电视频道的电视节目差别程度比无线频道大大提高（Carroll and Howard，1998）。与此同时，卫星电视技术的迅速发展使得用卫星传输的电视频道大大增加。另外，越来越多的免费频道开始向观众收取收视费，完全依靠广告的频道在不断减少。各种形态的电视频道间的竞争达到前所未有的激烈程度。

从理论上来说，产业组织理论在产品差别方面的研究渐趋成熟，这给电视节目差别程度的研究提供了更多的理论工具。实际上，如果把节目看作电视频道生产的产品，节目差别只是产品差别在电视产业的表现形式。电视节目差别现象同一般的产品差别现象能否用相同的原理来解释？这个阶段对电视节目差别的研究基本上是在主流的产业经济学寡头垄断的产品差别理论的框架内进行。在节目类型多样性得到更充分研究的同时，节目质量的差别也成为一些文献的研究对象，节目差别两个维度之间的关系得到越来越多的注意。相对于前两个阶段，这一阶段实现了重大的理论飞跃。

从现有文献看，对电视频道节目差别的研究大都采用了区位研究方法，即空间竞争模型。但电视节目的差别比普通的产品差别更加复杂，原因是电视节目不但面对消费者——观众，而且要满足广告厂商的需要。

观众收看电视节目的目的是获得相应的效用，为了使自己的效用最大，他可能在一定时段内只收看一个电视频道，也可能会收看多个频道。各频道的节目存在一定的差别性，观众的偏好同样是多样化的。观众依照他对各类节目的偏好分布所处的位置选择相应的节目类型，进而相应的选择电视频道。一些学者研究了观众对不同节目类型的偏好分布问题。较早通过空间竞争模型研究电视节目类型差别程度的是 Noam（1987），他假设观众的偏好分布在一条直线上，并分析了公共电视台对私人电视台节目差别程度的影响。Waterman（1990）使用 Salop（1979）的方法，假设所有类型的节目分布在一个单位圆上，且观众在圆周上服从均匀分布。实际上 Noam（1987）的直线和 Waterman（1990）的单位圆就是产品差别理论里的产品空间，这个空间里的产品就是电视节目。Cancian et al.（1995）采用豪特林模型研究了多个电视台同时播出新闻节目时追求观众数量最大化的策略问题。他得出的结论是：如果观众连续分布于区间 $[0, T]$ 内，则各电视频道间不存在纯策略纳什均衡。Gabszewicz et al.（1999）假设只存在两类电视节目，每个电视频道的节目都是这两类节目的组合。观众对不同的节目组合的偏好分布符合豪特林模型的基本假设，即所有观众统一分布于长度为 1 的轴上。观众所有可能的节目组合选择均分布在这条轴上，只收看第一类节目则位于轴的起点 0，只收看第二类节目则位于轴的终点 1，既收看第一类节目又收看第二类节目则位于轴上，取值为（0，1）之间。Gabszewicz et al.（1999）进一步假设观众在线性区间 $[0, 1]$ 内服从均匀分布。几乎后来所有的相关文献都采纳了豪特林模型关于消费者线性分布的基本假设（如 Gal-Or 和 Dukes，2003；Gabszewicz et al.，2004；Anderson 和 Coate，2005），但一些研究者放弃了消费者的偏好简单的服从均匀分布的假设，采用了更加复杂的分布形式以更贴近现实，如 Kadlec（2002）假设观众在各电视频道间的选择服从马尔科夫过程（Markov Process）。

确定了观众对节目类型偏好分布的分析框架，就可以建立模型通过优化分析确定电视频道的节目类型均衡解。同连续模型阶段一样，这一阶段的文献同样注重对付费频道和免费频道的节目多样性以及社会福利进行比较。

Vaglio（1995）提出了一个模型，假设观众是规避广告的，他试图分析在政府管制的情况下，广告—节目时间比率（Ad-to-program Ratio）怎样影响电视频道节目类型的选择。可惜 Vaglio（1995）并没有得出他的序贯博弈的均衡路径，而是简单的假设一阶条件的均衡解存在，这削弱了他结论的可靠性。

Papandrea（1997）沿用 Salop（1979）和 Waterman（1990）的建模思路，分析了寡头垄断市场结构下电视企业的节目类型选择策略。他提出了吸引力宽度（Breadth of Appeal）的概念，即给定一个观众最偏好或最有吸引力的节目在产品空间的位置，其他节目与它之间的距离；并通过这个概念说明了什么情况下电视频道会选择复制已有节目类型，进而解释了小众节目难以在免费频道播出的原因。Papandrea（1997）认为不管是垄断性还是竞争性市场结构，频道间节目水平差别程度的高低都取决于节目的吸引力宽度的水平。

Doyle（1998）提出了一个竞争性框架来分析：（1）付费电视频道间；（2）免费频道间；（3）付费频道和免费频道之间的竞争。她也认为与免费电视相比，付费电视的节目类型会更多，二者之间的竞争会进一步增加付费电视节目类型的多样性。这个结论与 Wildman 和 Owen（1985）的观点基本相同。

Gal-Or 和 Duke（2003）通过豪特林模型来分析电视频道间的节目差别问题，注重广告信息对一般产品需求的影响，这种影响在以前的文献中都没有进入模型。他们认为由于电视企业服务于两类消费者：广告厂商和观众，因此有追求降低节目类型差别程度的动机。这个模型是一个三阶段序贯博弈模型，涉及电视企业和广告厂商通过谈判决定广告的价格和密度以及消费者支配看电视的时间以获得广告信息。Gal-Or 和 Duke（2003）使用了纳什讨价还价解（Nash Bargaining Solution）的思想，给出了模型的对称均衡解。如果电视企业同质，且广告到达受众概率的弹性（elasticity of outreach probability）单调不增，则在对称均衡下不会有电视企业从提高节目类型的差别程度中获益。Gal-Or 和 Duke（2003）注意到广告市场对一般产品市场的影响，解释了电视节目类型的收敛趋势，但他们结论成立所需的假设前提过于严格，如每一个广告受众均参与一般产品市场，电视企业完全同质，这些假设与现实情况存在严重偏差，因此他们模型并没有很强的解释力，但他们所用的方法具有开创性。

与 Gal-Or 和 Duke（2003）的模型类似，Gabszewicz et al.（2004）建立了一个双寡头市场的二阶段序贯博弈模型。如果用广告率（Advertising Ratio）代表电视频道广告时间与节目时间之比，电视频道的广告率和节目类型的差别程度高度相关。Gabszewicz et al. （2004）认为频道间的广告率类似于豪特林模型中的产品价格，并且是策略性互补（Strategic Complements）的。[①] 观众对广告的厌恶程度对节目水平差别程度有重要影响。观众对广告的厌恶系数较小时，电视频道可能采取安身策略（Niche Strategies），即通过提高节目类型之间的差别程度来提高广告率，而当观众对广告的厌恶系数较大时，安身策略有限，各频道间节目类型差别较小，从而广告率也较低。而根据 Kind et al. （2005），在寡头垄断条件下，各电视频道的收视费是策略性互补的，而广告价格是策略性替代的，这和上面 Gabszewicz et al. （2004）的结论实际上是一致的。可见，根据 Gal-Or, Duke （2003）和 Gabszewicz et al. （2004）的观点，电视频道间节目类型收敛还是发散主要取决于观众对广告的厌恶程度。

Anderson 和 Coate （2005）也对广告水平和电视节目的水平差别程度进行了研究，得出了和 Gabszewicz et al. （2004）相近的结论，但他们的福利分析角度回到了 Steiner （1952）的传统，即分析垄断情形和竞争情形下的福利状况。Peitz 和 Valletti （2004）也同意 Gal-Or 和 Duke （2003）的观点，认为观众对广告越敏感，电视频道的广告会越少而节目的水平差别程度会越高。他们的福利分析表明：付费电视和免费电视都不会实现社会最优的广告量和节目差别程度，特别是付费电视的广告量可能会偏少而节目类型的差别程度太大。Bourreau （2003）提出了一种新的观点，认为付费电视的节目类型总是多于免费电视，节目水平差别程度更高，这是因为收费频道需要面对节目的价格即收视费的竞争而免费频道不需要参加这种竞争。

从上面文献可以看出，大多数学者研究电视节目的水平差别时在空间竞争模型框架内引入广告这个新的变量，认为免费电视频道收入完全来源于广告，播出的节目类型主要取决于广告厂商而不是观众。广告厂商要求与他投放广告时段相对应的节目类型应具有较高的收视率，这使得各电视频道需要同时播出能吸引大量观众的节目类型，因此免费电视不利于节目类型的多样化，节目差别程度低于付费电视。这种研究思路的一个重要缺陷是完全忽视了电视节目在垂直维度即质量的差别对节目水平差别的影响，这样得出的结论自然有很大的局限性。

Waterman （1990）注意到了节目质量和节目类型多样性之间的关系。他同样在豪特林模型框架内研究免费电视和付费电视间的竞争问题，但他不同意 Wildman 和 Owen （1985）的观点，认为在竞争性市场，免费电视转变为付费电视并不一定会使得节目类型增加，原因是付费电视频道和免费频道一样，都存在节目质量和种类之间的权衡。节目质量与节目的制作或购买成本

[①] 策略性互补是和策略性替代（Strategic Substitutes）相对应的概念，最早由 Bulow et al. （1985）提出。

相联系，复制其他频道的节目会降低节目的成本和质量，同时会减少市场上节目的种类，而播出创新的节目类型则会提高节目的成本和质量。以前的模型事实上都把节目成本作为外生变量，Waterman（1990）把节目成本内生化，认为相对于免费频道，付费频道的节目成本较高，但节目类型是否会增加则取决于观众对节目质量的需求弹性与节目种类的需求弹性之间的比较。可见，尽管电视节目的质量和节目类型的差别程度存在一定相关性，但二者并不能完全代替，关于节目质量和节目类型多样性的关系，需要作进一步分析。

Mangani（2003）在 Waterman（1990）的基础上分析了节目质量对节目类型多样性的影响。他认为免费电视频道同样会促使节目类型多样化。因为广告数量类似于豪特林模型中的产品价格。产品空间中的电视节目距离越远，越容易使得它们相应的观众满足，因此观众可以接受的广告时间越长，而这反过来促使电视频道提高节目的质量以吸引更多的观众。因此，免费频道同样有提高节目的水平差别程度、增加节目类型多样性的动机。

Liu et al.（2004）沿用 Waterman（1990）的分析方法，基于豪特林模型建立了一个二维的空间竞争模型来说明节目质量对节目类型多样性的重要影响。在这个模型中，电视频道通过两个维度的选择来进行竞争，节目类型被作为水平维度，而节目质量则是垂直维度。他们认为在水平维度，电视频道既不会使节目差别最大化，也不会使它最小化，而是会选择一个中间水平，原因在于各频道在垂直维度即节目质量方面的竞争。Liu et al.（2004）还认为节目水平差别程度的提高不一定会提高消费者的效用水平，因为提高节目的水平差别程度会相应降低节目质量，这和 Waterman（1990）的结论基本一致。不像 Mangani（2003）和 Liu et al.（2004）的模型将节目类型的多样性和节目质量联系起来，绝大多数相关文献只是将节目质量作为外生变量。这是因为节目质量具有主观性和客观性的双重特征，无法直接计算。大多数分析节目垂直差别的文献将节目的成本或预算作为节目质量的代理变量，这个代理变量存在很大的局限性，并不能很好地反映节目质量的性质。要更好地解释节目类型的多样性，需要更多的理论模型对节目质量的性质进行分析。

Motta 和 Polo（2003）建立了一个多阶段序贯博弈模型分析了在可自由进入的情况下，电视产业仍然高度集中的原因。他们认为电视产业集中程度和各电视企业的节目类型差别程度相关。节目水平差别程度的提高依赖于观众在各种节目间节目偏好的分布，如果观众的偏好稳定，则少数几个电视企业播出大众类节目，占据大部分市场份额，而大量电视频道播出小众节目，市场份额较小。这个模型对节目差别程度和均衡企业数量关系的研究，是一个全新的视角。

可以看出，对电视频道间节目差别的研究是与电视产业的发展相伴而生的。电视频道间的节目类型一定程度上的收敛是电视产业的重要属性,收敛性是电视节目差别最小化的表现。事实上,对于各电视频道来说,为了提高给定时段的观众规模,节目差别最小化策略和最大化策略是同时存在的。这和一般企业并无不同,一般企业为了获得更大的收益,最大化和最小化策略都有可能成为它的产品差别策略。节目差别是产品差别在电视产业的表现形式,但由于这个产业具有普通产业所不具备的"双边性"特征,所以电视节目差别策略比一般的产品差别更加复杂,需要考虑的因素更多。经历了离散模型、连续模型和现代模型三个阶段,对电视节目差别的研究逐渐回归到主流的产业经济学产品差别理论的分析框架,这标志着节目选择理论的成熟。但这个理论对节目类型的"收敛"和"发散"现象的解释还存在很多问题。特别是,电视节目差别两个维度之间的关系还需要进一步做出阐释。

五、总　　结

电视产业的"双边性市场"属性使得它成为一个较为特殊的产业,电视观众有不同于普通消费者的效用函数,电视频道间的节目差别相对于普通的产品差别也有其不同的特征。本文简要回顾了节目选择理论中关于电视节目差别的相关文献,希望有助于对这个问题的进一步研究。需要指出的是,半个多世纪以来电视产业高速发展,这表现在电视观众规模不断提高,相关技术不断取得突破,由单一的无线电视网控制市场转变为无线、有线、卫星等多种传播方式的互相竞争,付费电视的形式和内容的不断发展,电视频道间的竞争日趋复杂。在这个过程中,一定时段内电视频道间的节目类型收敛和发散一直同时存在。实际上,所谓"收敛"和"发散"是电视频道节目水平差别最小化策略和最大化策略的表现形式。对这个问题的研究尽管从20世纪50年代就已开始,但它真正具有坚实的理论基础是进入90年代的"现代模型",这些模型大都以豪特林模型为理论框架分析电视节目的差别程度。总体来看,一定时段内电视频道间节目的差别特别是垂直维度的差别并未引起足够的重视,关于这个主题的文献并不太多,对于节目差别的理论分析远远不能令人满意地解释复杂的现实情况。另外,对双边性市场这种特殊的市场形式人们的理解还很不充分,相关理论还远未完善,这也制约了对电视节目差别的深入分析。本文首先对双边性市场的理论进行了简要的阐述,然后简单介绍了节目差别的理论基础产品差别理论,在此基础上对电视节目差别的相关经济学理论文献进行综述。总结这些研究可以发现,节目差别是电视频道的重要策略。市场结构、经营模式以及观众对广告的厌恶程度都会影响节目的差别程度。差别程度的变化会导致消费者福利的相应变化,福利分析是研究这个主题的重要部分。需要说明的是,任何一个理论要对现实具有较强的解释力,都必须进行经验分析。但在这个领域,经验分析相对于理论分析来说非常少，所以本文所涉及的文献均为理论性文献，没有将经验性文献包括在内。

中国的电视传媒业近年来一直维持较高的增长速度，电视频道不断增加，频道间的节目差别现象同样明显。但是国内还没有出现从经济学角度分析这个现象的文献，本文希望通过回顾国外相关文献，有助于解释中国的电视频道特别是可以覆盖全国的各电视频道间节目类型"收敛性"和"发散性"并存的现象。① 特别是，中国的电视产业在这方面表现更明显的是节目的收敛性，即在一定时段各电视频道节目类型的差别最小化。当然，作为一篇文献综述，本文不可能具体解释中国电视节目类型的收敛或发散现象，这个任务需要由专门的文献来完成。

参 考 文 献

1. 朱振中、吕廷杰：《双边市场理论研究综述》，载《经济学动态》2006年第2期，第68～77页。
2. Akerlof, George, 1970, "The Market for Lemons: Quality Uncertainty and the Market Mechanism", *Quarterly Journal of Economics* 89 (3), pp. 488 – 500.
3. Albarran, Alan B., 2002, Media Economics: Understanding Markets, Industries and Concepts, Iowa State Press.
4. Alexander, Alison, James Owers and Rod Carveth, 1998, Media Economics: Theory and Practice, Lawrence Erlbaum Associates, Inc., Publishers.
5. Armstrong, Mark, 2006, "Competition in Two-Sided Market", *RAND Journal of Economics*, forthcoming.
6. Anderson, Simon P. and Stephen Coate, 2005, "Market Provision of Broadcasting: A Welfare Analysis", *Review of Economic Studies* 72, pp. 947 – 972.
7. Beath, John and Yannis Katsoulacos, 1991, The Economic Theory of Product Differentiation, Cambridge University Press.
8. Becker, Gary S. and Kevin M. Murphy, 1993, "A Simple Theory of Advertising as a Good or Bad", *Quarterly Journal of Economics* 108 (4), pp. 941 – 964.
9. Beebe, Jack H., 1977, "Institutional Structure and Program Choices in Television Markets", *Quarterly Journal of Economics* 91 (1), pp. 15 – 37.
10. Boulding, Kenneth E., 1966, Economic Analysis: I, Microeconomics., New York: Harpers.
11. Bourreau, Marc, 2003, "Mimicking vs. Counter-Programming Strategies for Television Programs", *Information Economics and Policy* 15 (1), pp. 35 – 54.

---

① 节目趋同即节目类型收敛最典型的例子是湖南卫视于2004年率先推出选秀类节目《超级女声》获得成功。到2006年，同类节目已遍地开花，比较出名的除《超级女声》外，包括央视的《梦想中国》、东方卫视的《莱卡我型我SHOW》和山东卫视的《天使行动》等，这些节目类型一致，内容雷同，播出时间也大体相同。至于节目类型发散的一个例子是湖南卫视首播韩国电视剧《大长今》的时段是晚上22点，而这个时段当时绝大多数省级卫视都不安排播出电视剧。

12. Bulow, Jeremy I., John D. Geanakoplos and Paul D. Klemperer, 1985, "Multimarket Oligopoly: Strategic Substitutes and Complements", *Journal of Political Economy* 93 (3), pp. 488 – 511.
13. Cancian, Maria, Angela Bills and Theodore Bergstrom, 1995, "Hotelling Location Problems with Directional Constraints: An Application to Television News Scheduling", *Journal of Industrial Economics* 43 (1), pp. 121 – 124.
14. Carroll, Sidney L. and Herbert H. Howard, 1998, "The Economics of the Cable Industry", in Alison Alexander, James Owers and Rod Carveth (eds.), *Media Economics: Theory and Practice*, Lawrence Erlbaum Associates, Inc., Publishers, pp. 151 – 174.
15. Chamberlin, Edward H., 1933, The Theory of Monopolistic Competition, Harvard University Press.
16. Chamberlin, Edward H., 1951, "Monopolistic Competition Revisited", *Economica* 18 (72), pp. 343 – 362.
17. d'Aspremont C., J. Gabszewicz and J.-F. Thisse, 1979, "On Hotelling's Stability in Competition", *Econometrica* 47 (5), pp. 1145 – 1150.
18. Doyle, Chris, 1998, "Programming in A Competitive Broadcasting Market: Entry, Welfare and Regulation", *Information Economics and Policy* 10 (1), pp. 23 – 39.
19. Eaton, B. Curtis and Richard G. Lipsey, 1989, "Product Differentiation", in Richard Schmalensee and Robert D. Willig (eds.), *Handbook of Industrial Organization*, Vol. 1, Amsterdam: North Holland Press, pp. 723 – 768.
20. Farrell, Joseph and Garth Saloner, 1986, "Installed Base and Compatibility: Innovation, Product Preannouncements, and Predation", *American Economic Review* 76 (5), pp. 940 – 955.
21. Gabszewicz, J., Didier Laussel and Nathalie Sonnac, 1999, "TV-Broadcasting Competition and Advertising", Center for Operations Research and Econometrics (CORE), Working Paper.
22. Gabszewicz, J., Didier Laussel and Nathalie Sonnac, 2004, "Programming and Advertising Competition in the Broadcasting Industry", *Journal of Economics & Management Strategy* 13 (4), pp. 657 – 669.
23. Gal-Or, Esther and Anthony Dukes, 2003, "Minimum Differentiation in Commercial Media Markets", *Journal of Economics & Management Strategy* 12 (3), pp. 291 – 325.
24. Hotelling, H., 1929, "Stability in Competition", *Economic Journal* 39 (1), pp. 41 – 57.
25. Kadlec, Tomas, 2002, "Optimal Timing of TV Commercial: Symmetrical Model", Center for Economic Research and Graduate Education-Economics Institute (CERGE – EI), Working Paper.
26. Katz, Machael L. and Carl Shapiro, 1985, "Network Externalities, Competition, and Compatibility", *American Economic Review* 75 (3), pp. 424 – 440.
27. Kind, Hans Jarle, Tore Nilssen and Lars Sørgard, 2005, "Financing of Media Firm: Does Competition Matter?", Centre for Industrial Economics (CIE), Working Paper.
28. Kind, Hans Jarle, Tore Nilssen and Lars Sørgard, 2006, "Competition for Viewers and Advertisers in A TV Oligopoly", Working Paper.
29. Kremhelmer, Susanne and Zenger, Hans, 2004, "Advertising and the Media", manu-

script, Department of Economics, University of Munich.
30. Liu, Yong, 2002, "Essays on Competitive Strategies in the Broadcasting Television Industry", Doctoral Dissertation, University of British Columbia.
31. Liu, Yong, Daniel S Putler and Charles B. Weinberg, 2004, "Is Having More Channels Really Better? A Model of Competition Among Commercial Television Broadcasters", *Marketing Science* 23 (1), pp. 120 – 133.
32. Mangani, Andrea, 2003, "Profit and Audience Maximization in Broadcasting Markets", *Information Economics and Policy* 15 (3), pp. 305 – 315.
33. Motta, Massimo and Michele Pole, 2003, "Beyond the Spectrum Constraint: Concentration and Entry in the Broadcasting Industry", chapter 3 in M. Baldassarri and L. Lambertini (eds.), *Antitrust, Regulation and Competition*, New York: Palgrave MacMillan.
34. Nissen, Tore and Lars Sørgard, 2001, "The TV Industry: Advertising and Programming", University of Oslo Department of Economics, Memorandum.
35. Noam, Eli M., 1987, "A Public and Private-Choice Model of Broadcasting", *Public Choice* 55 (1 – 2), pp. 163 – 187.
36. Owen, Bruce M. and Steven S. Wildman, 1992, Video Economics, Harvard University Press.
37. Papandrea, Franco, 1997, "Modeling Television Programming Choices", *Information Economics and Policy* 9 (3), pp. 203 – 218.
38. Peitz, Martin and Tommaso M. Valltetti, 2004, "Content and Advertising in the Media: Pay-TV versus Free-To-Air", Centre for Economic Policy Research (CEPR), Working Paper.
39. Picard. Rober G., 1989, Media Economics: Concepts and Issues, Sage Publications, Inc.
40. Rochet, Jean-Charles and Jean Tirole, 2006, "Two-Sided Markets: A Progress Report", *RAND Journal of Economics*, forthcoming.
41. Roson, Roberto, 2005, "Two-Sided Markets: A Tentative Survey", *Review of Network Economics* 4 (2), pp. 142 – 160.
42. Salop, Steven C., 1979, "Monopolistic Competition with Outside Goods", *Bell Journal of Economics* 10 (1), pp. 141 – 156.
43. Shaked, Avner and John Sutton, 1982, "Relaxing Price Competition through Product Differentiation", *Review of Economic Studies* 49 (1), pp. 3 – 13.
44. Shaked, Avner and John Sutton, 1983, "Natural Oligopolies", *Econometrica* 51 (5), pp. 1469 – 1483.
45. Shaked, Avner and John Sutton, 1987, "Product Differentiation and Industrial Structure", *Journal of Industrial Economics* 36 (2), pp. 131 – 146.
46. Shubik, Martin and Richard Levitan, 1980, Market Structure and Behavior, Harvard University Press.
47. Spence, Michael and Bruce Owen, 1977, "Television Programming, Monopolistic Competition, and Welfare", *Quarterly Journal of Economics* 91 (1), pp. 103 – 126.
48. Steiner, Peter O., 1952, "Program Patterns and Preferences, and the Workability of Competition in Radio Broadcasting", *Quarterly Journal of Economics* 66 (2), pp. 194 – 223.
49. Vaglio, Alessandro, 1995, "A Model of the Audience for TV Broadcasting Implications For

Advertising Competition and Regulation", *International Review of Economics and Business* 42, pp. 33 – 56.

50. Waterman, David, 1990, "Diversity and Quality of Information Products in a Monopolistically Competitive Industry", *Information Economics and Policy* 4 (4), pp. 291 – 303.

51. Waterman, David, 2006, "The Economics of Media Programming", in Alan B. Albarran, Sylvia M. Chan-Olmsted, and Michael O. Wirth (eds.), *Handbook of Media Management and Economics*, Mahwah, NJ: Lawrence Erlbaum Associates, Inc., pp. 387 – 416.

52. Wildman, Steven S. and Bruce M. Owen, 1985, "Program Competition, Diversity, and Multichannel Bundling in the New Video Industry", in Eli M. Noam (ed.), *Video Media Competition*, Columbia University Press, pp. 244 – 273.

53. Wiles, P., 1963, "Pilkington and the Theory of Value", *Economic Journal* 73 (290), pp. 183 – 200.

54. Zhou, Wen, 2004, "The Choice of Commercial Breaks in Television Programs: the Number, Length and Timing", *Journal of Industrial Economics* 52 (3), pp. 315 – 326.

Theory of Television Programming Differentiation: A Review

Chi Jianyu

Abstract: This paper reviews economic studies of television programming differentiation. Television industry is a two-sided market, so programming differentiation cannot be interpreted by product differentiation theory perfectly. A television channel may make any choice of minimum or maximum programming differentiation. Degree of programming differentiation can be influenced by many factors such as market structure, financial supporting ways of channels and extent to audiences dislike advertising. And programming differentiation degree will affects welfare of consumers. Economic studies of television programming differentiation have been in a framework of product differentiation theory of mainstream industrial economics.

Key words: Two-sided Market Programming Differentiation Product Differentiation Theory

JEL Classification: L82 L13 D11

公共研发投资对私人研发的影响效应分析*

张 博**

摘 要：作为一国技术进步和经济增长的重要来源，研发活动的投资主体包括政府和企业。与之相对应，可以把研发活动划分为公共研发和私人研发，其中公共研发与私人研发之间的相互关系，是影响整个社会研发效率的重要因素。因而，对公共研发投资对私人研发活动影响的理论分析，是制定一国研发政策的基础。本文通过对公共研发投资对私人研发投资的静态、动态挤出和溢出效应的理论分析进行归纳，考察公共研发投资对私人研发投资的影响，在此基础上对我国的研发投资活动提出政策建议。

关键词：公共研发 私人研发 挤出效应 溢出效应

现代经济增长理论的研究表明，决定经济增长的关键因素是技术进步及其制度条件，而研发活动是技术进步的重要来源。尽管世界各国都认识到研发活动对经济增长的重要作用，并对研发活动进行了大量投资，但是其效率却存在相当大的差异。其中的原因之一在于，研发活动的投资主体不仅仅是私人部门，更重要的是以政府为代表的公共部门，而公共研发投资和私人研发之间的关系，对整个社会研发活动的效率具有重要影响。

一、引 言

对于现有的经济理论研究而言，研发活动仍然是一个黑箱，其中公共研发投资和私人研发投资之间的相互关系，是这个黑箱中的最重要的一环。政府研发支出和企业研发投资之间究竟是替代还是互补的，前者对后者究竟存在着挤出效应还是溢出效应，对政府制定研发政策具有十分重要的意义。[①]

近年来，经济理论界对公共研发投资与私人研发之间关系的研究，主要集中于计量实证研究。根据这些文献所选择的研究单位及其数据类型的不

---

* 本研究得到了南开大学经济研究所刘刚教授主持的国家社会科学基金一般项目"后福特制与当代资本主义经济制度变迁"（05BJL045）和2005年教育部"新世纪人才"计划项目的支持。

** 张博：南开大学经济研究所，300071；电话：13702019497，022 - 85845161；邮箱：nkzhangbo@163.com。

① 本文的公共部门界定为政府，私人部门界定为企业。之所以做这样的界定，是因为在社会研发活动中，其主体是政府和企业，尽管存在着非营利机构和个人研发活动，但是所占比例很小。

同，可以把这些研究划分为实验室和研发单元、企业、产业和国家层面的研究。[①] 其中，前两者属于微观层面的研究，后两者则是宏观层面的研究。从这些研究的总体结果看，在微观层面上，公共研发投资对私人研发投资表现出替代性，占主导的是挤出效应；而在宏观层面上，更多地则表现为互补性，溢出效应非常明显。因而，上述计量分析结论在微观和宏观层面上是相互矛盾的。为了解决这一矛盾，一些学者开始从规范研究入手，试图在理论上对公共研发投资与私人研发之间的关系及其效应的内在机制展开深入的研究。

早期的规范研究假设政府的研发活动常常是低效率的，因而除了军事等特殊目的外，市场对政府研发活动的需求微乎其微。如果政府从事公共研发活动，不仅会减少私人部门的研发机会，导致私人研发投资的"挤出"效应，而且使那些本应该增加社会总福利的纳税人的资金被低效率利用。例如，Diamond（1998）的研究表明，在基础研发中私人投资存在着被"挤出"的问题。由于缺乏系统性，上述研究显得支离破碎，尤其是忽视了投资领域的各种影响渠道及其发生机制，缺乏对公共研发投资和与私人研发投资的相互影响的全面分析。为了弥补这一缺陷，Paul David 和 Bronwyn Hall（2000）通过一个简单的模型，系统考察了公共研发投资对私人研发投资的影响。

为了能够对这一问题做出一个全面而系统的考察，本文在 D – H 模型（Paul David 和 Bronwyn Hall，2000）的基础上，综合前人的研究成果，对公共研发投资对私人研发投资的静态、动态的挤出和溢出效应进行分析和归纳，并试图对我国的公共研发投资政策提出建议。

二、公共研发投资对私人研发影响机制及其静态和动态效应

公共研发投资对私人研发的绩效有多种影响。为了研究的需要，我们对

[①] 例如，Scott（1984），Trajtenberg（1989），Toole（1999a），Leyden et al.（1989），Leyden and Link（1991），Klette and Moen（1998）在实验室与研发单元层面，Hamberg（1966），Howe and McFetridge（1976），Higgins and Link（1981），Link（1982），Lichtenberg（1984，1987，1988），Wallsten（1999），Busom（1999），Toivanen et al.（1998），Irwin and Klenow（1996），Cockburn and Henderson（1998），Narin et al.（1997），Feldman and Lichtenberg（1998）在企业水平，Globerman（1973），Buxton（1975），Goldberg（1979），Lichtenberg（1984），Levin and Reiss（1984），Mowery（1985），Hertzfeld（1985）在产业水平，Levy and Terleckyj（1983），Terleckyj（1985），Lichtenberg（1987），Robson（1993），Diamond（1998）在经济总量水平分别对公共研发投资对私人研发投资的影响做了计量分析。Levy（1990），von Tunzelmann and Martin（1998）做了跨国比较，Adams（1998）and Toole（1999a；b）在微观层面对非盈利组织做了计量分析，结果不尽相同。此外，Mansfield（1984）和 Leyden 与 Link（1992）使用了非计量工具对政府研发活动对私人研发投资的影响进行了定量估算。美国国家研究所（National Research Council）（1999）使用了历史案例研究法。

它做一个简单的分类。①

（一）对研发活动的几个基本分类

首先，根据公共研发对私人研发的影响渠道、研发目的和影响是否存在时滞，我们对研发活动进行一个三维立体的划分。

1. 影响渠道。公共部门的研发对私人部门的影响主要有两个渠道：

第一个渠道是公共研发投资影响私人研发投资的直接效应，是通过研发需要使用的有形资源投入品的需求和供给产生的，我们称之为"市场供求效应"。公共研发投资的增加会相应增加对研发需要使用的有形资源投入品的需求，短期内提高这些投入品的市场价格，使得私人研发的成本增加，预期收益减少；长期内会使得投入品的供给增加。反之，公共研发投资的减少会相应减少对研发需要使用的有形资源投入品的需求，短期内降低这些投入品的市场价格，使得私人研发的成本减少，预期收益增加；长期内会使得投入品的供给减少。

第二个渠道是间接效应，是研发行为的无形结果，即研发促成的新知识的产生和这些新知识对私人部门投资研发的预期成本和收益产生的影响，我们称之为"知识溢出效应"。② 在"知识溢出效应"中，新知识可以通过以下三种形式得到"具体化"，然后进行传播，进而影响私人研发的预期成本和收益。首先，研发产生的新知识可以被制成可编码的形式，如书籍、影像，这样它的传播和接受成本就会大幅降低。研发人员通过学习这些新知识来提高研发效率，使得研发预期成本降低收益提高。其次，新知识可以在科学家和工程师已获得的专门知识中被"具体化"，如学科理论知识的深化和"干中学"得到的经验积累。通过研发人员的流动、相互交流和人才培养，这些"具体化"的知识会得到传播，进一步的降低研发成本，提高研发效率和预期收益。最后，新知识也可以被人造物品"具体化"，如作为某些特殊研究项目的副产品的科学研究器械。新科研器械的投入使用也能够提高研发效率和预期收益，节省研发成本。

第一个渠道的直接效应仅限于影响研发有形资源投入品的市场供给和需求的因素。而只要是能改变研发效率的那些因素，我们都把它当做第二个渠道的间接效应——"知识溢出效应"。③

2. 基础研究与应用研发。研发（R&D）即研究（Research）与发展

---

① Paul David 和 Bronwyn Hall（2000）尝试做过这方面的工作，但是他们的分类与模型仍然存在很多问题。本文在 D-H 模型基础上，拓展并深入探讨。

② 知识溢出一般都是从空间角度研究，比如 MAR 溢出和 POTER 溢出，行业间、行业内。本文研究的是公共和私人部门间的溢出。

③ 但是，"知识溢出效应"也会对研发投入品市场的价格决定产生影响。比如技术进步能生产出新的高效率的机器设备，旧的生产率低的机器设备价格会降低甚至推出市场等。

（Development），可以根据其与最终应用的联系程度而分为不同的类型。根据美国国家科学基金会（National Science Foundation）的分类，研究分为基础研究（Basic Research）和应用研究（Applied Research）。前者追求知识本身的发展，而不针对于某一特定的目的；后者的存在主要是针对于实践活动，而发展（Development）则产生了新产品和新过程。虽然这一分类也有其模糊之处①，但这一分类还是被广泛地使用。②

在这里，为了方便下面的分析，我们仅对政府研发费用进行一个基础研发与应用研发的划分。我们把基础研发定义为是国家投资的非任务导向、旨在对某学科的理论知识进行的探索性的研发。而那些目的是为了获得研发成果或者是承担了政府某项国防或民用项目的研发，我们把它称作应用研发③。

3. 静态效应与动态效应。根据公共研发投资对私人研发投资产生的影响是否有时滞，我们把随着公共研发投资的变化几乎同时发生的影响称作"静态效应"，把那些随后才发生的滞后影响称之为"动态效应"。因为"静态效应"与"动态效应"的相互作用也许会使公共研发投资对私人研发投资产生的影响在短期和长期有所不同。④

下面我们首先基于"静态均衡"来讨论研发必需的有形资源投入品市场发生的影响，即"市场供求效应"。然后研究通过新知识的产生和传播造成的影响，即"知识溢出效应"。在"知识溢出效应"的讨论中，我们会区分对基础研发和应用研发产生的不同影响。

（二）静态效应

不考虑生产条件，政府研发支出的增加对企业投资研发的直接影响短期内是通过无供给弹性的研发投入品市场产生的。

1. 市场供求效应。市场供求效应仅仅是公共研发投资增加对研发投入品市场的短期影响，是由于公共部门和私人部门之间的竞争产生的。因为研发投入品，如具有专门知识的科研人员和具有专门技术的工程师，都是特殊的投入品，替代弹性比较低。所以，公共研发投资的增加提高了研发投入品的价格，这预期会提高研发成本。研发成本增加的预期，降低了私人部门投资的预期回报率，导致私人部门一些项目的经费缩减。所以公共研发投资的增加会通过市场供求效应"挤出"或者说"置换"出私人研发投资。

---

① 例如，基础研究与应用研究的区分有时仅仅在于研究目的的不同，而不是实际研究活动的差异。
② 这种划分仍然是因为线性特征的易描述性与分析性使然，从知识基础的进展到最终的使用这一最自然的顺序，在技术发展的逻辑路线类型中占有最主要的位置，也便于在研究中找出各阶段的影响因素。
③ 本文对应用研发不考虑私人企业、政府实验室还是大学承担的问题。
④ 后面的模型分析可以看到，只有经过这样的划分，我们才有可能得出这样的结论：增加公共部门的研发支出短期可能立即"挤出"私人研发投资，然而两者的长期关系可能是互补的而不是替代的。

2. 知识溢出效应。知识溢出效应是私人部门从公共部门正在进行的研发中获得的知识，对私人部门研发投资回报率产生的预期效应。公共部门研发投资通过知识溢出效应"挤出"私人研发投资有三种方式：

（1）企业可能会重新分配他们的研发投资。企业有可能会减少长期基础研发的投资比例，甚至只进行短期研发投资而取消长期的基础研究项目，因为他们预期将来进行应用研发所需要的基础知识，可以由现在公共部门的研发投资支持的基础研究项目在未来提供的研发成果中得到。

（2）企业可能不再会从事某些应用研发。企业可能选择退出一些研发领域，不再从事某类应用研发。因为企业预期到增加的公共研发投资的研发成果将会为竞争对手提供本来只有他们才拥有的特殊知识。这会使得竞争对手的此类应用研发效率增加成本降低，从而带来激烈的竞争，损害他们在那些领域的研发产品带来的商业回报，降低预期研发回报率。

（3）政府资金支持的合同研发会置换出企业的某些研发投资。有些研发本来是企业不得不做的，因为这些研发成果有助于改善企业的生产条件，这在未来将成为企业所生产商品的固定生产成本的一部分。但如果恰巧政府也需要这些研发成果，政府和企业签订研发合同，对这类研发进行资金支持，就会置换出这些私人研发投资。换句话说，在类似政府对企业完全雇佣的情形下，公共部门的最终需求置换出了私人部门的最终需求，完全取代了私人研发。因为政府的公共研发资助恰好满足了私人部门的产品对固定研发成本的需求。

然而，公共研发投资在另一些情况下与私人研发投资是互补的。公共研发投资刺激私人研发投资的增加有下面两种途径：

①公共研发投资的增加在某些特殊的领域会传递出政府推动使用某种特殊技术的意图。在这种情况下，企业预期到这会在未来给企业带来政府的某些生产或者研发任务委托，并且承担这项技术成果的传播活动；或者政府会给采用这种新技术的企业很好的税收优惠。那么这个领域未来拥有这项技术创新的企业预期回报率会提高。这会激励企业增加研发投资来进行相应的研发。

②企业为了利用政府研发成果，会增加某些研发支出。上一个效应是政府行为对未来需求做出的一个"信号"，使得企业能够预期到未来的收益。但是一个较为直接的预期是，公共研发将产生一些基础性知识，私人部门采用这些知识将会在未来降低私人研发成本或者减少研发项目的风险。这样的预期也会使企业有动机增加研发投资进行基础性的研发。企业未来可以通过这些基础性研发的成果利用未来的公共研发的知识"溢出"。[①]

[①] 这就是 Cohen 和 Levinthal（1989）讲的"两个研发的竞赛"：进行研发是为了创造吸收另一个研发成果的可能。在此，私人研发也和公共研发形成了一个"竞赛"，只不过是私人研发是为了吸收公共研发的成果。

（三）动态效应

动态效应是先前进行的公共投资的研发成果造成的投入品供给和知识溢出的滞后影响结果。下面的分析我们要假设政策变化的影响是"剧烈"且"振荡"的，即政策变化的影响需要足够大，而且政策对投入品供给和私人研发投资产生的影响必须可以迅速收敛到均衡状态。此时，政策变化不仅会增加研发投入品价格（研发人员的工资），而且还可能会对研发投入品的供给（研发人员的培养）产生影响。

第一，假设研发人员需要一个很长的培养时期，可利用的研发人员的供给稳定，我们把劳动力需求变化对工资率（或者培养动机）的影响看作一个"动态"效应。不考虑知识溢出效应，较大的长期劳动力供给弹性也仅仅能够缓和工资率的影响，而不能弥补总体劳动力的缺乏。所以参与企业投资（私人部门）的研发的劳动力数量会减少。但这将会提高还是降低私人部门实际研发投资水平，还要看研发产品对劳动力数量的需求弹性。

第二，因为供给缺乏弹性，那么科学家和工程师市场的调整过程就会相对比较剧烈。当政府研发政策或者资金投入产生剧烈变化，比如大幅增加民用企业代理的国防项目（比如美国国家航空和宇宙航行局的阿波罗项目等），会对研发人员的需求突然增加。这将导致相关领域的科学家和工程师的工资大幅上升。公共研发预算增加，会产生未来进一步扩张的预期，未来的工资继续增加会使得研究人员的数量不断扩张。一旦这些部门的需求在长期回归正常水平，大量研究人员会从公共部门回归私人部门，工资率随之下降。即使工资率没有降低到初始水平，这些增加的训练有素的研究人员也将在一个较长时期增加私人部门的研发绩效；经过政策"震荡"后，尽管预期收入大幅降低，但研究人员的人力资本投资不会消失。而且，因为这些人力资本投资具有很强的专用性，也不太可能转换进入其他领域。

第三，政府实验室、企业和学术研究所都有自己特殊的研究方法，这是一个细微的路径依赖方式。公共研发投资的增加会引起科研人员在公共部门和私人部门之间流动。学术研究机构良好的学术环境对年轻人的成长有很大的帮助，而企业研发中的经验积累对科研人员也非常有价值。因此，公共研发投资和私人研发投资的交叉混合能够整合出未来的系统研发的能力。但是，这往往需要付出高昂的知识混合成本，因为打破路径依赖，整合研发能力需要付出的代价是一段时间内研发绩效的降低。

第四，降低学术研究的投资会导致在短期内私人部门研发绩效（和成果）的实际水平增加。但是，如果学术界的薪水和研发机会降低，会产生一些低质量的毕业生来占据学术职位，对下一期的研究人员造成较低质量的培养。因此，在长期看来，基础优势的削弱会降低私人应用研发的投资回报率，最终的结果是研发投资的总量收缩。

三、D-H模型分析

在这一部分,我们引入 Paul David 和 Bronwyn Hall (2000) 的一个相对完善的模型,对前一部分公共研发支出增加对私人研发影响效应的理论分析进行简化和归纳,以期得到更为直观的结果。

(一) 简单的一期模型[①]

首先,假定:(1) 劳动力供给无弹性。由于必要训练时间很长,假设研发人员的劳动力供给弹性非常小。(2) 不存在知识溢出效应。假设从公共研发到私人研发的知识溢出效应的作用有一个滞后期。(3) 研发部门存在失业。因此,我们假设在私人部门研发劳动力的边际产品是雇佣最后一个工人的价格。

我们定义如下变量:

G 为公共研发预算(外生的);

L 为研发人员的总劳动力供给(短期内是外生的);

L_p 为私人研发人员数量(内生,由模型决定);

L_G 为公共部门研发人员数量(内生,由模型决定);

w 为研发工人的工资率(内生,由模型决定);

模型有三个均衡:

$L = L_p + L_G$ 是劳动力供给恒等式;

$G = wL_G$ 是政府研发预算;

$w = f(L_p)$ 是劳动力边际(研发)产品;

$w = f(\cdot)$ 是一个连续单调函数,而且 $f' < 0$,$f'' < 0$(在私人部门存在一条向下倾斜的需求曲线)。

这三个等式表示政府预算给定工资额决定公共研发人员的数量,剩下的人员进入私人部门。在私人部门,向下倾斜的边际产品函数和研发人员数量决定工资。从三个等式中,我们可以估算出在政府预算工资中一个增长带来的短期效应和每个部门研发人员的数量。综合这三个等式,我们得到:

$f(L_p)(L - L_p) = G$

求微分:

$[f_L(L - L_p) - f(L_p)]dL_p = dG$

或者,更简单的:

$[f_L L_G - w]dL_p = dG$

这表明私人研发人员的数量随着公共预算的增加一直减少(因为 $f_L < 0$

---

① 这个模型虽然是高度简单化的,但为我们随后的分析提供了一个基本的参照系。

而且 $w>0$）；显然，反之对公共研发人员就相反。因为研发人员总数是一定的，公共研发人员的数量会随着公共预算的增加而增加。即下面这个公式表明的：

$$[-f_L(L_G)+f(L_p)]dL_G = [-f_L L_G + w]dL_G = dG$$

这说明有两种效应：第二项是在特定工资下，政府对研发人员需求的直接效应；第一项的效应是由于（固定的劳动力供给）政府投资的增加提高了研发人员的工资和在私人部门的必要边际产品。这导致私人部门需求的研发投入品（L_p）数量减少。

下面我们证明一下工资率必须上升。

在生产中，从成本最小化的一阶条件出发：

$$w = f(L - G/w)$$

全微分得出：

$$dw = f_L(Gdw/w^2 - dG/w) = (G/w - w/f_L)^{-1}dG$$
$$= f_L dG/(f_L L_G - w)$$

用弹性形式更容易解释：

$$(G/w)(dw/dG) = f_L L_G/(f_L L_G - w)$$
$$= 1/[1 - (L_p/L_G)(1/\varepsilon)]$$

$\varepsilon < 0$ 是关系到私人研发人员的数量（边际产品）的工资弹性。因此，政府支出的工资弹性的变化区间是 $0 \sim 1$。分母上的第一项 $f_L L_G$ 仅仅是工资的直接效应，是由于给同样数量的研发人员较大的预算产生的。第二项是因为较高的工资和较高的必要边际产品，私人研发人员数量减少带来的影响。这削弱了第一项中直接工资效应的影响，因为由于供给不变，研发人员数量减少，要满足边际产品条件变得容易，只要研发人员的劳动力市场出清就可以。

总之，在这个简单模型中，因为固定的研发劳动力供给，很容易的可以看出政府研发投资一定会减少私人研发人员数量，增加他们的平均工资。为了判断这些效应结合起来是提高还是降低了私人研发支出，我们综合这些结果来得到私人研发支出（$R = wL_p$）对公共预算 G 的弹性：

$$(G/R)(dR/dG) = L_G(dw/dG) + (wL_G/L_p)(dL_p/L_G)$$
$$= wL_G/[L_p(f_L L_G - w)] + f_L L_G(f_L L_G - w)$$
$$= -(f_L L_G + wL_G/L_p)/(w - f_L L_G)$$
$$= -(1+\varepsilon)/[(L_p/L_G) - \varepsilon]$$

这个表达中，第一项是由于政府支出增加造成的私人研发人员数量减少；第二项是工资相应的增长。弹性符号将被下面的条件决定：私人和公共研发是互补的，即：

$$(-f_L) > w/L_p \text{ 且 } \varepsilon < -1$$

这就是说，在研发的边际产品对人员数量有弹性的区域，当政府预算增加（假设研发人员供给是固定的）时我们应该看到私人研发增加。

这个简单模型的结论是，如果私人研发的边际产品对研发人员的变化非常敏感，私人研发投资就将随着政府投资的增加而增加。然而，如果研发的边际产品对研发人员的变化不怎么敏感，它将减少。因此，我们可以这样预期，当私人研发的规模较大时前面的条件满足；这种情况下剩余人员的工资效应主导私人研发人员数量减少，私人研发支出增加。这对宏观水平的计量经济学研究是一个非常好的信息。如果有些国家私人部门研发占优势，而在另一些国家公共部门研发占主导，那么无论是国际截面数据还是面板数据，都得不到统一的公共研发投资与私人研发投资关系的结论。

在 OECD 国家的民用研发中，私人部门的相对比例较大，如美国、日本和主要的北欧国家。这时，根据我们模型的分析，公共部门研发支出对私人部门的研发支出存在"溢出"效应。相反，在资本收益相对较低、工业基础发展落后的国家，公共部门研发在国家总研发中占优势。在这些国家，公共部门研发支出对私人部门的研发支出的"挤出"效应会非常明显。[①]

但是，前面的分析没有考虑研发类型的问题。政府部门投资哪一种类型的研究其实也很重要，这决定着政府研发投资是否会对企业产生正的溢出效应。下面我们给这个模型一些更现实的变化，但仍然要维持研发人员数量不变这个假设。

（二）区分基础研发与应用研发后的模型扩展

我们对模型的第一个扩展是，给定一个总的政府投资水平，增加政府研发投资在基础研发和通过私人部门执行的应用研发之间的选择。我们把这个选择通过模型对此政策问题进行解释。这说明政府至少要有两个政策工具，政府投资水平 G 和对基础研究的投资部分 b。

我们假设政府分配所有参与公共研发投资的研究人员的比例为 $c(c>0)$ 作为应用研发人员在私人部门工作，剩下的部分 $(b=1-c)$ 去参与创造基础知识的研发活动。第一组人员是在生产函数中对私人研发人员的一个完全替代，因此研发劳动力边际产品应该被写作 $f[cL_G+L_p]$。第二组研究人员不直接生产，但是，因为它拓展了应用研发人员可利用的知识基础，所以，参与基础研究的公共研究人员的产出使私人部门的边际产品曲线外移。因此，总的研发劳动力边际产品可以写成：

$$F_L = K[(1-c)L_G]f[cL_G+L_p] = K[bL_G]f[L-bL_G]$$
$$= K[b(L-L_p)]f[(1-b)L+bL_p]$$

---

① 这印证了早期的研究成果：当国家和市场需求的研发活动非常少，如果国家进行公共投资支持研发，私人部门就无法获得多余的研发机会。政府对研发活动的干预会导致了私人研发被"挤出"。

其中，$K'>0$，$K''<0$（K是一个正的凹函数）。

这样我们就可以研究如果政府研发预算G增加，私人研发人员数量如何反应，并且政府研发预算G在基础研发与实用研发之间的选择和分配如何影响私人研发支出水平和它的边际产品。我们的第一个结论是，变得复杂的模型并没有改变前述那个简单静态模型的基本结论——如果劳动力供给不变，一个较高的政府预算将增加研发人员工资和减少对私人研发人员的需求；但是这个过程发生的渠道变得比以前更复杂。

私人部门的边际生产率条件产生下面的均衡：

$$K[b(L-L_p)]f[(1-b)L+bL_p](L-L_p) = G$$

对上式微分，我们得到：

$$[(Kf'-K'f)\cdot b(L-L_p)-Kf]dL_p = -(ZbL_G+w)dL_p = dG$$

我们把Z定义为等于$(Kf'-K'f)$。上面这个表达式中的每一项都是负的（在政府预算都是正的假设下），所以公共研发支出的增加会降低经济体中私人研发人员的数量。第二项是直接工资效应，来自政府对研发人员的需求，如同以前简单静态模型一样。但是第一项现在包含两个效应：研发人员需求的减少是由于他们工资的增加（Kf'项）和因为政府在基础研发上的支出（$-K'f$项）使得每一个研发人员能够生产得更多。

工资效应与前面得出的结论一样。我们对前面的弹性做一个小小的处理，研发工资对政府研发支出的弹性这样给出：

$$(G/w)(dw/dG) = ZbL_G/(ZbL_G+w) = \varphi/(1+\varphi)$$

我们定义$\varphi = (ZbL_G/w)$作为保持研发人员总体数量不变时，研发边际产品对政府研发人员数量的弹性。在这样的假设下，一个研发人员从私人部门转移到公共部门对边际产品有一个确定无疑的正效应。因为私人企业将沿着边际生产曲线向上移动，并且同时这条边际生产曲线还被政府研究向外推动（因为基础研发的知识溢出效应），因此，工资对政府研发支出的弹性肯定随着边际产品对政府投资研发人员的弹性变化而变化。

对私人研发支出总的混合效应与前面一样：

$$(G/R)(dR/dG) = (ZbL_G-wL_G/L_p)/(ZbL_G+w)$$
$$= [\varphi-(L_G/L_p)]/(1+\varphi)$$

这再一次证明了，如果φ大于公共研发人员与私人研发人员的比率，那么私人研发支出就与公共研发支出互补。对上式的结果展开，得到私人研发支出对公共研发支出的弹性是下面这两个简单表达式的和，一个是对工资的，一个是对研发人员总数的：

$$(G/R)(dR/dG) = [\varphi-(L_G/L_p)]/(1+\varphi)$$
$$= \varphi/(1+\varphi)-(L_p/L_G)/(1+\varphi)$$

上式第一项是正的，第二项是负的。另外，它们反应的程度即弹性的大小依赖于私人部门的相对规模（如果私人部门相对公共部门大，它就大）。

尽管边际产品弹性的关系相对更复杂，但仍然可以看出，至少在这种我们保持每一个部门的人员数量不变情况下，因为 φ 增加（研发的边际产品对公共研发人员变得缺乏弹性），私人研发对政府支出的弹性是增加的。这也就是说，如果我们用一样或者相似的 L_G/L_p 比率比较两个不同的经济体，φ 大的那个，私人部门研发投资与公共部门研发投资互补；但是当 φ 减少趋近于 0，它们开始变得替代。

因此，在这个模型里总的政府研发支出对私人研发的效应同前面的模型是一样，虽然影响效应的程度可能不一样。所以，我们可以得出这样一个简单的结论，私人研发边际产品的由于基础研发的知识溢出产生的间接效应与由于研发人员供给不变 ($L = L_p + L_G$) 产生的直接效应一样。

下面我们考察公共预算在基础研发与实用研发中分配比例变化产生的影响效应：保持预算 G 固定，对 b 进行微分，从事基础研究的公共研发人员比例是：

$$-[(Kf' - K'f) \cdot (L - L_p)^2] db + [(Kf' - K'f) \cdot b(L - L_p) - Kf] dL_p = 0$$

从这个均衡可以得出，基础研究比例增加明显地增加了私人研发人员数量，保持政府预算和研发总人员总数不变：

$$dL_p/db = (L - L_p)/\{b + Kf/[(L - L_p)(K'f - Kf')]\}$$
$$= L_G/b\{1 + w/ZbL_G\} > 0$$

或者，用弹性形式，

$$(b/L_p) dL_p/db = \varphi(L_G/L_p)/[1 + \varphi] > 0$$

因此，私人研发人员数量对公共研发中基础研究比例的弹性与两个部门的相对规模成比例；它随着研发边际产品对公共研发人员数量的弹性的变化而变化。如果基础研发投资非常多，或者私人边际产品曲线很陡峭，或者政府比例大，b 的一个增长将引起私人研发人员数量的急剧增长。这就是说，研发的私人边际产品对来自政府补贴形式的投资反应越大，基础研发投资的增加带来的私人研发人员数量的增加就越大。如果私人研发的边际产品对这样的投资没有反应，那么从应用研究到基础研究的政府部门人员转换就对私人部门没有影响。

工资效应也是正的，更适合表示成这样的形式：

$$dw/db = ZL_G/(1 + ZbL_G/w) = \varphi(w/b)/(1 + \varphi)$$

它的弹性形式是：

$$(b/w) dw/db = \varphi/(1 + \varphi) > 0$$

同样，对政府支出的弹性也是这样。

因此，增加公共研发在基础研究上的比例对私人研发支出的总效应是正的：

$$(b/R)(dR/db) = \varphi(L_G/L_p)/(1 + \varphi) + \varphi/(1 + \varphi)$$
$$= \varphi(L/L_p)/(1 + \varphi)$$

我们可以用表1的形式总结我们的结论。

表1　　　　　　　　　　　　　　短期私人研发的反应

政策工具 变量	效应（弹性）		
	私人研发人员（L_p）	研发人员工资（w）	私人研发支出（R）
政府研发总预算	负 $-(L_G/L_p)/[1+\varphi]$	正 $\varphi/(1+\varphi)$	当 $\varphi > L_G/L_p$ 为正 $[\varphi-(L_G/L_p)]/(1+\varphi)$
基础研发比例	正 $[(L_G/L_p)\varphi]/[1+\varphi]$	正 $\varphi/(1+\varphi)$	正 $[\varphi(L/L_p)]/(1+\varphi)$

前面的模型是在劳动力供给无弹性的强假设下得出的。至少在短期和中期，通过科学和工程领域进行的经验研究可以发现，事实上劳动力供给总量不会经历显著的调整。但要想得到长期宏观水平下公共研发投资和私人研发投资的关系，必须进一步放宽劳动力供给无弹性的假设。

（三）允许弹性的劳动力供给

就像我们之前说明的那样，无论是政府研发支出还是私人研发支出的持续增加都会导致科学家和工程师的较高工资，最终会使得这些类型的劳动力供给增加。研发劳动力供给增加有两种途径：科学和技术人员的外来移民增加；有资格和能力成为研发人员的国内大学毕业生的增加。因此，在中期和长期，我们可以看到劳动力供给对研发需求增加产生的反应，将减轻一些表1中描述的正的工资和支出效应。为了分析这些效应的程度和作用渠道，我们通过增加一个简单的劳动力供给均衡来扩展我们的模型：

$L = L_p + L_G$　是劳动力供给恒等式；

$G = wL_G$　是政府研发预算；

$w = K[bL_G]f[(1-b)L_G + L_p]$　是私人研发劳动力的总边际产品；

$F_L g(w) = L$　是劳动力供给均衡。

在解这个模型之前，为了将来分析问题的方便，先用表2概括我们的需要扩展的几个概念。关键的新变量是 η，表示劳动力供给弹性，假设它是正的；在前面分析的两个部分，这个变量等于0。

表2　　　　　　　　　　　　　　　符号和定义

符号	描述		定义
ε	SR 私人劳动力需求弹性	<0	$F_L L_p/w$
φ	保持 L 不变，对 L_G 的边际产品弹性	>0	$b(K'f - Kf')L_G/w = bZL_G/w$
η	劳动力供给弹性（长期）	>0	$g'(w)w/L$
ψ	保持 L_G 不变，对 L 的边际产品劳动力需求弹性	<0	$Kf'L/w$
Γ	表格3中的分母（对私人劳动力的总直接效应）	>0	$1 - \eta\psi + \varphi$

表3是解这个模型的结果。首先注意所有的弹性的分母都较大,因此,如果分子相等,他们弹性的绝对值都较小。新增的项是长期劳动力供给弹性的产品(正)和保持政府研究人员供给不变时的直接边际产品弹性(负);因为更多的研发人员进入市场,他们通过一个与这些人员的边际产品同比例的系数降低了工资和私人研发人员需求的反应。

表3　　　　　　　　　　长期私人研发的反应

政策 工具 \ 变量	效应(弹性)		
	私人研发人员(L_p)	研发人员工资(w)	私人研发支出(R)
政府研发总预算	如果 $\eta\varphi L > (1-\eta\psi)L_G$,正 $[-(L_G/L_p)(1-\eta\psi)+\eta\varphi(L/L_p)]/\Gamma$	正 φ/Γ	如果 $\varphi(\eta L+L_p)>(1-\eta\psi)L_G$,正 $[-(L_G/L_p)(1-\eta\psi)+\varphi(1+\eta L/L_p)]/\Gamma$
基础研发比例	正 $[(L_G/L_p)+\eta(L/L_p)]/\Gamma$	正 φ/Γ	正 $[\varphi(1+\eta)(L/L_p)]/\Gamma$

表3中最重要的结论是私人研发人员对公共支出的负的弹性依赖于一个弹性的变化和政府部门的规模:

$(G/L_p)\mathrm{d}L_p/\mathrm{d}G \Leftrightarrow \eta\varphi/(1-\eta\psi) > L_G/L$

所以,当政府研发部门很小、劳动力供给弹性很大、政府研发人员对私人生产率影响很大、或者边际产品曲线平坦时,实际私人研发支出很可能因为名义政府支出的增加而增加。这种情况下,这种反应会通过正的工资效应放大,名义私人研发支出也会增加。

相反,当政府研发部门相对较大、劳动力供给弹性很小、政府研发不能提高私人生产率或者边际产品曲线很陡峭时,名义政府支出的增加将会相应使实际研发支出减少。在劳动力供给无弹性的情况下,名义私人研发支出对政府支出增加的反应既有可能增加也有可能减少。这种情况下名义研发的增加的条件是:

$(G/R)\mathrm{d}R/\mathrm{d}G \Leftrightarrow [\eta\varphi/(1-\eta\psi)][1+L_p/\eta L] > L_G/L$

表3中第二个重要的结论是,私人研发支出对基础研发份额的弹性,无论是名义还是实际,都比表1中的弹性要大。它发生的条件(对名义研发)是:

$(1-\eta\psi+\varphi)/(1+\eta) > -\psi$

只要边际产品曲线还算平坦,这个条件就能保持。

(四)模型结果的概述与存在的问题

1. 模型结果的概述。上述模型分析了公共研发政策的两种可能变化:总支出的增加和基础研究比例的增加,对实际和名义私人研发支出的短期和长期影响效应。一般而言,长期影响比短期影响要更温和。主要是因为长期允许科学家和工程师的供给根据对他们需求的增加进行调整；然而在短期，增加的政府需求面对无弹性的科学家和工程师劳动力供给必然会抬高那些部门的工资。

对于第一个政策试验（总研发预算的增加），如果政府研发部门相对较大，科学家和工程师的劳动力供给有弹性，或者研发产品曲线相对比较平坦（这就是说，研发生产率效应不会因为研发预算的增加迅速减少），我们会发现在短期时间内私人研发支出减少，但是长期将会增加。名义私人研发支出在短期或者长期都会增加，除非研发中的公共份额非常大。

对于第二个政策试验（公共研发中基础研究的份额增加），我们发现了相当简单的结论：实际和名义私人研发支出在短期和长期都将增加，而且在长期的效应更大。这个结论是由于保持总的公共预算不变，基础研发份额的增加会提高私人部门的研发生产率，而没有伴随研发人员需要的负效应。

2. 模型存在的问题。首先，这里的模型虽然包括了关键的公共研发投资对私人研发的影响，但它是高度抽象的，如果要分析更复杂，结果可能就会不同，主要的问题是研发的异质性。无论是公共研发还是私人研发，确定一条单一的向下倾斜的边际产品曲线是非常困难的。比如我们仅仅区别两种公共研发支出——基础研发和应用研发，其中一个提高了私人研发生产率而另一个降低了私人研发生产率。但实际情况是非常复杂的，基础科学与高等教育的预算中从国防研发到能源、环境等各种不同的应用研发项目有很多。其次，我们也假设了研发支出仅是由科研人员的工资构成。然而实际上，虽然工资占了研发预算很大的比例，但是研发预算中也还包括设备、仪器和实验材料的费用。不过这不会给我们的结论造成很大的影响，因为研发的"生产函数"近似包含固定数量的人均研发人员的那些支出。最后，我们还假设了不变弹性的生产函数和劳动力函数，我们的结论大方向不会在不同的生产函数下改变（只要弹性的符号不变）。但是如果不能保持不变弹性，某些结论和数量级也许可能需要修正。

四、政策建议

在上述研究的基础上，本文得出对我国研发活动具有重要意义的两项政策建议：

第一，在我国，政府研发部门相对较大，科学家和工程师的劳动力供给有弹性（人口基数大，市场调节增长迅速），研发产品曲线相对比较平坦，即研发生产率效应不会因为研发预算的增加而迅速减少（市场大，需求远远大于供给）。在这种情况下，政府总研发预算的增加，尽管在短期时间内会引起私人研发支出的减少，但是长期时间内将会增加私人部门的研发支出，而名义私人研发支出无论从短期还是从长期看都会增加。因而，加大政府的研发投入力度在总体上是有效率的。

第二,公共研发中基础研究的份额增加,会使得实际和名义私人研发支出在短期和长期都增加,而且其长期效应更大。因而,国家应该把有限的研发资金投入到基础研究项目上,这样一来,无论是在短期还是在长期,都会刺激私人研发投资,增加我国研发支出的总量。

参 考 文 献

1. 经济合作与发展组织:《以知识为基础的经济》,机械工业出版社1997年版,第29~51页。
2. 刘刚:《后福特制研究——生产组织方式创新与企业竞争优势》,人民出版社2004年版。
3. 野中郁次郎:《知识创新——价值的源泉》,经济管理出版社2003年版。
4. Adams, James D., 1998, "Endogenous R&D spillovers, 'invisible' R&D, and industrial productivity", presentation at the American Economics Association meetings, Chicago, Jan.
5. Bergstrom, T., Blume, L., Varian, H., 1986, "On the private provision of public goods", *Journal of Public Economics*, Vol. 29, pp. 25 – 49.
6. Busom, Isabel, 1999, "An Empirical Evaluation of the Effects of R&D Subsidies", Working Paper.
7. Buxton, A. J., 1975, "The process of technical change in UK manufacturing", *APPlied Economics*, Vol. 7, pp. 53 – 71.
8. Cockburn, Iain, and Rebecca Henderson, 1998, "Absorptive capacity, co-authoring behavior, and the organization of research in drug discovery", *The Journal of Industrial Economics*, Vol. 46, pp. 157 – 182.
9. Cohen, W., Levinthal, D., 1989, "Innovation and learning: the two faces of R&D", *Economic Journal*, Vol. 99, pp. 569 – 596.
10. Cowan, R., David, P. A., Foray, D., 2000, "The explicit economics of knowledge codification and tacitness", *Industrial and Corpo-rate Change* 9 (2), pp. 211 – 253.
11. Diamond, Arthur M., 1998, "Does federal funding crowd out private funding of science?", presentation at the American Economics Association meetings, Chicago, Jan.
12. Feldman, Maryann P., and Frank R. Lichtenberg, 1998, "The impact and organization of publicly-funded research and development in the European community", *Annales d'Economie et de Statistique* 49/50 (January/June), pp. 199 – 222.
13. Goldberg, Lawrence, 1979, "The Influence Of Federal R&D Funding On The Demand For And Returns To Industrial R&D", Working Paper CRC-388 (The Public Research Institute).
14. Globerman, Steven, 1973, "Market structure and R&D in Canadian manufacturing industries", *Quarterly Review of Economics and Business*, Vol. 13, pp. 59 – 68.
15. Hamberg, Daniel, 1966, R&D: Essays on the economics of research and development, New York: Random House.
16. Hertzfeld, Henry R., 1985, "Measuring the economic impact of federal research and development investment in civilian space activities", Paper prepared for the Workshop on the

Federal Role in Research and Development, National Academies of Science and Engineering, Washington DC.

17. Higgins, Richard S., and Albert N. Link, 1981, "Federal suPPort of technological growth in industry: some evidence of crowding out", *IEEE Transactions on Engineering Management*, vol. EM-28, Nov., pp. 86–88.

18. Howe, J. D., and D. G. McFetridge, 1976, "The determinants of R&D expenditures", *Canadian Journal of Economics* 9, pp. 57–71.

19. Irwin, Douglas A., and Peter J. Klenow, 1996, "High-tech R&D subsidies: estimating the effects of Sematech", *Journal of International Economics* 40, pp. 323–344.

20. Klette, Tor Jakob, and Jarle Moen, 1998, "R&D Investment responses to R&D subsidies: a theoretical analysis and econometric evidence", presentation to the NBER Summer Institute, July.

21. Levin, Richard C., and Peter Reiss, 1984, "Tests of a Schumpeterian model of R&D and market structure", in Zvi Griliches, ed., R&D, Patents, and Productivity, University of Chicago Press.

22. Levy, David M., 1990, "Estimating the impact of government R&D", *Economic Letters*, Vol. 32, pp. 169–173.

23. Levy, David M., and Nestor E. Terleckyj, 1983, "Effects of government R&D on private R&D investment and productivity: a macroeconomic analysis", *Bell Journal of Economics*, Vol. 14, pp. 551–561.

24. Leyden, Dennis P., and Albert N. Link, and Barry Bozeman, 1989, "The effects of governmental financing on firms' R&D activities", *a theoretical and empirical investigation*, Technovation, Vol. 9, pp. 561–575.

25. Leyden, Dennis P., and Albert N. Link, 1991, "Why are government and private R&D complements?", *APPlied Economics*, Vol. 23, pp. 1673–1681.

26. Leyden, Dennis P., and Albert N. Link, 1992, Government's Role in Innovation, Kluwer Academic Publishing, Netherlands.

27. Lichtenberg, Frank R., 1984, "The relationship between federal contract R&D and company R&D", *American Economic Review Papers and Proceedings*, Vol. 74, pp. 73–78.

28. Lichtenberg, Frank R., 1987, "The effect of government funding on private industrial research and development: a re-assessment", *The Journal of Industrial Economics*, Vol. 36, pp. 97–104.

29. Lichtenberg, Frank R., 1988, "The private R&D investment response to federal design and technical competitions", *American Economic Review*, Vol. 78, pp. 550–559.

30. Lichtenberg, Frank R., and Donald Siegel, 1991, "The impact of R&D investment on productivity-new evidence using linked R&D-LRD data", *Economic Inquiry*, Vol. 29, pp. 203–228.

31. Link Albert N., 1982, "An analysis of the composition of R&D spending", *Southern Journal of Economics*, Vol. 49, pp. 342–349.

32. Mansfield, E., Switzer, L., 1984, "Effects of federal support on company-financed R&D: the case of energy", *Management Science*, Vol. 30, pp. 562–571.

33. Mowery, David C., 1985, "Federal Funding of R&D in Transportation, The Case of Aviation", Paper prepared for the Workshop on the Federal Role in Research and Development, National Academies of Science and Engineering, Washington DC.
34. Narin, Francis, Kimberly S. Hamilton, and Dominic Olivastro, 1997, "The increasing linkage between U. S. technology and public science", *Research Policy*, Vol. 26, pp. 317 – 330.
35. National Research Council, Computer Sciences and Telecommunications Board, 1999, Funding a Revolution: Government SuPPort for Computing Research, National Academy Press, Washington. DC.
36. Paul A. David and Bronwyn H. Hall, 2000, "Heart of darkness modeling public-private funding interactions inside the R&D black box", *research policy*, Vol. 29, pp. 1165 – 1183.
37. Paul A. David, Bronwyn H and Hall, Andrew A. Toole, 2000, "Is Public R&D a Complement or Substitute for Private R&D A Review of the Econometric Evidence", *research policy*, Vol. 29, pp. 497 – 529.
38. Robson, Martin, 1993, "Federal funding and the level of private expenditure on basic research", *Southern Economic Journal*, Vol. 60, pp. 63 – 71.
39. Scott, John T., 1984, "Firm versus industry variability in R&D intensity", in Zvi Griliches ed., R&D, Patents, and Productivity, University of Chicago Press.
40. Terleckyj, Nestor E., 1985, "Measuring economic effects of federal research and development expenditures, recent history with special emphasis on federal R&D performed in industry", Paper prepared for the Workshop on the Federal Role in Research and Development, National Academies of Science and Engineering, Washington DC.
41. Toivanen, Otto, and Petri Niininen, 1998, "Investment, R&D, subsidies, and credit constraints", Working Paper, Department of Economics MIT and Helsinki School of Economics.
42. Toole, Andrew A., 1999a, "The contribution of public science to industrial innovation: an application to the pharmaceutical industry", Stanford Institute for Economic Policy Research Working Paper, Stanford University.
43. Toole, Andrew A., 1999b, "Public Research, Public Regulation, and Expected Profitability: The Determinants of Pharmaceutical Research and Development Investment", Stanford Institute for Economic Policy Research Working Paper, Stanford University.
44. Trajtenberg, Manuel., 1989, "The welfare analysis of product innovations, with an application to computed tomography scanners", *Journal of Political Economy*, Vol. 97, pp. 444 – 479.
45. Von Tunzelmann N., and B. Martin., 1998, "Public vs. private funding of R&D and rates of growth: 1963 – 1995", Working Paper, Science Policy Research Unit, University of Sussex.
46. Wallsten, Scott J., 1999, "Do government-industry R&D programs increase private R&D?: The Case of the Small Business Innovation Research Program", Department of Economics Working Paper, Stanford University.

The analysis of influence on private R&D performance by public R&D investment

Zhang Bo

Abstract: R&D activity, whose investment subjects include government and enterprises, is the main source of the technique progress and economic growth, Public R&D and private R&D structure the R&D activity accordingly. The correlation between public R&D and private R&D is the key factor which can affect the whole R&D efficiency. As a result, the theoretical analysis of influence on private R&D performance by public R&D investment is the basis of establishing nation's R&D policy. This article includes the analysis of static, dynamic crowding out and spillover effects, and explores the effect between public R&D and private R&D. And further we will make policy proposal to our national R&D investment activities.

Key words: Public R&D　Private R&D　Crowing out Effect　Spillover Effect

JEL Classification: O30　O31　O38　H40　H41

产业集群演进中龙头企业的带动作用研究综述

贾生华　杨菊萍[**]

摘　要：产业集群中不同企业的地位、角色和作用是有差异的。龙头企业作为其他企业发展的动力和榜样，通过具有外部性的投资以及与其他企业之间的协作促进了集群内部资源的共享，通过与集群其他企业的交流合作实现知识在不同企业间的转移和扩散，通过不断创新形成"新鲜产业空气"从而带动其他企业的创新，通过品牌扩展并主导树立地区声誉为集群中其他企业提供了营销的依据。因此，支持龙头企业发展并鼓励其在集群中发挥领导角色，是提升产业集群整体竞争优势、促进产业集群不断演进的重要手段。

关键词：龙头企业　外部性　知识扩散　创新　地区声誉

随着研究的不断深入，地区政策制定者和学者广泛接受产业集群这个概念，并积极地利用各种政策和战略来促进不同地区集群的发展。对集群演进历史的考察发现，集群结构的形成与发展具有很强的路径依赖性，集群内的某些力量会对集群的持续演进产生不可低估的作用。不仅仅是协会等公共机构对集群有着特殊的作用，集群中的龙头企业（Leading Firms）占据着集群中的特殊位置，也在集群演进和升级中扮演着重要角色，对集群产生的影响并不比公共机构弱。不少学者从在集群中的地位和作用角度对龙头企业进行了定义（Hippel, 1989; Nijdam and Langen, 2003）。目前学者们达成共识的是，龙头企业位于供应商和客户大网络的中心（Lazerson and Lorenzoni, 1999; Morrison, 2004），在市场上占有牢固位置并起着龙头使用者（领导者）作用（Sleuwaegen and Veugelers, 2001; Chiarvesio, Maria and Micelli, 2003）。本文也以此作为龙头企业的界定标准。

龙头企业一般是作为创新发动机、成功典范以及变革代理者等角色而存在的，它的发展和壮大一方面促进了集群整体绩效的提升；另一方面迫使集群中其他企业受制于它。比如，龙头企业利用与其外包企业之间的不对等关系恶意压低价格或缩短外包期限，对其外包企业的发展形成严重的阻碍和压

---

[*] 本文为国家自然科学基金项目"区域产业演进中企业集群化成长模式与机制实证研究"（70472054）的阶段性成果。

[**] 贾生华、杨菊萍，浙江大学管理学院；通信地址：浙江大学玉泉校区1512信箱（310027），杨菊萍；电子邮箱：mayolg@163.com；联系电话：0571－87952572、13758259082。

制；在与政府或其他第三方机构的交往中，龙头企业也可能以其更大的话语权损害集群中其他企业的利益换取自身利益的最大化。但总的说来，龙头企业由于自身地位在集群新市场获取、技术改进等活动中承担着更多的责任和风险，创造并维持着集群整体的竞争优势，所起的带动作用进而促进了集群的演进和升级。本文从龙头企业在集群中的投资、知识创造和获取、创新以及品牌树立等行为入手，对这些行为所起的带动作用进行了综述，以期为进一步研究龙头企业在集群演进中如何发挥带动作用提供一些启示。

一、龙头企业投资的外部效应

早在1890年马歇尔对英国产业区进行分析时，就强调特殊区域内拥有相似特征的诸多小企业集聚能够产生好处，并将这种好处定义为外部经济性（External Economies，简称外部性）。他认为随着产业的集聚与发展，企业可以从产业内其他企业经营状况改善中获益，并认为这种外部性有三种形式：（1）市场规模扩大带来的外部性；（2）劳动力市场供给效率的提高；（3）信息交流与技术扩散。后来许多集群学者在马歇尔对外部经济经典分类的基础上提出了各自的见解。Scitovsky（1954）将外部经济分为金钱上的外部性和技术上的外部性，前者指共同的劳动力市场和供应商的有效性，而后者则指的是技术溢出。Oughton和Whittam（1997）在Scitovsky研究的基础上进一步增加了第三种集体外部经济，即分担工人培训、营销过程或公共出口渠道等活动的固定成本。此外，也有学者将外部经济划分为动态和静态两种形式，其中由于地理邻近而引起的知识和技术溢出、共享产生技术创新的信息流称作动态外部经济，而将当地的成本优势称为静态外部经济（Ramos and Sanromá，1998）。Bellandi（2002）则将外部经济分为技术或贸易标准、人力资本形成的生产力以及创造力三个层次。特定产业在一定区域内集聚时，外部性就特别显著，外部性的概念对理解小企业从产业集群中特别是集群龙头企业中获得效率优势是必不可少的。

Langen（2003）在其博士论文中对德班（Durban）、鹿特丹（Rotterdam）和密西西比下游（The Lower Mississippi）的海港集群进行了研究，认为集群中的龙头企业在改善创新网络合作上的投资、在培训、教育和知识交换等基础设施上的投资以及在改善集群中的组织基础设施上投资等都具有集群外部性。即龙头企业通过组织在培训和教育基础设施、创新基础设施以及联合行动（Joint Action）基础设施上的投资而为集群中其他企业带来积极的外部影响。Langen（2003）在其研究中还指出，龙头企业与非龙头企业相比，管理更为先进，这些顶级的管理为改善与集群产业相关的教育基础设施做出了贡献，并通过投资改善了集群中劳动力和知识的质量，促使这些海港集群产生更强的集聚力量。

从龙头企业的定义中可以看到，其核心就是积极的外部性，创造外部性可以看作龙头企业战略的一部分。龙头企业拥有如此强的市场地位，它们有足够的动机为集群中其他企业创造积极的外部影响，因为这些投资提高了它们在集群中的竞争地位，大部分好处最终都落入它们"自己的腰包"，这些投资产生的积极外部效应只不过是龙头企业投资的"副效应"。龙头企业在培训、教育和知识交换等基础设施上投资，进而改善了集群中的劳动力质量，劳动力在集群中不同企业间移动则间接提升了其他企业的技术水平；在创新网络合作上投资，增加了其他企业参与创新的机会和获取创新成果的可能性，从而改善了其他企业的技术革新速度；在公共基础设施如道路、研究机构上投资，间接地降低了集群中其他企业生产和交易的成本。龙头企业的投资决策并没有直接考虑其对集群中其他企业的外部影响，尤其是龙头企业"偶然性"的投资，但这些投资或降低了其他企业的交易成本或提升了其他企业的运作效率，都对集群中的其他企业有着积极的外部性。

二、龙头企业知识的扩散效应

知识转移对企业来说，是快速应对变革、创新和实现竞争成功所必需的（Cohen and Levinthal，1990）。王缉慈等（2001）以及 Nijdam 和 Langen（2003）指出，集群中快速的知识扩散和转移促使地方经济获得成功并增加了集群的竞争力。龙头企业由于其知识存量及知识创造优势，在集群企业间知识转移中往往处于输出方位置，也就是说龙头企业所拥有的知识在集群中存在着一个扩散效应。在一些非正式网络中可以找到相关的例子，如龙头企业的熟练工人和高级技师与其他企业的同事共享自身的知识；龙头企业由于其拥有的知识和在知识网络中的中心位置，与其他企业的大量（商业）联系会自动导致自身知识在企业间扩散。

Albino，Garavelli 和 Schiuma（1999）研究提出，龙头企业通过改变知识性质和建立不同供应关系来增加知识转移的有效性，通过提高知识的编码水平龙头企业的知识在集群企业间的扩散和转移更为可靠且速度更快。这样一来，龙头企业的知识将为集群中更多的企业分享。在产业集群中，龙头企业除了作为知识的来源地外，往往还作为介绍集群外部新技术以及发布本地新的有用知识产品的"看门人"，在技术和知识的扩散中扮演领导者角色（Lazerson and Lorenzoni，1999）。Lorenzoni 和 Lipparini（1999）对包装器械产业进行实证研究认为，关系能力加速了龙头企业的知识获取和转移，进而对企业（包括本企业和集群其他企业）成长和创新产生相应的影响。龙头企业和集群中其他企业是一个利益共同体，龙头企业本身也能直接享受到知识扩散所创造出来的效益，因而也愿意将各种知识传播给其他成员（许庆瑞、毛凯军，2003）。知识在不同企业之间的转移除了通过企业间联系直接进行外,还通过个人实现知识在龙头企业和其他企业之间的扩散,龙头企业的熟练工人向集群中其他企业的转移一定程度上促进了集群内部知识的交换和扩散(Pietrobelli and Rabellott, 2004)。知识溢出以及随之带来的劳动力质量的改善,一方面提高了知识本身的价值,增加了知识运用的价值,进而降低了企业面临新事物的风险;另一方面不断补充和刷新的知识优化了企业的投入,为企业获得更好的产出提供了保证,一定程度上降低了生产经营的不确定性。

对龙头企业在产业集群中知识转移和扩散上的作用,也有研究提出不同意见。Morrison(2004)指出,虽然龙头企业的技术人员和其他企业的同事之间建立了水平的联系,但是这种关系主要限制在交换一般知识和信息上。龙头企业虽然在识别外部信息来源和将这些知识以集群成员可理解的形式进行编码的能力上较集群其他企业更强,但是它们可能拒绝与集群内的竞争者、供应商或者客户分享这些知识。尤其是当集群中机会主义行为和不对称关系盛行时,龙头企业知识就只能限制在小范围的客户和供应商之间进行扩散。

三、龙头企业创新的带动效应

每一个成功的集群背后都有一群创新的企业。由于产业集群中聚集了许多相似的和关联度很高的企业,一旦有新产品或生产工艺技术在集群内出现,很快就会在得到传播、溢出和渗透,从而将一个企业的创新活动引发成一群企业的创新活动(汪少华、汪佳蕾,2002)。特别是在技术创新中扮演关键角色的龙头企业,在与集群内其他企业进行合作或者交易过程中,由于地理的临近、信任和外包安排的驱动,促使新技术在集群中快速扩散,同时也迫使其他企业不得不跟随着进行创新以维持当前关系和地位。因而可以说,因为龙头企业的创新激励和参与,降低了集群其他企业新技术失败的风险,增强了其他企业创新的动机,龙头企业创新在集群中产生了一定程度上的带动作用。

能够找到共担研发所需的大量资本和智力成本的合作者的企业,更易于与变化的技术同步。因此,产业集群中的其他企业为了分担经营及研发风险,势必寻求龙头企业的支持和协作。除了与龙头企业形成企业间直接的合作和联盟来获取支持外,这些企业还通过对龙头企业的模仿和改进型创新获得间接的支持与协作,因此,龙头企业的创新活动也通过各种途径成为集群其他企业模仿创新的对象。龙头企业作为集群的发展中心(Camuffo and Costa,1993),通过构建与小生产者和销售商之间的关系进行外包和转包,刺激他们提升效率和创新发展(Camuffo, Romano and Vinelli, 2001)。也正是由于龙头企业的存在,改善了集群企业的产品技术和创建新工作组织模式,龙头企业的不断创新在一定程度上也增强了集群其他企业对风险的抵御能力。

Malipiero，Munari 和 Sobrero（2005）也指出，龙头企业在当地创新网络中扮演着产生新知识和技术、衍生创新企业、增加其他企业的研发创新活动等积极角色。

Nijdam 和 Langen（2003）认为集群中的龙头企业往往扮演着龙头使用者（Leader User）的角色，"在做什么上很挑剔"（Lorenzoni and BadenFuller，1995），龙头企业不仅在企业内部要求严格，而且对它的供应商等合作者也是如此。龙头企业一旦使用了新的技术或标准，则通过比市场上其他企业更为苛刻的与其创新一致的需求要求，促进合作者创新能力的提升。Nijdam 和 Langen（2003）以荷兰海运集群为例进行了说明，该集群中的一些海上作业企业和捕捞企业在世界市场上拥有领袖地位，它们苛刻的需求激发了当地供应商不断创新。久而久之，集群中的一些海运供应商凭借先进的发展系统和精湛的技术，也在国际市场上占据了有利地位。他们对荷兰海运集群的调查也显示，95%的龙头企业有意识在集群中扮演"创新带动者"的角色，并积极使用这种方法鼓励合作者的创新。

四、龙头企业品牌的促进效应

一般而言，处于共同生产区位的企业可以通过外部规模经济树立地区声誉，如法国的香水、意大利的时装、瑞士的手表、西湖的龙井茶叶等。但这些地区声誉的建立并不是一蹴而就的，其中总有个别或多个出众品牌影响的不断强化和巩固过程。因此，依托当地龙头企业打造区位品牌形象、创造具有名牌效应的产品和服务，成为集群品牌策略的一个重要手段。龙头企业作为产业集群的信息中心、技术创新中心和区位品牌形象代表，其品牌在最初的地区声誉建立过程中起着主要和关键的作用。比较典型的例子有青岛家电产业集群中的海尔、慈溪小家电产业集群中的方太等，龙头企业的品牌影响力促进了集群整体声誉的建立和维护。随着集群规模的积聚，龙头企业品牌不断扩大，并依靠外部效应为集群内所有企业所分享，进而促进一个整体区域性品牌的形成。顺德陈村的花卉集群、龙江的家具集群等都经历这样一个由龙头企业品牌为基础、促进发展出集群整体品牌的演进路线，如今这些集群甚至注册了集体商标，促进了集群中其他企业知名度的提升。

在一些集群中，龙头企业由于自身能力的支撑，总是尽可能地参与到所在行业的知名项目中去，其对自身形象和品牌的宣扬对整个集群的声誉也做出了贡献。一个典型的例子就是负责打捞俄罗斯科尔斯克潜艇的两家荷兰海运龙头企业（Nijdam and Langen，2003），它们发明了一种新技术从而更快地实现了打捞，这两家龙头企业在该项目上的成功增强了整个荷兰海运集群在全球海运行业中的声誉。Nijdam 和 Langen 还提到，知名的龙头企业在公开广告中表明自己来自何处为所在的集群整体带来另一种声誉效应，并举荷兰海运集群的游艇建造产业为例进行说明：该产业中规模最大的一家龙头企业以荷兰企业自居，从而其他的游艇建造商纷纷以"荷兰制造"作为一个强有力的营销手段，从这个声誉中获益。同时，集群中的企业遵循优胜劣汰竞争规律，单个企业的生命周期是相对短暂的，品牌效应难以持续，而集群整体的区位品牌效应更易持久，是一种很珍贵的无形资产（魏守华，2002）。品牌效应或声誉的建立需要一定的能力作为支撑，龙头企业作为集群中心其能力存量或能力获取途径更多，因此更有优势先着手建立品牌。龙头企业品牌不断扩大并形成一定影响力，则对集群整体声誉的建立起到促进和强化效应。

五、结论与启示

龙头企业在企业核心能力和集群网络嵌入性这两个维度上与集群中的其他企业有着本质的区别。作为集群投资主体、创新发动机、成功典范和区域品牌代表者，龙头企业通过投资、创新、知识转移、品牌扩展等各种行为带动着集群中其他企业的发展，促进了集群整体的演进和升级。Langen（2003）以及 Nijdam 和 Langen（2003）等国外学者也基于对德班、鹿特丹和密西西比下游的海港集群及荷兰海运集群的案例分析，分别研究了龙头企业在集群中带动作用的发挥方式。我国国情与西方发达国家有较大区别，且我国的产业集群大都为传统劳动密集型制造集群，龙头企业作用的发挥方式也可能与国外集群学者的研究结论存在着差异。因此，在中国特色的产业背景下研究龙头企业在集群中的带动作用和对产业演进的贡献具有极大的现实意义。同时，已有的研究对龙头企业在集群中的作用进行了描述，但这种带动作用的产生及对产业升级的促进途径仍是该研究领域的一个"黑箱"，要指导产业实践就必须打开"黑箱"，深入探究龙头企业在产业集群演进中的带动作用机理，明确龙头企业在产业中的领导者角色和发动机角色。

参 考 文 献

1. 王缉慈等：《创新的空间——企业集群与区域发展》，北京大学出版社 2001 年版。
2. 汪少华、汪佳蕾：《浙江省企业集群成长的创新模式》，载《中国农村经济》2002 年第 8 期，第 58~62 页。
3. 魏守华：《集群竞争力的动力机制以及实证研究》，载《中国工业经济》2002 年第 10 期，第 27~34 页。
4. 许庆瑞、毛凯军：《论企业集群中的龙头企业网络和创新》，载《研究与发展管理》2003 年第 4 期，第 53~58 页。
5. Albino, V., Garavelli, A. & Schiuma, G., 1999, "Knowledge transfer and inter-firm relations in industrial districts: the role of the leader firm", *Technovation* 19, pp. 53 – 63.

6. Bellandi, M., 2002, "External economies and local public goods in clusters and industrial districts: Some views", Finland: Turku, EUNIP Conference, pp. 5 – 7.
7. Camuffo, A. & Costa, G., 1993, "Strategic human resource management-Italian Style", *MIT Sloan Management Review* 34 (2), pp. 59 – 67.
8. Camuffo, A., Romano, P. & Vinelli, A., 2001, "Back to the future: Benetton transforms its global network", *MIT Sloan Management Review* 43 (1), pp. 46 – 52.
9. Chiarvesio, M., Maria, E. D. & Micelli, S., 2003, "Innovation and internationalization of Italian districts: Exploitation of global competencies or transfer of local knowledge?", Paper presented at the Regional Studies Association International Conference.
10. Cohen, W., Levthal, D., 1990, "Absorptive capacity: a new perspective on learning and innovation", *Administrative Science Quarterly* 35, pp. 128 – 152.
11. Hippel, V., 1989, "New product ideas from" Lead users, *Research Technology Management* 32 (3), pp. 24 – 27.
12. Langen, P. W. De., 2003, "The performance of Seaport Clusters — a framework to analyze cluster performance and an application to the seaport cluster of Durban, Rotterdam and the Lower Mississippi", PhD thesis, Erasmus University Rotterdam.
13. Lazerson, M. H. & Lorenzoni, G., 1999, "The firms that feed industrial districts: a return to the Italian source", *Industrial and Corporate Change* 8 (2), pp. 235 – 264.
14. Lorenzoni, G. & BadenFuller, C., 1995, "Creating a strategic center to management a web of partners", *California Management Review* 37 (3), pp. 146 – 163.
15. Lorenzoni, G. & Lipparini, A., 1999, "The leveraging of interfirm relationships as a distinctive organizational capability: A longitudinal study", *Strategic management Journal* 20, pp. 317 – 338.
16. Malipiero, A., Munari, F. & Sobrero, M., 2005, "Focal firms as technological gatekeepers within industrial districts: knowledge creation and dissemination in the Italian Packaging Machinery Industry", Paper presented to the DRUID Winter Conference.
17. Morrison, A., 2004, "Do leading firms feed industrial districts? Evidence from an Italian furniture district", Paper presented at the DRUID PhD Conference.
18. Nijdam, M. H. & Langen, P. W. de., 2003, "Leader firms in the Dutch Maritime Cluster", Paper presented at the ERSA 2003 Congress, Erasmus University Rotterdam.
19. Oughton, C. & Whittam, G., 1997, "Competition and cooperation in the small firm sector", *Scottish Journal of Political Economy* 44 (1), pp. 1 – 30.
20. Pietrobelli, C. & Rabellott, R., 2004, "Upgrading in clusters and value chains in Latin America-The role of policies", Inter-American Development Bank, Sustainable Development Department Best Practices Series.
21. Romos, R. & Sanromá, E., 1998, "Regional structure of wages and external economics in Spain", 38th Congress of the European Regional Science Association 28 August-1 September, Vienna.
22. Scitovsky. T., 1954, "Two Concepts of External Economies", *Journal of Political Economy* 62 (2), pp. 143 – 151.
23. Sleuwaegen, L. & Veugelers, R., 2001, "The leading firms in the Europe from national

champions to European leaders", Paper prepared for the seminar "The competitiveness of Europe", organized by the Vlerick Leuven Gent Management School.

The Review of Leading Firms' Stimulative Effect in the Evolution of Industrial Cluster

Jia Shenghua Yang Juping

Abstract: There are diversities of positions, roles and functions among different firms within the industrial cluster. Leading firms share various resources by investment or cooperating with other firms in industrial cluster, and during the communication and collaboration they transfer knowledge to their partners, their continual innovation bring "fresh air" and encourage other firms to innovate, and they give strong marketing argument to the firms of the same cluster by expanding their own brand and creating regional reputation. Hence, it is an important way to add the competitiveness and accelerate the evolution of the cluster by supporting the development of the leading firms and encouraging them to act as a leader in the cluster.

Key words: Leading Firms   External Economies   Knowledge Diffusion   Innovation   Regional Reputation

JEL Classification: L10   L16

新股再次发行的机会窗口理论研究综述

刘国亮　杨晓丽[*]

摘　要：机会窗口理论突破了传统金融学有效资本市场以及理性投资者的假设，从信息不对称的角度出发，认为企业有能力发行定价过高的股票以获得超额收益。经营者选择增发窗口的结果表现为企业增发前的股价上升，增发公告日的价格负效应以及增发后的长期业绩不佳。本文较为全面地介绍了这一理论及其发展，并讨论了其未来可能的发展方向。

关键词：机会窗口理论　信息不对称　新股再次发行

国外学者在研究新股再次发行（Seasoned Equity Offerings，SEO）的过程中发现：发行前上市公司股票价格会有较大幅度上升，而新股发行公告则会带来股票价格的下降，并且 SEO 企业的长期业绩表现不佳。针对这些现象，机会窗口理论结合行为金融学的发展从信息不对称的角度给予了解释。机会窗口理论又可称为择时理论，它是指企业在其股票价格被高估时发行股票，在其价格被低估时回购股票的行为。根据对投资者理性程度假设的不同，机会窗口理论研究可以分为两个阶段：理性非对称信息模型阶段与非理性不对称信息模型阶段。笔者将 Loughran 和 Ritter（1995）提出的新股发行之谜作为这两个阶段的大致分界线。总体来说两个阶段的研究都认为投资者与企业经营者之间存在信息不对称，但在理性非对称模型中投资者被认为是完全理性的，他们能够根据企业的新股发行公告迅速判断出企业股价被高估进而恰当地修正自己的估计，从而使新股发行时的定价基础是能反映其真正价值的股票价格，因此企业并不能从新股发行中获得超额收益，他们惟一能做的就是选择一个双方信息不对称程度较低的时期发行以尽可能地降低公告日的股价下降幅度；而非理性不对称模型则认为投资者并不是完全理性的，虽然他们能够在发行公告日修正自己的估计，但修正之后的股价仍然不能反映股票的真正价值，这样，新股发行时的定价基础就是仍然被高估的股票价格，由此企业可以获得超额收益，这样企业选择机会窗口的目标就不再是降低逆向选择成本，而是最大程度地获取超额收益，选择的原则也相应变为企业股票价格被过高估计的时期。

---

[*]　刘国亮，杨晓丽：山东大学经济学院；地址：山东济南山大南路 27 号山东大学经济学院；邮编：250100；电话：0531 - 88361682；Email：glliu@sdu.edu.cn。

一、理性非对称信息模型下的机会窗口理论

Myers 和 Majluf（1984）在研究企业的融资行为时首次提出机会窗口的选择问题。他们认为企业经营者制定融资决策时有两个基本出发点：一是企业经营者拥有投资者所没有的关于企业当前以及未来经营状况的私人信息，即二者之间存在信息不对称；二是企业经营者制定决策时考虑的是在位股东的利益。在这样的前提下，Myers 和 Majluf 认为企业经营者只有在其股票价值被高估了的时候才会考虑利用股票融资，同样理性的投资者也会做出这样的判断。因此，企业一旦发行新股，就等于向投资者发出了一个其股票价值被高估的信号，投资者会据此修正其估计，所以，发行企业的股价在公告日会不可避免地下降。Myers 和 Majluf 据此提出企业应该尽量避免利用股权融资。但同时他们也指出，如果企业不得不发行新股的话，应该选择一个双方信息不对称程度较弱的时机。虽然没有明确提出机会窗口的概念，但 Myers 和 Majluf 的发行新股的时机选择原则却是早期机会窗口理论研究的基本选择原则。

Lucas 和 McDonald（1990）扩展了 Myers 和 Majluf（1984）的分析，利用一个非对称信息的无穷时间模型研究了企业的股票发行决策。他们认为市场上存在两类企业：市场价值被高估的企业和市场价值被低估的企业。新项目到来时，被高估的企业会选择立即发行股票，而被低估的企业则会选择等待，直到其错误定价被纠正，这样在新股发行之前企业股价应该有显著的上升；并且与 Myers 和 Majluf 的分析相同，理性投资者仍然会根据企业发行新股的公告修正其估计从而使企业股价在公告日下降；最后，Lucas 和 McDonald 认为，如果企业被高估与被低估的概率是随机分布的话，那么总会存在这样一种情况：市场上大多数的企业被低估了，因此他们都会选择等待，随着时间的推进，低估慢慢被纠正，整个股票的市场价格因此而上升，而处于等待状态的企业也会纷纷选择发行新股，这样，他们预测会出现一个股市整体价格上升时期新股发行的集聚现象。与 Myers 和 Majluf（1984）的理论相比，Lucas 和 McDonald 的分析的可操作性显然更强一些，他们明确指出机会窗口存在于整体股市的价格上升期。

Korajczyk，Lucas 和 McDonald（1992）认为当投资者与企业经营者之间的信息不对称程度随时间不断变化时，机会窗口存在于企业发布信息公告或盈余公告之后，由此他们预测存在信息公告或盈余公告后新股发行的集聚现象，并且他们认为公告日股价的下降幅度随新股发行公告与企业信息公告之间时间间隔的增加而增大。

理性非对称模型时期对机会窗口理论的实证研究大致分为两类：对新股发行公告日附近股票价格行为的研究和发行总量的集聚现象的研究。Asquith

和 Mullins（1986）研究了 1963~1981 年 NYSE（纽约证券交易所）和 AMEX（美国证券交易所）工业企业新股发行公告日附近的价格行为。他们发现一级发行，二级发行和混合发行三个子样本公告日（-1, 0）两日事件窗的累积超额收益分别为 -3.0%，-2.0% 和 -3.2%，并且这种价格负效应在统计上全部显著。同时，Asquith 和 Mullins 还计算了三个子样本从发行前 2 年到发行前 10 天的累积超额收益，分别为 40.4%、21.4% 和 41.8%，这充分说明在新股发行前，企业股价有显著的上升。最后他们考察了（-480, +480）事件窗内以价值为权重的市场平均累积收益，发现其一直处于上升过程，尽管 Asquith 和 Mullins 并没有因此得出企业根据整体股票市场表现选择发行窗口的结论，但笔者认为企业选择在股市整体价格上升时发行股票充分说明机会窗口存在于股市整体价格上升期。

Korajczyk，Lucas 和 McDonald（1990）选择 1974~1983 年由工业企业进行的 1480 次新股发行为研究样本，利用市场调节收益法考察了公告日（-1, 0）事件窗和公告前 500 天企业的累积异常收益以及公告前股票市场整体价格的走势。虽然选择的样本不同，计算超额收益的方法也有差异，但他们却得到了与 Asquith 和 Mullins（1986）几乎一致的结论：新股发行前企业股价上升；发行公告导致企业股价下降以及企业愿意选择在整体股市价格上涨时期发行新股，并且这一实证结果与理论预测吻合。

实证研究的另一对象是新股发行总量上的集聚现象，虽然所有的研究者都认为发行总量的集聚是由于机会窗口的存在，但不同研究者对机会窗口的判断标准不一样。Choe，Masulis 和 Nanda（1993）认为机会窗口存在于商业扩张期。他们根据 NBER 对商业周期峰点和谷点的界定，将 1971~1991 年划分为 4 个商业扩张期和 4 个收缩期。通过统计每个周期内 NYSE/AMEX 和 NASDAQ 企业发行普通股、可转换债券以及直接债券的数量，他们发现在扩张期企业发行普通股和可转换债券的数量明显大于收缩期。考虑到绝对数量可能受到周期持续时间的影响，他们将普通股的发行频率对商业周期及其他可能变量按月份进行了多元回归，发现几乎所有的商业周期变量都对普通股的发行有显著的正影响。最后他们还利用公告日（0, 1）事件窗的累积超额收益对商业周期变量及其他可能变量进行回归发现，商业扩张期的公告日价格负效应明显小于商业收缩期。Choe，Masulis 和 Nanda 对这样的结果给出的解释是，机会窗口存在于商业扩张期，投资者与企业经营者之间的信息不对称程度是随着时间不断变化的，在商业扩张期，企业会有更多的 NPV>0 的投资机会，企业发行新股的逆向选择成本比较低，因此在商业扩张期会有更多的企业选择利用股票或者可转换债券为新项目融资。

Bayless 和 Chaplinsky（1996）将企业发行新股的决策同因此而产生的信息成本（逆向选择成本）联系起来，认为如果信息成本是企业制定发行决策时考虑的重要因素的话，低信息成本时期应该伴随着较高的新股发行量。根据这样的逻辑，他们利用总体股票发行数量从 1968～1990 年中挑选出了 3 个热销市场和 7 个冷销市场，其余为正常市场。他们将新股发行公告日（-1, 0）事件窗内的累积异常收益率（CAPE（-1, 0））作为信息成本的替代变量，结果发现热销市场的 CAPE（-1, 0）为 -2.0% 而冷销市场为 -3.3%。进一步地，Bayless 和 Chaplinsky 将 CAPE（-1, 0）对虚拟变量 HOT，COLD 以及其他可能产生影响的变量进行多元回归发现，HOT 变量系数显著为正而 COLD 变量系数显著为负，这说明冷热市场对新股发行信息成本的影响是不依赖于其他变量的。据此，Bayless 和 Chaplinsky 提出机会窗口理论，认为投资者与企业经营者之间的信息不对称程度是随时间不断变化的，因此存在一个对所有企业来说信息不对称程度都比较低的时期。这个结论表面与 Choe，Masulis 和 Nanda（1993）的相同，但 Bayless 和 Chaplinsky 特别指出他们的冷热市场与 Choe 等的商业扩张期与收缩期只有很少一部分是重合的，因此他们认为存在除宏观条件以外其他的能够使信息成本降低的原因，但他们并未指出具体是什么原因。另外，Korajczyk，Lucas 和 McDonald（1991）发现新股发行在企业盈余公告以及年报公告后的集聚现象。

从以上综述我们可以看出，理性非对称模型下的机会窗口理论研究是建立在投资者与经营者之间虽然存在信息不对称但投资者是完全理性的基础之上的。这个时期的研究者大都认为股价的高估在企业发布新股发行公告时会被全部纠正，因此，企业进行机会窗口选择的原则就是寻找一个投资者与经营者之间信息不对称程度相对较弱的时期，以尽可能地降低公告日价格负效应。这个时期的理论研究与实证研究得出三个基本的结论：（1）新股发行前企业股价会有显著地上升；（2）新股发行公告会引起股价下降；（3）存在新股发行总量上的集聚现象。这几个结论虽然是在假设投资者理性的基础上得出的，但这些现象在新股发行的过程中确实是存在的，只是理性非对称模型下对投资者完全理性的假设使研究者片面地理解了择时。

二、非理性不对称信息模型下的机会窗口理论

在理性非对称模型下，尽管不同的研究者给予机会窗口不同的选择标准，但总的说来机会窗口就是一个投资者与企业经营者之间信息不对称程度较低的时期。而在非理性不对称信息模型下机会窗口被定义为企业股票价格被过高估计的时期。这一阶段的研究始于 Loughran 和 Ritter（1995）提出的"新股发行之谜"。Loughran 和 Ritter 研究了 1970～1990 年发行新股的企业发行后 5 年的股票收益率，发现发行前企业的平均买入—持有收益率为 72% 而发行后只有 33%，与此同时，配对企业的买入—持有收益率为 93%，并且这种长期收益率的下降并不是一种均值的回归。进一步地，他们利用收益率对企业规模、账值市值比和发行与否进行截面回归，发现企业新股发行后

股票的弱势表现只有很少一部分（低于 25%）可以用企业规模以及账面市值比来解释。Spiess 和 Affleck-Graves（1995）也发现，即使在控制了交易系统、发行规模、发行企业的历史以及账面市值比后增发企业的长期业绩仍然低于行业——规模配比企业。Loughran 和 Ritter 认为这充分说明了发行企业的长期收益率低是由发行事件本身引起的，据此他们提出新股发行的机会窗口假说，认为企业有能力发行定价过高的股票。虽然发行公告向投资者传递了企业被高估的信号，股价会因此而下降，但股票市场并非完全有效，投资者并不能迅速消化信号中的全部内容并恰当地修正他们的估计，这样在新股发行时，企业的股价其实仍然是被高估了的，由此企业就可以通过发行新股获得高于股票真实价值的收益。新股发行后，投资者会根据企业经营过程中发出的信号不断地修正自己的估计，其结果就是企业股票在新股发行后长期收益率偏低。并且 Loughran 和 Ritter 认为股票被错误定价的程度也是随时间不断变化的，这就为新股发行总量上的集聚现象从他们的假说中找到了理论根据。Cheng（1994）发现虽然总体上再次发行企业的长期收益率会下降，但没有使用发行收益进行投资的企业的长期收益率显著低于进行投资的企业，他由此指出这些企业再次融资可能仅仅是为了利用市场上出现的机会窗口。Kang，Kim 和 Stulz（1999）认为公众只能部分理解企业事件所包含的全部信息，这就为企业创造了灵活选择发行时间从而获得超额利润的机会，因为只有部分错误定价会在公告日被纠正。Bayless，Priceh 和 Smoller（2005）发现即使考虑到企业新股发行后因经营风险改变而变化的正常收益率，企业的负的异常收益率也将维持 3.5 年，由此他们认为股票市场是弱有效的，虽然股票发行使投资者警惕，但投资者会以为发行后企业股票已经被公平定价，只有在收到其他信号如资本费用降低、自由现金流增加等时，才会再次做出修正，但并非立即有效，因而新股发行后股票长期表现不佳。

Jindra（2000）利用从 SDC 数据库中得到的 1980～1995 年新股发行企业样本，通过考察样本企业股票的错误定价程度直接检验了机会窗口理论。Jindra 一文的关键是确定了一个衡量企业股票错误定价程度的替代变量 $\frac{P(t)-V(t)}{P(t)}$，其中 $P(t)$ 是时点 t 股票的价格，也就是投资者根据其掌握的信息对股票价值的评价，$V(t)$ 则是时点 t 能够反映股票真实价值的价格。Jindra 发现与未发行企业相比，发行企业发行前股价被高估了 15%～20%；并且在以所有企业为样本对新股发行决策进行的 Logit 回归分析中，错误定价程度是影响发行与否的重要变量，Jindra 认为这充分说明企业会选择在其股价被高估的时候发行新股。Jung，Kim 和 Stulz（1996）指出企业发行股票前的累积超额收益显著为正并且对企业融资决策有显著的正影响。Hovakimian，Opler 和 Titman（2001）也指出企业倾向于在其股票价格相对较高时利用股权融资。

机会窗口理论认为企业会选择在其股价被高估的时候发行新股，那么企业股票的错误定价是如何产生的呢？Loughran 和 Ritter（1997）认为，一方面是由于确实存在不在企业经营者控制范围之内的机会窗口，但同时他们也认为存在经营者在新股发行前对其收益进行操纵从而使投资者对其经营状况过分乐观进而高估其股票价值的可能，即存在经营者进行盈余操纵的可能。盈余操纵在会计上又称作盈余管理，它是指企业将未来会计期间的收益转移到当前会计期间完成。盈余管理并不违反会计规则，GAAP 规定企业可以确认那些虽然不能改变当前现金流但却能带来未来收入的交易为当前经营事件，从而使盈利报告能够更准确地反映企业当前的经营状况。盈余管理合法性的同时也为企业经营者进行盈余操纵提供了机会。盈余操纵假说认为经营者通过对会计收入的主动操纵，可以使投资者对发行企业的经营前景过于乐观，从而高估企业的股票价值，同时也指出操纵程度大的企业在新股发行之后必然伴随着较大的收益率下降。Teoh，Welth 和 Wong（1998）考察了盈余操纵程度与企业新股发行后的经营业绩及股票收益率之间的关系，发现盈余操纵程度大的企业发行新股后的净收入和股票收益率都有大幅度的下降。他们通过将净收入分解为经营性现金收入和应计项目，发现虽然净收入在发行前后经历了一个预期中的先升后降并在发行当年达到顶峰的过程，但经营性现金收入在企业发行新股之前却是持续下降的，这说明之前的上升完全是由应计项目的上升引起的。进一步地，通过将应计项目分解为可任意处置的当前应计项目、可任意处置的长期应计项目、不能任意处置的当前应计项目和不能任意处置的长期应计项目，Teoh，Welth 和 Wong 发现新股发行前企业应计项目的提高大部分是由可任意处置的当前应计项目的提高引起的，可任意处置的当前应计项目的提高程度越大的企业发行后净收入和股票收益率表现越差，并且这个结果不受企业规模、账值市值比以及企业发行新股后的投资规模影响。Sloan（1996），Rangan（1998），Ching，Firth 和 Rui（2006）的研究也都得到了大致相似的结论。这些研究充分验证了企业的盈余操纵假说，同时也表明股票市场并非完全有效，投资者并不能识破企业传递的信息中所包含的全部内容。

从 Myers 和 Majluf 开始，所有对机会窗口理论的研究都假设经营者拥有投资者不知道的私人信息，然而这个前提是否正确或者说企业经营者知道他们卖出的是定价过高的股票吗？研究者们从新股发行前的内部人交易角度对此进行了考察。Clarke，Dunbar 和 Kahle（2004）选择 SDC 新股发行数据库中 1980～1996 年进行二级股票发行的企业为样本，考察了内部人交易与企业长期经营业绩之间的关系。他们将所有进行二级股票发行的企业按照售出最大数目股票的个人或组织的性质分为内部人交易和外部人交易两个子样本，通过对比发现，外部人交易样本发行后 3 年和 5 年的异常收益虽不显著但为正值，而内部人交易子样本 3 年和 5 年的异常收益均显著为负，分别为

−15.66%和−33.33%，并且这一结果不因衡量异常收益方法的改变而改变，这表明企业内部人确实拥有投资者所不拥有的私人信息。D'Mello和Shroff（2000）通过对企业股票被低估时的内部人回购研究也证明了企业经营者确实拥有信息优势。根据企业选择其股票被高估的时机发行新股的理论，Clarke，Dunbar和Kahle（2001）认为企业股价被高估时，会提出发行新股的申请（Filing）。在申请之前，由于机会窗口的存在，所有后来进行申请的企业此时的内部人售出交易都会异常活跃；企业做出申请后，由于投资者对其预期的修正，部分企业在发行日前股价已回归到正常水平，这类企业倾向于取消其发行计划，其内部人交易也会因此回归正常，而在申请日后仍然被高估的企业则会选择发行，由此它们的内部人售出交易也会继续保持旺盛直至发行结束。Clarke，Dunbar和Kahle利用SDC新股发行数据库中1984~1996年取消发行与成功发行的企业的内部人交易数据，基本验证了他们的预测。

Myers和Majluf逻辑推理的另一个出发点是企业经营者制定决策时考虑的是在位股东的利益，Burth，William和Nanda（2004）从这个角度验证了股票发行的机会窗口理论。Burth，William和Nanda认为与目标购买者是当前股东的配股相比，增发的择时性应该更强，因此如果存在机会窗口，即企业的股价被高估时，企业更愿意选择增发而不是配股，由此他们认为如果发行时机是影响发行后收益的重要因素的话，增发企业应该会有一个更差的收益。通过比较1933~1949年增发和配股企业发行前后的收益率，他们发现，发行前两类企业都有显著的正的股价上升并且机会没有差别，调整后的异常收益率分别为24.87%和24.39%；发行后二者的异常收益都为负值，分别为−9.89%和−0.64%，很显然增发的负效应更大，这证实了作者的预测——与配股相比，增发的择时性更强。

新股发行的机会窗口理论在非理性不对称信息模型阶段得到的最重要的结论就是企业有能力发行定价过高的股票。围绕这个结论，研究者们分别从发行企业发行后的长期业绩，股票收益率，发行前的盈余操纵，内部交易等方面给出了经验支持。很显然，后期的机会窗口理论研究并没有否定前期的研究成果，只是研究者们将重心转移到了企业经营者如何选择合适的窗口来发行定价过高的股票从而获得超额收益上。他们认为企业经营者利用机会窗口获取超额利润这种能力的实现除了依赖于Myers和Majluf（1984）提出的两个基本前提外，还取决于投资者并非完全理性以及资本市场并非完全有效这两个条件。但是，一个值得注意的问题是，这个阶段的研究大都是提出假说来解释实证研究结果或者利用实证研究来验证假说，并没有建立理论模型来对问题进行规范说明。

三、结论与展望

本文按照对投资者理性与否的假设分阶段对新股发行的机会窗口理论进行了回顾。在理性非对称信息模型下，投资者被认为是完全理性的，股价在公告日就可以下降到其真实水平，因此企业不能通过发行新股获得超额利润，他们惟一能做的就是最大程度地降低发行过程中的逆向选择成本，所以，这时期的研究者认为企业选择机会窗口的原则就是寻找一个信息不对称程度较弱的时期：如商业扩张期或股市上升期；而在非理性不对称信息模型下，研究者则认为投资者并不是完全理性的，他们不能立刻纠正自己估计的偏差，股价虽然在公告日会下降，但下降后的价格可能仍然高于其真实价值，因此，企业仍然可以通过发行新股获得超额利润，这样企业寻找机会窗口的原则就不再是投资者与经营者之间信息不对称程度较低，而是企业股价被错误定价程度最高的时期。

新股发行的机会窗口理论由理性非对称模型发展到非理性不对称信息模型应该归功于行为金融学的发展。行为金融学是一门利用心理学的实验结果来分析投资者的心理特征，进而研究投资者的决策行为及其对资产定价影响的学科。与传统金融学的假设刚好相反，它认为资本市场并不是完全有效的，投资者也并非完全理性并且他们的行为表现出一种群体性。行为金融学通过实验方法得出了许多与实际相符的投资者决策心理的结论，并且这一领域目前正蓬勃发展。不难看出，非理性不对称信息模型的构建利用了不少行为金融学的知识，但同时我们也应注意到其实它只吸收了行为金融学理论中很少的一部分精华，如果将其对投资者和管理者决策过程的研究成果纳入到模型当中，笔者认为可以大大推进理论的发展；其次在择时理论的应用上，有些研究者已经将目光投向了其对企业资本结构的影响上，认为企业的资本结构是企业在资本市场上不断择时的结果，由此提出了市场时机理论（Baker and Wurgler，2002），但同时也有研究者认为企业的择时能力对资本结构只存在一种机械式的影响，并不能持续很长的时间（Hovakimian，2004；Alti，2006），目前两种观点的争论正在继续，并且有越来越多的学者开始关注择时理论在资本结构领域的应用，不管最后的结论如何，问题争辩本身将有利于择时理论以及资本结构理论体系的完善；最后，笔者认为，目前所有对择时理论的实证研究几乎都来自发达国家，择时理论是否具有普遍适应性迫切需要来自发展中国家股票市场的实证支持。

参 考 文 献

1. Alti, A., 2006, "How persistent is the impact of market timing on capital structure?", *Journal of Finace* 61 (4), pp. 1681 – 1710.
2. Asquith, P. and Mullins, D. W., 1986, "Equity issues and offering dilution", *Journal of Financial Economics* 15, pp. 61 – 89.
3. Baker, M. and Wurgler, J., 2002, "Market timing and capital structure", *The Journal of Finance* 57 (1), pp. 1 – 32.
4. Bayless M. and Chaplinsky, S., 1996, "Is there a window of opportunity for seasoned equity issuance?", *The Journal of Finance* 52 (1), pp. 252 – 278.
5. Bayless M., Price, K. and Smoller, M. M., 2005, "Firm characteristics, market conditions, and the pattern of performance after seasoned equity offers", *Applied Financial Economics* 15, pp. 611 – 622.
6. Brav, A., Geczy, C. and Gompers, P., 2000, "Is the abnormal return following equity issuances anomalous?", *Journal of Financial Economics* 56, pp. 209 – 249.
7. Burth, T. R., Christie, W. G. and Nanda, V., 2004, "Do firms time equity offering? Evidence from the 1930s and 1940s", *Financial Management* 33 (1), pp. 5 – 23.
8. Cheng, Li-Lan, 1994, "Equity Issue Under-Performance and The Timing of Security Issues", Working Paper, Massachusets Institute of Technology.
9. Ching, Ken M. L., Firth, M., and Rui, O. M., 2006, "Earnings Management, Corporate Governance and the Market Performance of Seasoned Equity Offerings in Hong Kong", *Journal of Contemporary Accounting & Economics*, Vol. 2, No. 1, pp. 73 – 98.
10. Choe, H., Masulis, R. W. and Nanda, V., 1993, "Common stock offerings across the business cycle: Theory and evidence", *Journal of Empirical Finance* 1, pp. 3 – 31.
11. Clarke, J., Dunbar, C. and Kahle, K. M., 2001, "Long run performance and insider trading in complted and canceled seasoned equity offerings", *Journal of Financial and Quantitative Analysis* 36 (4), pp. 415 – 430.
12. Clarke, J., Dunbar, C. and Kahle, K. M., 2004, "The long-run performance of secondary equity issues: A direct test of the windows of opportunity hypothesis", *Journal of Business* 77, pp. 575 – 603.
13. D'Mello, R. and Shroff, P. K., 2000, "Equity undervaluation and decisions related to repurchase tender offers: an empirical investigation", *Journal of Finance* 55, pp. 2399 – 2424.
14. Eckbo, E., Masulis, R. and Norli, O., 2000, "Seasoned public offerings: resolution of the New issue puzzle", *Journal of Financial Economics* 56, pp. 251 – 291.
15. Hovakimian, A., Opler, T. and Titman, S., 2001, "The Debt-Equity Choice", *Journal of Financial and Quantitative Analsysis* 36, pp. 1 – 24.
16. Hovakimian, A., 2004, "Are observed capital structure determined by equity market timing?", Baruch College, Working Paper.

17. Jindra, J., 2000, "Seasoned Equity Offerings, Overvaluation, and Timing", Ohio State University, Working Paper.
18. Jung, K., Kim, Y. and Stulz, R. M., 1996, "Timing, investment opportunities, managerial discretion, and the security issue decision", *Journal of Financial Economics* 42, pp. 159 – 183.
19. Kang, J., K., Kim, Y. C. and Stulz, R. M., 1999, "The Underreaction Hypothesis and the New Issue Puzzle: Evidence from Japan", *Review of Financial Studies* 12, pp. 519 – 534.
20. Korajczyk, Lucas, R., D. and McDonald, R., 1990, "Understanding stock price behavior around the time of equity issues", In R. Glenn Hubbard, ed: Asymmetric Information, Corporate Finance, and Investment, Univ. of Chicago Press.
21. Korajczyk, Lucas, R., D. and McDonald, R., 1991, "The effects of information releases on the pricing and timing of equity issues", *Review of Financial Studies* 4, pp. 685 – 708.
22. Korajczyk, Lucas, R., D. and McDonald, R., 1992, "Equity issues with time varying asymmetric information", *Journal of Financial and Quantitative Analysis* 27, pp. 397 – 417.
23. Loughran, T. and Ritter, J., 1995, "The new issue puzzle", *The Journal of Finance* 50, pp. 23 – 51.
24. Loughran, T. and Ritter, J., 1997, "The operating performance of firms conducting seasoned equity offerings", *Journal of Finance* 52, pp. 1823 – 1850.
25. Loughran, T. and Ritter, J., 2000, "Uniformly least powerful tests of market efficiency", *Journal of Financial Economics* 55, pp. 361 – 389.
26. Lucas, D. and Mcdonald, R., 1990, "Equity issues and stock price dynamics", *The Journal of Finance* 45, pp. 1019 – 1043.
27. Modigliani, F. and Miller, M. H., 1958, "The cost of capital, corporate finance, and the theory of investment", *American Economic Review* 48, pp. 655 – 669.
28. Myers, S. and N. S. Majluf, 1984, "Corporate financing and investment decisions when firms have information that investors do not have", *Journal of Financial Economics* 13, pp. 187 – 221.
29. Rangan, S., 1998, "Earnings management and the performance of seasoned equity offerings", *Journal of Financial Economics* 50, pp. 101 – 122.
30. Sloan, R., 1996, "Do stock prices fully reflect information in accruals and cash flows about future earnings?", *The Accounting Review* 71, pp. 289 – 315.
31. Spiess, D. K. and Affleck-Graves, J., 1995, "Underperformance in long-run stock returns following seasoned equity offerings", *Journal of Financial Economics* 38, pp. 243 – 267.
32. Stein, J. C., 1996, "Rational capital budgeting in an irrational world", *Journal of Business* 68 (4), pp. 429 – 455.
33. Teoh, S. H., Welch, I, and Wong T. J., 1998, "Earnings management and the underperformance of seasoned equity offerings", *Journal of Financial Economics* 50, pp. 63 – 99.

Windows of opportunity for seasoned equity offerings: a Survey

Liu Guoliang   Yang Xiaoli

Abstract: The theory of windows of opportunity abandons traditional financial hypothesis of efficient market and rational investors. It argues that when managers have private information of price misvaluation, they would prefer to issue equities to exploit such opportunities. The theroy predicts that there will be a large runup before the SEO, a negative price effect on SEO announcement, and long-run underperformance of SEO fims. Our study surveys this theory and its development.

Key words: Windows of Opportunity   Asymmetric Information   Seasoned Equity Offerings
JEL Classification: G10   G24

特许经营权拍卖中合谋理论研究的进展

赵　楠　冯中越[*]

摘　要：本文阐述了自然垄断产业中政府规制的激励问题。从广泛存在于经济和社会各个领域的合谋现象入手，重点介绍了以拉丰和梯若尔为代表的现代合谋理论，综述了特许经营权拍卖中合谋理论的产生、演变和研究的进展。

关键词：特许经营权　拍卖　合谋

合谋现象广泛地存在于经济和社会活动的各个领域。例如，工会代表与资方的合谋；董事会和管理层之间的合谋等。20世纪80年代以前，合谋问题并没有引起经济学家的足够重视，早期的合谋理论研究主要集中在寡头市场上厂商之间的合谋。但是，近年来许多国家的情况表明，腐败已成为经济发展的一个重要障碍，而腐败恰好是一种非常典型的合谋现象。这种合谋往往是增加了某个利益集团的利益，损害了社会福利，具有负外部性的后果。在自然垄断产业的特许经营权①拍卖②中，政府或规制机构和产业或其他利益集团之间的合谋，大大影响了拍卖的公平、公正性以及合约的有效性。因此，合谋现象已经向合约理论提出了挑战。

一、早期的合谋理论

合谋理论的发展是因为卡特尔组织的出现。竞争越激烈，厂商的盈利能力越低。因此，厂商有积极性通过组建卡特尔进行合谋以弱化竞争，提高市场力量。但是，不管对手采取什么样的战略，某个厂商的最优策略都是"背叛"，这是一个典型的"囚徒困境"。因此，厂商贯彻合谋协议的关键就是如何解开"囚徒困境"。

---

[*] 赵楠、冯中越：北京工商大学经济学院；邮编：100037；电子信箱：fengzy@btbu.edu.cn。本文是教育部人文社会科学研究规划项目"特许经营权拍卖中的激励性合约研究"（05JA790004）的阶段性成果。

① 是指通过招标、公开招募等方式，在一定期限内，将公用事业项目授予特许经营者建设（移交给特许经营者）、运营，特许经营者应当确保提供安全、合格的产品和优质、持续、及时、高效的服务，期限届满后无偿移交；或者委托特许经营者利用公用事业项目提供公共产品或者服务。

② 拍卖与招标都是市场经济的交易方式，英文是同一个词Auction。在中文里，将用已存在的商品兑现货币称作拍卖；将用货币购买未来完成的工程或未来提供的服务称作招标。从理论上讲，本文研究的是将拍卖理论与激励理论结合起来的问题，因此，用了拍卖这个概念。

由此，斯蒂格勒（Stigler，1964）提出了著名的"寡头垄断理论"，倡导从动态的角度来解释卡特尔问题。在他看来，组成卡特尔的关键在于寻求一种"自我监管"的机制，保证各厂商进行合作行为。他认为，卡特尔或合谋的最大问题在于如何防止各个卡特尔成员的"秘密削价"。斯蒂格勒一直在努力区分是成功的欺诈行为，还是不成功合谋行动，以及各自的决定因素。一个难题是如何得到遵守合谋协定的有关资料，因为发票、买主、卖主等都可以作假。如果协议不能够强制执行，人们就会有"秘密削价"的行为。从这个角度讲，有两个合谋方法的有效性较高。一种是成立联合销售机构，这样做使削价没有可能发生，也不会有秘密进行的大宗货物交易。另一种方法是对顾客进行分配，其中包括按卖主分配、按地域分配以及其他的分配方式，但是这种方式仍存在着秘密削价的可能性。但是，从实际看来，长期的"秘密削价"的行为最终是会被发觉的。

在静态模型中，厂商陷入"囚徒困境"的原因在于他们之间进行的是一次博弈，无法对违背者进行惩罚。考虑到有限的 T 期重复博弈只是静态博弈的 T 次重复，无法构成合谋，在每一期厂商都不合谋就是一个子博弈完美均衡。因此，弗里德曼（Freidman，1971）发现，对于超级博弈将有可能存在导致合谋的子博弈完美均衡。他的模型假设厂商采取触发战略或冷酷战略：每个厂商开始都采取合作，一旦某个厂商违背协定，此后将永远不合作，并采取惩罚。因此，在超级博弈中，如果对手采取的是冷酷战略，它总能对其他厂商的违背行为进行处罚，使其得不偿失，从而保持了默契合谋。弗里德曼模型无疑为默契合谋提供了理论基础，但是，此模型的结论和预测却不太现实。原因在于他的完全信息的假定，完全信息导致了完全监督和完全合谋。为了克服这个模型的不足，就要引入不完全信息。事实上，斯蒂格勒早就强调了不完全信息的作用。为了引入不完全信息，他假定市场需求不光是价格的函数，而且还受到随机冲击的影响。

沿着斯蒂格勒的思路，格林和鲍特（Green and Porter，1984）建立了一个不完全监督下寡头垄断的合谋理论，通过随机冲击解释了寡头垄断行业价格战和合谋结果交替发生的现象。在他们的模型中，价格战的出现并不意味着卡特尔的解体，相反这正是维持卡特尔必不可少的条件。此模型的最大贡献在于正式精确的定义了不完全信息下的默契合谋均衡概念。

与此相反，罗顿伯格和沙罗纳（Rotemberg and Saloner，1986）建立了一个模型，认为在市场需求高涨的时候，更容易出现价格战。如果由于随机因素使得当期的需求增加，则违背协定利润会增加。这样，给定惩罚力度，厂商违背协定的激励将加强。

在重复博弈的框架下，合谋总是造成高价格和低产量，从而损害了社会福利，但情况并非总是这样。达斯普利蒙和亚奎明（Daspremont and Jacquemin，1988）的模型以研究和开发投资为例，说明如果存在策略效应，厂商合谋在增加厂商利润的同时,也将增加产量和降低价格,从而提高社会总福利。

二、合谋理论的发展

奥尔森(Olson,1965)的集体行动理论提出,社会中利益集团越小,每个成员的利益份额就越大,因此会更有激励去影响激励结果。斯蒂格勒(Stigler,1971)将奥尔森的集体行动理论应用到了规制研究中。他认为,利益集团的力量可以取决于两个因素:一是它的行动给组织成员带来的收益;二是它的组织成本。而且,组织成本是决定利益集团(产业)影响力的关键因素。组织成本由"动员成本"和"转让成本"决定。动员成本取决于利益集团的特点,例如,纳税人人数众多,个人的动员成本可以忽略不计,但是联合起来的酬金却很大;而许多垄断性或卡特尔性的产业集团就能够很好的组织起来。转让成本与利益集团转让给公共政策制定者的"等价收入"造成的无谓损失有关。由此,斯蒂格勒推断出,产业成员比分散的消费者(拥有较小的个人利益)更有动力组织起来去施加政治影响。

斯蒂格勒认为,利益集团会影响具有切身利益的政策:第一类是政府对利益集团(产业)的直接补贴的政策;第二类是政府设置更高的进入壁垒的政策,比如发放许可证、关税阻止等,它能保证在位企业获得更高的租金;第三类是影响了该产业的替代品或是互补品的政策,比如航空公司会支持政府对机场的补贴;第四类是政府防止产业内价格竞争的固定价格的政策,比如政府限制银行对存款账户支付更高的利息。

在过去的20多年里,由芝加哥学派(Stigler, Peltzman, Becker)和弗吉尼亚学派(Tollison, Tullock)发展的实证模型存在两个方法论的局限性。第一,他们没有考虑代理理论,忽略了信息不对称。在没有信息不对称的情况下,受规制企业不能抽取租金,因而也没有激励去影响规制结果。第二,他们只集中讨论"需求方面"(利益集团),而忽略了"供给方面"(政府和规制机构)。他们认为所有的合谋行动都是由利益集团引起的,而忽略了政府机构与规制机构之间的代理关系。拉丰和梯若尔(Laffont and Tirole,1993)弥补了这方面的不足,在代理理论的框架下讨论需求和供给两个方面。

在研究几个代理人合谋对付委托人的文献中,都运用了道德风险的分析框架,即如果总契约是完全的,那么代理人的私下契约建立在和总契约一样的信息基础上。在这种条件下,私下契约从来不能使委托人境况得到改善。关键就在于私下契约不能扩大可行契约的范围,给委托人的优化问题增加了额外的约束。Holmstrom和Milgrom(1990)指出:两个可观察到的结果取决于两个代理人的行为,总契约的奖励是以这两个结果为条件的。委托人可以设计一个契约使代理人之间的私下契约以他们的行为而不是以结果为奖励条件。这就是一个"部分合谋防范"的结果：委托人可以签订一个以结果为条件的契约，而且不需要让代理人相互担保。

罗宾逊（Robinson，1985）研究了第二价格拍卖中的合谋，他指出，合谋在二级价格拍卖中比在一级价格拍卖中更容易形成和保持。第二报价拍卖极大的促进了报价者之间的合谋。为了进行合谋，报价者联合在一起，其中报价最高者仍然按照最高报价报价，而次高报价者可以压低其报价。在研究几个代理人合谋对付委托人的文献中，Holmstrom 和 Milgrom（1990）指出：两个可观察到的结果取决于两个代理人的行为。总契约的奖励是以这两个结果为条件的。委托人可以设计一个契约使代理人之间的私下契约以他们的行为而不是以结果为奖励条件。这就是一个"部分合谋防范"的结果：委托人可以签订一个以结果为条件的契约，而且不需要让代理人相互担保。关于卡特尔能否在买方具有私人信息是找到一种激励相容的有效机制，来确定谁是最后赢家并恰当的划分合谋得利。麦克阿菲和麦克米伦（1992）的主要结论是：如果拍卖的所有买方都是卡特尔集团的成员，并且所有买方的私人信息都取自统一分布，那么这一机制是可能的，并且可以通过一个简单的预备拍卖来实施。

三、当代的合谋理论——特许经营权拍卖中的合谋理论

20世纪80年代以来，在现有的信息经济学基础上，合谋理论有了新的发展。以拉丰和梯若尔（Laffont and Tirole，1993）的经典文献为代表，他们在新规制经济学中对合谋问题进行了深入的研究，奠定了当代合谋理论的基石。他们研究的重点是特许经营权拍卖中的合谋，将激励理论引入到了合谋问题的分析中来，并着力于信息不对称条件下防范合谋的机制设计。拉丰和梯若尔分析了四种情形下的合谋，并建立了相应的模型。

第一种情形是利益集团对政府的规制收买。在这种情况下，利益集团利用不同的办法努力去控制公共决策制定者。因为政府决策的制定会影响产业和消费者的福利。利益集团通常有以下几种方法影响公共决策制定者：（1）金钱贿赂规制机构的官员；（2）让规制机构的官员将来在受规制企业谋求职位；（3）要求规制机构的官员善待他们的产业伙伴；（4）不公开批评规制机构存在的管理问题；（5）进行非货币性的酬谢，实现间接转移支付。

在这个模型中存在一个三层等级结构：企业—规制机构—政府。这三个等级分别有一个效用函数，并致力于本集团的效用函数最大化。其中政府最大化一个社会福利函数，该效用函数是消费者、规制机构和生产者剩余之和。在完全信息情况下，政府知道企业的技术参数，从而剥夺企业的租金，最大化社会福利。在不完全信息条件下，企业相对于政府具有信息优势。那么，规制方面的问题就变为如何防止高效率企业谎称自己是低效率的。政府

就会加上一个激励约束，使得低效率企业得不到任何租金，降低利益集团在规制中的切身利益。

第二种情形是成本造假、审计和合谋。在政府采购与规制领域中会计操纵是一个很严重的问题。因为这种做法削弱了成本资料的信息价值并进而影响了管理控制系统的效力。在实践中，高强度的激励方案对降低成本的激励效果最好，特别是固定价格合约。因为在这种合约中，企业是成本节约的剩余索取者。但是高强度激励方案使得企业获得高额租金，而政府与企业的成本分摊可以降低租金水平。因此，固定价格合约使得企业没有激励去抽取租金，也就不会出现成本造假的情况，而通过成本分摊来抽取租金就产生了成本造假的动机。

审计人员和企业之间合谋的激励效果更为微妙。一方面，合谋削弱了审计，这提高了高强度激励方案的合理性；另一方面，高强度激励方案导致了更高的降低成本的努力水平，这些努力水平需要政府向企业提供更多的转移支付加以补偿。政府对企业的转移支付提升了企业在合谋中的利益，因为如果审计方揭露企业成本造假的话，企业的损失将更大。因而，合谋又要求降低激励方案的强度水平。因此，合谋既有可能提高也有可能降低激励方案的强度水平。结论是，即使企业的风险是中性的，最大化的罚金也可能不是最优的。高额的罚金为合谋创造了机会，降低罚金要比去支付审计人员的高额报酬来获得关于企业的真实报告便宜得多。

第三种情形是规制中的卡特尔化。人们最担心的是规制者会滥用控制权，损害社会福利。不受规制的产业在技术上是无效率的，他们可能会提供次优的产品和服务质量，制定不恰当的价格，带来外部性，损害社会福利等。但是人们又不支持规制机构控制市场进入和规制产业的自由权力，因为规制常常是被收规制的产业控制或影响的，这是斯蒂格勒（1971）对收买理论的基础性贡献。

尤其是在一些自然垄断性行业中，政府会对市场进入施加限制和管理。在位企业的技术水平是私人信息，政府无法观察到，只能依靠规制机构来决定是否允许市场进入，因为只有规制机构才有时间、资源和技能来获取有关在位企业技术水平的信息。这时，就会出现规制机构与受规制的在位企业之间的合谋。而政府所关心的就是为了防止合谋如何去设计激励方案达到社会福利最大化。

第四种情形是拍卖设计者和特定的投标人之间的合谋。拍卖理论研究投标过程的设计是最大化委托人的收益，但是事实上拍卖的设计者往往不是委托人（政府），拍卖设计者可能会和买方合谋。因此，模型分析的主要是政府（委托人）对拍卖设计者的控制。

在政府采购过程中，对于一个给定的项目，激励方案至少包括固定费和委托人分担成本的系数。一般来说，委托人关心中标企业的其他特征，比如服务的质量，处理合约中有没有涉及突发性事件的处理方法，该企业生产造成的污染等。这就会出现两个问题：第一，拍卖设计者对竞标的特点赋予权重，权重的最优选择很大程度上取决于合约设计者拥有的信息；第二，有些特征政府是观察不到的，因此必须依靠拍卖设计者对其进行评估。拍卖设计者持有的关于政府拥有最优货源的信息就会导致拍卖设计者和某个竞标者合谋。

拉丰和梯若尔（Laffont and Tirole，1993）在对特许经营权拍卖的分析中创立了软信息（不能够被委托人验证的信息）模型和硬信息（可以被委托人验证的信息）模型。

首先，假设规制机构是善意的，如果它掌握了企业的技术信息，就会如实地向委托人（政府）透露。在这种情况下，有两种可能：一种是委托人更倾向于选择效率高的企业时，被选中的总是低成本的企业；另一种是委托人更倾向于选择质量较高的企业时，质量差别具有决定作用（质量是指供应者产品的质量、企业破产的概率和出现不确定性时保持公正的可能性等）。

其次，假设企业的技术是共同知识。为了限制企业的信息租金，委托人降低了内在成本较高的企业类型的激励方案的强度。即委托人更偏好于成本而不是质量，那么就降低了高成本企业被选中的概率，从而也降低了低成本企业伪装成高成本企业的积极性。

最后，引入软信息和硬信息概念。当规制机构得到的质量信息是软信息（即不能被委托人验证的信息）时，即使规制机构忽略了关于质量的信息，导致在竞标者之间的歧视具有合理性，委托人实施的也是对称性的拍卖①。当规制机构得到的质量信息是硬信息（可以被委托人验证的信息）时，如果规制机构只能够与甲企业合谋，当没有质量信息传递给委托人时，在同样的成本水平上，委托人更偏好于竞争对手，它将迫使规制机构披露有利于乙企业的信息，那么合谋的威胁就不会给委托人带来福利损失。

进一步看，如果质量差别较大，可以用强度较低的激励方案来影响规制机构，就可以防止合谋；如果质量差别较小，可以用对称性拍卖和强度较低的激励方案来影响企业，减少合谋的收益，也可以防止合谋。

拉丰和梯若尔的结论是，规制机构和特定竞标企业之间合谋的威胁，导致委托人（政府）将降低规制机构在设计最优竞标规则中的自由裁量权。第一，通过增加竞标企业的实际信息、明确界定竞标标的和规范竞标（遴选）程序，来控制规制机构；第二，一方面，即使规制机构掌握了可以进行差别性拍卖的信息，委托人（政府）也会要求规制机构进行对称性拍卖；另一方

---

① 对称性拍卖是指在拍卖者（规制机构）不能充分了解不同竞标者成本和质量信息的基础上，实施同等条件（如固定价格）的拍卖；差别性拍卖是指在拍卖者（规制机构）充分了解不同竞标者成本和质量信息的基础上，对某竞标企业实施优惠条件的拍卖。

面，委托人（政府）可以留给规制机构某些自由裁量权，但要求其提供实际的证据来说明对竞标企业进行差别性拍卖的理由。

四、当代合谋理论的最新进展

Boehm Frederic 和 Olaya Juanita（2006）讨论了公开拍卖中的合谋腐败和如何通过增加透明度来防止合谋腐败的问题。一是强调在整个拍卖过程中尤其是在合约执行时的合谋腐败，以及如何在公开拍卖中防止合谋腐败；二是强调增加透明度能够减轻腐败，使交易更具有竞争性和效率性。

Lambert-Mogiliansky, Ariane 和 Sonin Konstantin（2006）研究了政府采购①中合谋与腐败之间的关系。代理人（规制者）的腐败和寻租的动机与卡特尔投标人有很大的关系。第一，合谋报价将价值转让到代理人那里，成为其手中的决定权；第二，代理人的利己主义决定了寻租行为，为促进合谋提供了机制。研究还发现当企业相对规模较小时，拍卖中合谋比腐败更容易发生。

近年来，国内有一些对特许经营权拍卖中的合谋问题的研究。拉丰（Laffont）和张昕竹（2004）在研究发展中国家普遍服务义务的问题时，指出合谋的威胁会弱化企业的激励。在两种定价机制下，企业和纳税人这两种不同的利益集团均有同规制者合谋的动机。林武、黄承锋、杨秀苔（2004）运用建立在博弈论基础上的委托代理理论，分析了合谋形成的内在机理，并设计了在道路客运中如何防范合谋的机制。董志强、蒲勇健（2006）通过一个三层代理硬信息模型来分析公共领域的监察合谋行为，重点考察了有成本的合谋惩罚机制对防合谋合约结构的影响。陈赟、刘肇城（2006）从博弈的角度，针对公共工程建设管理过程中可能出现的业主、承包商和监理单位合谋的现象，建立了不完全信息动态模型，得到政府、业主、承包商和监理单位的效用函数，对合谋的条件进行了分析。张志元、丁焕强（2006）从打击合谋、进入阻挠和掠夺性行为等方面阐述了国有资产拍卖设计成功的关键和相关制度安排。卢明湘（2006）运用博弈论对投标人之间的合谋进行了分析，提出了防范措施。叶泽、喻苗（2006）通过一个古诺双寡头模型分析了差价合约对厂商市场行为的影响。研究表明，在一个无限重复博弈的动态环境中，差价合约促进了发电厂商之间的合谋，损害了竞争。干春晖、吴一平（2006）以中国电力产业为例，研究了当前规制分权化背景下的地方规制机构与被规制企业之间的合谋问题，合谋导致了规制低效率，而解决问题的关键是机制设计。张粒子、张集和程喻（2006）对发电电力市场的二级委托—

---

① 政府采购与政府规制都存在对企业的特许经营权招标（拍卖）问题，区别在于，政府采购是企业直接向政府提供商品或服务，而政府规制是企业代表政府向消费者提供商品或服务。

代理机制下的发电商之间的合谋子契约，即作为代理人的发电商之间的合谋行为，进行了研究。管毅平、邵长卫（2006）分析了监管者介入对发电企业默契合谋行为的影响。王珏、张若定（2006）运用博弈理论，对政府采购实践中存在的集体腐败与合谋行为进行了分析，并提出了防范机制的建立。

综上所述，特许经营权拍卖中的合谋理论，将激励理论引入到合谋问题的分析中，主要研究信息不对称条件下，怎样设计一个有效的激励机制来防范不同主体之间的合谋。但是，对于合谋理论的检验还需要有丰富的实证数据来支持。

参 考 文 献

1. 陈赟、刘肇城：《公共工程项目主体合谋条件的动态博弈分析》，载《公路与汽运》2006年第6期。
2. 董志强、蒲勇健：《公共管理领域监察合谋防范机制》，载《中国管理科学》2006年第3期。
3. 管毅平、邵长卫：《监管者介入对发电厂商默契合谋行为的影响》，载《经济理论与经济管理》2006年第2期。
4. 干春晖、吴一平：《经济转轨、规制分权化与电力行业改革——基于中国经验的经济学分析》，载《经济体制改革》2006年第4期。
5. 柯伦柏：《拍卖：理论与实践》，中国人民大学出版社2006年版。
6. 林武、黄承锋、杨秀苔：《谈防范道路客运中的串谋问题》，载《重庆交通学院学报》2004年第4期。
7. 卢明湘：《基于博弈论的投标人合谋分析和对策研究》，载《集团经济研究》2006年第23期。
8. 罗建兵：《合谋理论述评》，载《经济学动态》2005年第10期。
9. 王钰、张若定：《对政府采购集体腐败与串谋行为防范机制的博弈分析》，载《中南财经政法大学研究生学报》2006年第6期。
10. 叶泽、喻苗：《电力市场中差价合约的合谋效应》，载《长沙理工大学学报》2006年第3期。
11. 张粒子、张集、程瑜：《电力市场中的串谋溢价和串谋行为规制》，载《电网技术》2006年第24期。
12. 张志元、丁焕强：《国有资产拍卖：理论、缺陷及相关制度安排》，载《工业技术经济》2006年第11期。
13. J. J. 拉丰、张昕竹：《发展中国家普遍服务义务的经济分析》，载《当代财经》2004年第1期。
14. J. J. 拉丰：《经济理论的进展》，中国社会科学出版社2001年版。
15. 库尔特·勒布、托马斯·盖尔·穆：《斯蒂格勒论文精萃》，商务印书馆1999年版。
16. Boehm Frederic, Olaya Juanita, 2006, "Corruption in Public Contracting Auctions: The Role of Transparency in Bidding Processes", *Annals of Public and Cooperative Economics*.
17. d'Aspremont, C. and Jacquemin, J., 1988, "Cooperative and Noncooperative R&D in

Duopoly with Spillovers", *America Economic Review*.
18. Friedman, J., 1971, "A Noncooperative Equilibrium for Supergames", *Review of Economic Studies*.
19. Green E and Porter, R., 1984, "Noncooperative Collusion under Imperfect Price Information", *Economeitrica*.
20. Grossman, Hart, 1986, "The Costs and Benefits of Ownership: A Theory of Vertical and Lateral Integration", *Journal of Political Economy*.
21. Holmstrom, Milgrom, 1990, "Short-Term Contracts and Long-Term Agency Relationships", *Journal of Economic Theory*.
22. Laffont, J-J., and Tirole, J., 1993, A Theory of Incentives in Procurement and Regulation, MIT Press.
23. Lambert-Mogiliansky, Ariane, Sonin Konstantin, 2006, "Collusive Market Sharing and Corruption in Procurement", *Journal of Economics and Management Strategy*.
24. McAfee, R. P, and McMillan, J., 1992, "Bidding Rings", *Amercian Economic Review*.
25. Robinson, M. S., 1985, "Collusion and the Choice of Auction", *The RAND Journal of Economics*.
26. Olson, M., 1965, The logic of Collective Auction, Cambridge, Harvard University Press.
27. Stigler, G., 1964, "A Theory of Oligopoly", *Journal of Political Economy*.
28. Stigler, G., 1971, "The Economic Theory of Regulation", *Bell Journal of Economics*.

The Evolvement of Collusion Theory in the Auction of Franchise

Zhao Nan   Feng Zhongyue

Abstract: This article analyses the incentive problem of regulation in natural monopoly industry. It based on the phenomena of collusion in every area of economy and society, and mainly introduced the modern collusion theory which established by Laffont and Tirole. This paper summarizes how did the collusion theory in franchise come into being, evolve and get on.

Key words: Franchise   Auction   Collusion

JEL Classification: L16   L51

基于社会网络结构分析的产业集群升级研究

顾慧君[*]

摘　要：本文在对企业成长理论、新区域主义以及全球价值链理论下的产业集群升级研究进行比较综合的基础上，构建起一个基于社会网络结构分析的产业集群升级研究框架，并从社会网络结构分析的四个特征指标：中心度、网络稠密度、结构自治度以及结构对等度出发，分析全球价值链视野下，由企业成长驱动的产业集群升级。

关键词：产业集群　升级　社会网络　结构分析

一、前　言

迄今为止，关于产业集群升级的研究主要从三个层面上展开。

（一）企业层面——企业成长理论

主要是基于企业成长理论分析企业成长决定因素和企业成长的动态过程（邬爱其，2005）。目前该领域的研究主要集中在企业成长机制研究方面，具体包括：企业通过什么方式实现成长、企业成长的动力因素是什么以及这些因素通过什么途径转变为企业成长等问题。随着经济运行表现出一些新的特征，如市场需求的多变、技术创新的不连续性以及经济全球化等，这使得企业成长的外部环境的复杂性、不确定性和模糊性加大，"福特制"企业对外部环境的预见和控制能力减弱，使得以大规模、标准化批量生产为特色的"福特制"企业面临严峻挑战。与此同时，一些地理上邻近的中小企业通过相互之间或者与本地相关组织、机构之间建立正式或非正式的合作关系，在特定的地理范围内迅速获取和共享网络资源来应对复杂多变的外部环境，进而实现企业的稳定成长和区域竞争力提升。这一重要现实背景的转变，使得企业成长机制的研究呈现出明显的重心迁移：从企业内部成长机制研究过渡到企业网络成长机制的研究。

（二）集群层面——新区域主义

新区域主义将区域发展、集群升级看成是一个"区域富矿"开启、挖

---

[*] 顾慧君：江苏省行政学院，通讯地址：南京市建邺路168号　江苏省行政学院5401办公室，210004；电子邮件：guhj@sdx.js.cn。

掘、释放、扩大的过程（Amin，1999）。其研究大致可分为两个阶段：第一阶段是 20 世纪 80 年代末以前，以"加利福尼亚学派"为代表。该学派认为，为了适应市场环境的变化，企业追求产业链上的垂直分工，而为了便于协调这些垂直分解的产业链环节和节约交易成本，产业链上的关联企业在一定地理空间的聚集便成为一个必然的结果。由此可以看出，"加利福尼亚学派"认为产业集群的核心优势在于集群内部的分工和产业的聚集以及由此带来的外部经济性；随后，"加利福尼亚学派"即让位于新区域主义中的"制度学派"，"制度学派"关注产业集群所在区域的社会文化以及制度的演变，认为产业集群的竞争优势在于其具备以下特征：（1）除企业、行政机构以外，集群内存在大量的中介组织；（2）行政机构的运作紧密围绕区内企业；（3）企业、行政机构以及中介组织之间存在广泛且稳定的经济和非经济合作关系。这三个特征促进了集群内各主体间形成规范、达致信任、累积社会资本，从而为实现区域产业升级和竞争力提升奠定了三个方面的基础：（1）生产上的弹性专精；（2）能力上的优势互补；（3）基于集群内各主体间快速的信息传递和知识外溢所形成的区域创新系统。

（三）全球化层面——全球价值链理论

伴随着全球化的深入，产业活动的分离与整合在更大的空间尺度上演。一方面一些跨国企业在全球范围内重新配置其生产能力；另一方面，一些发展中国家经历了从进口替代（Import-substituting）到发展外向型经济（Export-led）这一重要发展战略的转变，这一转变使得上述国家的产业集群逐步嵌入到全球价值链体系之中。Gereffi（1999）、Bair& Gereffi（2001）将基于全球价值链的产业集群升级过程归结为四个呈阶梯式上升的阶段：（1）本地产业集群在全球价值链上领先企业的辅导下，完成对外部输入资源的装配，实现自身的生产工艺升级；（2）在装配的过程中逐步增加本地资源和生产能力供给，实现自身的生产过程升级；（3）成为全球价值链上领先企业的 OEM（Original Equipment Manufacture）或 ODM（Original Design Manufacture）厂商，实现自身的产品升级；（4）成为 OBM（Own Brand Manufacture）厂商，实现自身的功能升级。Gereffi 认为上述升级过程是通过本地产业集群中的焦点企业（Focal Firms）与全球价值链上领先企业之间的互动（Learning by Exporting）完成的，并伴有本地产业集群的结构演替[①]（Organisational Succession）现象；但上述产业升级过程并不是随着时间流逝而必然发生的，它取决于当前的产业升级是否威胁了全球价值链上领先企业的核心

[①] 这里的结构演替有两个含义：一个是地方产业集群在全球价值链中的位置迁移（如从全球价值链上领先企业的低端供应商上升级为高端供应商）；另一个是随着这种位置迁移，本地产业集群内部网络的结构和治理模式会发生变化。

竞争力（如果威胁了全球价值链上领先企业的核心竞争力，这些领先企业会通过诸如"上楼抽梯"的策略抑制或破坏本地集群的产业升级），而这受全球价值链上各主体间协调（Co-ordination）方式的影响。Humphrey 和 Schmitz（2002）列举了决定全球价值链上各主体间协调方式的三个核心问题：（1）全球价值链上生产的核心产品是什么？（2）如何生产？包括生产的工艺、技术，生产的劳工和环境标准以及产品的质量标准等。（3）全球价值链上的商品链形式？包括核心产品在全球价值链各环节上的通过时间、通过量以及处理流程。由于在不同的全球价值链中上述三个问题呈现出不同的特征，因此需要不同的协调方式来解决，而这些协调方式存在于一个以市场机制和层级制为极端治理模式的协调方式连续区间中。Gereffi et al（2005）在这一连续区间中根据交易的复杂性、信息的可编码程度以及供应商能力三个独立变量，提取了五种典型的治理模式：市场型、模块型、关系型、俘获型以及科层制型。

二、相关研究的比较与分析

基于企业成长理论、新区域主义以及全球价值链理论的产业集群升级研究存在三点共识：（1）单纯依靠市场的力量已不足以推动产业集群的升级（Krugman，1995）；（2）集群升级是由企业成长驱动的；（3）成长驱动下的集群升级是在网络环境下展开的。同时，这三个理论在集群升级研究方面也存在较大的差异，如表1所示。

表1　　　　　企业成长理论、新区域主义以及全球价值链理论
在产业升级研究上的差异

	企业成长理论	新区域主义	全球价值链理论
升级载体	企业网络	产业集群	全球价值链
适用环境	企业面临非线性、不确定的市场条件	主要适用于"第三意大利"式的产业区，这种类型的产业区具有如下特点：产业区囊括从原材料到最终产品几乎所有的生产环节（或核心环节）；具备最终产品从企业到市场的几乎所有营销能力（或核心能力）；以及对区域外相关知识的吸纳能力	嵌入全球价值链中的产业集群
升级途径	通过创建和维护企业网络，达致对企业内外部资源的整合，实现企业成长	通过集群内各主体间的经济与非经济联系形成生产上的弹性专精、能力上优势互补以及区域创新系统	嵌入全球价值链、在全球价值链上的位置迁移
升级速度	既可能是递进的，也可能是跳跃式的	递进式的	既可能是沿着四个升级阶段的递进过程，也可能是跨越阶段的跳跃发展

三、基于社会网络结构分析的产业集群升级研究框架

从产业集群升级这个研究视角看，企业成长理论下的产业升级研究由于停留在企业层面，使得其无法解释产业集群、全球价值链上众多关联企业的系统升级过程（张辉，2004）；新区域主义认为产业集群的升级源自集群内部各主体通过彼此之间的经济与非经济联系形成的网络，集群（即使是出口导向型的产业集群）与外部的联系被局限为纯粹的市场交易（Arm's-length）关系；而全球价值链理论下的产业集群升级则主要关注集群与外部的联系，尤其是集群中的焦点企业与全球价值链上领先企业间的互动关系对产业集群升级的影响，其能较好地解释全球价值链视野下的产业分离与整合现象，但无法分析这种升级过程对本地产业集群的影响和依赖，因为在全球价值链的分析框架中缺乏对产业集群内部网络的研究。

基于上述分析，我们可以明确：产业集群的升级是由企业成长驱动的；企业成长不仅受所在产业集群内部网络的影响，而且受产业集群与所嵌入的全球价值链之间互动关系的影响；企业、产业集群、全球价值链互动下的产业集群升级会使产业集群、全球价值链呈现出"结构演替"现象，从而使企业成长驱动下的产业集群升级成为一个动态演进的过程。基于这样的认知，很显然上述三种理论无法独立构成研究产业集群升级的分析框架。

虽然关于产业集群的定义众多，但都存在以下共识：产业集群是空间上邻近的企业、相关机构（包括政府、科研机构以及中介组织等）组成的网络，在这一网络当中，企业及相关机构基于一个核心行动，通过经济或非经济关系连接在一起。因此，从结构角度看，产业集群就是一种社会网络[①]。如果对集群社会网络作适当的延伸：在集群的构成上，除了集群内部的组织，还包括集群所嵌入的全球价值链上的其他组织或集群。基于这样的延伸，集群内外部联系均被纳入到一个具体的社会网络之中。由此，企业成长驱动下的产业集群升级就映射为个体驱动下的社会网络演化过程，如图1所示。在这一框架下，本文通过社会网络的结构分析，研究企业、产业集群以及全球价值链互动下的产业集群升级过程。

---

① 社会网络指的是社会行动者及其间的关系的集合，它也可被理解为是由多个点（社会行动者）和各点之间的连接（行动者之间的关系）组成的集合。任何一个社会单位或社会实体都可以看成是一个点或者社会行动者，如一个具体的人、一间公司、一个集群甚至一个国家，在本文中主要指产业集群中或全球价值链上的成员组织。社会网络当中的个体通过关系联系在一起，这里的关系可以是经济联系（如企业之间物质资本的传递），也可以是非经济的关系（如企业之间的信息传递和知识扩散、社会实体间的权威关系等）。

```
                社会网络作为个体行为的场景,
                为个体行为提供了机会或者制约
                                                    社会网络
         个体
                   个体在自利行为的驱动下调整
                   网络关系,从而影响社会网络
```

图1 个体与社会网络之间的相互作用

四、社会网络分析的特点

社会网络分析对以下社会现象给予了充分的重视：一个社会系统（包括经济系统）的存在与发展并不依赖于对人的认知，而依赖于在客观上可以确定的社会关系的相互关联与互动。它拥有自己独特的本体论、认识论以及方法论观点。

在本体论上，社会网络分析原则上接受客观论的可能性，坚持一种实在论的本体论，认为社会结构是真实的存在。尽管"关系"不能脱离行动者而存在，但是在各个行动者之间真实存在的关系可以作为"外在物"对行动者产生作用；社会网络提供的就是对这种结构的分析。

在认识论上，社会网络分析坚持如下原则：（1）世界是由网络而不是由个体或群体组成的。在由多种关系组成的社会系统中，如果仅仅对边界群体进行描述，就会使复杂的社会结构过于简单化。从网络而不是从个体或群体出发，可以把世界看成是网络的结构，把行动者之间的关系看成是资源流动的"管道"，从而通过分析可以发现复杂的资源流动网络，而不是简单的分层结构。如此，我们就应该根据行动者之间的关系模式来理解观察到的社会行动者的属性特征。因此，行动者之间的关系居于首要地位，而行动者的属性居于次要地位。（2）结构决定二方关系（Dyadic Relationship）的运作。基于网络进行分析的观点认为，只有在由各种关系构成的结构脉络中才能理解两个行动者之间的互动关系，因为社会结构特征决定了两方关系发生的环境。因此，网络模型把社会结构环境看成是为个体行动提供机会和限制的场景。（3）行动者所遵循的规范产生于社会关系结构中的各个位置。

在方法论上，社会网络分析基于一个假设：互动的社会行动者之间存在的关系非常重要。由此，社会网络分析的基本单位不再是社会行动者本身，而是行动者之间的关系。

从上述基于本体论、认识论、方法论三个角度对社会网络分析的观察可知，社会网络分析不是一种"正式"的、具有统一性的理论，而只是一种"范式"、"视角"（刘军，2004）或者是一种"因果解释机制"（周雪光，2003）。

Gnyawali 和 Madhavan（2001）认为个体可以凭借与网络中其他个体之间的关系获得三类资源：物质资源，如资金、劳动力、技术（主要是指基于可编码知识的技术，如专利），等等；信息与知识（主要指不可编码的信息与知识）；对网络中其他个体的影响力与控制力。结合这一认知与上述对社会网络分析的本体论、认识论以及方法论的描述可知，社会网络中的行动者处于不同结构[①]的网络中时，会获取不同的资源、接触不同的信息、产生不同的认知，从而使得其行为具有不同的倾向。从此出发，本文基于社会网络的结构分析研究产业集群升级。

五、社会网络结构的分析及其对产业集群升级的影响

本文基于四个指标（中心度、结构自治度、结构对等度以及网络稠密度[②]）来分析社会网络结构，并基于这四个指标从三个方面来讨论其对产业集群升级的影响。这三个方面分别是：（1）网络结构对网络中物质资本流动的影响；（2）网络结构对网络中信息传递的影响；（3）社会网络结构对网络中个体间协调方式的影响，个体间的协调方式又可以从以下两个方面来分析：①具备什么样结构特征的个体在网络中更有竞争优势；②网络中其他个体对处于竞争优势地位的个体的竞争性行为会产生什么样的反应。

（一）中心度

中心度体现的是网络中的个体与其他个体之间的连接情况，一个个体与其他个体存在的连接越多，其中心度越大。规范的中心度测量往往分为以下两个步骤进行：

（1）网络中点的绝对中心度，即该点与其他点的连接绝对数，其计算公式为：

$$点\ i\ 的绝对中心度 = \frac{点\ i\ 的出度 + 点\ i\ 的入度}{2}$$

（2）分析个体在网络中的地位和行为倾向，单纯测量个体的绝对中心度往往没有太大意义，因此需要从"比较"的角度对绝对中心度进行"标准化"，得到个体在该网络中的相对中心度，计算公式为：

$$点\ i\ 的相对中心度 = \frac{点\ i\ 的绝对中心度}{该网络中所有点的绝对中心度之和}$$

[①] 社会网络结构指的是网络中关系的分布状况。
[②] 本文对这四个指标的界定均假定其处于一个无权、无向、非自反的社会网络，如果用邻接矩阵表示这种类型的社会网络，则该邻接矩阵是一个主对角线元素全为 0（表示两个个体间不存在关系）、其他位置上的元素或取 0 或取 1（表示两个个体间存在关系）的对称矩阵。

一个个体在网络中的相对中心度越高，则：(1) 其所获得的物质资源的量也就越大、与自身的互补性越强；(2) 其所获得的信息量越大，时效性越强；(3) 其在网络中的影响力和权力越大（Wasserman and Faust，1994），因为其成为众多连接的一个中心点。基于以上三点，"相对中心度"高的企业在网络中处于竞争优势地位，易于发起竞争性行为，同时其他个体对其竞争性行为的抑制能力较低。具体到集群这个网络，我们可以计算一个企业或组织在该集群中的中心度，当集群成为全球价值链的一环时，我们也可以将集群缩为一个点，计算该集群在全球价值链中的中心度。

通过上述分析，我们可以归纳出以下结论：(1) 在一个集群中，相对中心度较高的企业比较容易与全球价值链上的领先企业建立互动关系，从而在集群中率先进入升级的通道；(2) 在全球价值链中具有较高相对中心度的集群比较容易获得持续的升级资源。

(二) 结构自治度

结构自治源于 Burt (1992) 的结构洞概念，但与之又有一定的差别。拥有"结构自治性"的节点必须首先处于网络的"结构洞"位置，同时，其与任何其他"结构洞"的连接数量较少，这种连接的数量越少，则其结构自治程度越高，反之则越低。如图 2 所示，在该图中，点"丙"（其与"戊"之间存在非冗余连接，"戊"只有通过它才能访问"甲"、"丁"等节点）处于"结构洞"位置，但同时"丙"也只有通过"戊"才能访问"戊"这个节点，即"丙"会受到"戊"的控制和影响，因此，在图 2 中，"甲"、"丙"、"戊"这三个处于"结构洞"位置的节点的结构自治程度由高到低的顺序为："甲"→"丙"→"戊"。

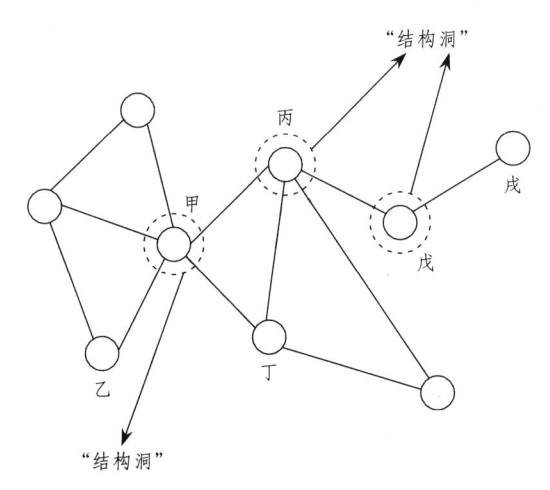

图 2　结构自治度示例

具有高"结构自治度"的节点,在享有因处于"结构洞"位置,而拥有维持关系成本低、易于获得物质资源和新信息以及控制不同群体之间交互的权利的同时,较少受其他处于"结构洞"位置的节点的影响和控制。由此可以得出,具有高"结构自治度"的节点在整个网络中具有行动上的主动性。

(三) 结构对等度

在一个网络当中,两个行动者相互替代之后,如果不改变网络的整体结构,则这两个行动者在结构上就是对等的;或者说,只要网络中的两个行动者拥有相似的关系结构,他们在结构上就是对等的。结构上对等的行动者的属性和行为往往趋向一致,原因有两个:(1) 由于结构上对等的行动者拥有相同的关系结构,因此其所获得的资源、信息和在网络中的地位相似,使其拥有相同的认知和行为;(2) 结构上对等的行动者往往会互相模仿。由此可以看出,处于对等结构位置的行动者之间发生竞争性行为的可能性较小,一旦发生竞争性行为就会引起处于结构对等位置的其他行动者的强烈反应。在全球价值链中,当本地集群与价值链中的领先企业之间的结构对等差异缩小(可被理解为集群通过产业升级逐步具备领先企业的核心竞争力)时,产业集群的升级会面临价值链上领先企业的抵制(我国苏州、上海地区的高科技产品制造产业集群就是一个典型的例子)。一个解决的办法就是加强产业集群中企业的本地结网能力来获得产业升级所需的资源,如加强与本地科研机构、中介结构或其他企业之间的协作等。

(四) 网络稠密度

网络稠密度用来测量一个网络中节点之间关系的稠密程度,它的计算往往以完备网络(即网络中任意两点之间均存在连接)为参照系,公式为:

$$网络稠密度 = \frac{网络中各点的度之和}{n \times (n-1)}$$

其中,n 为网络中节点个数。

当一个网络的网络稠密度越大(越来越接近 1)时,其趋向于一个"稠密网络",从而也就具有了"稠密网络"的特征,因此,当一个网络稠密度上升时,网络中行动者之间发起竞争行为的可能性下降。

网络稠密度不是一个孤立的指标,它的变化会引起上述三个指标的变化,从而给行动者的地位和行为带来影响,具体见图 3。

(1) 当网络稠密度上升时,网络中个体间的中心度差异下降,使得原先依靠相对中心度高在网络中获得优势地位的个体的行为主动性下降。

(2) 网络稠密度上升,其对结构自治度的作用有两种可能,见图 4。

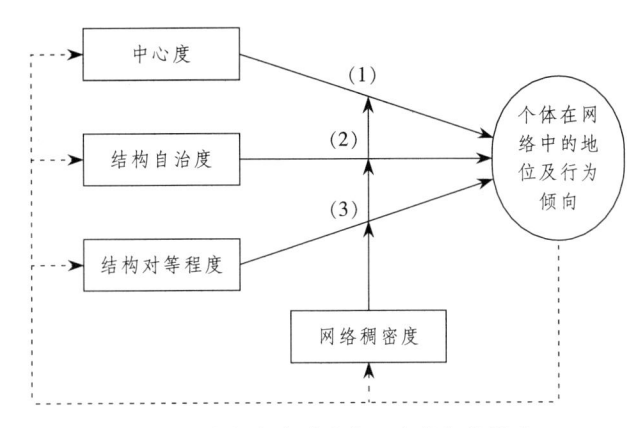

图3 网络稠密度对其他三个指标的影响

资料来源：Gnyawali and Madhavan (2001)。

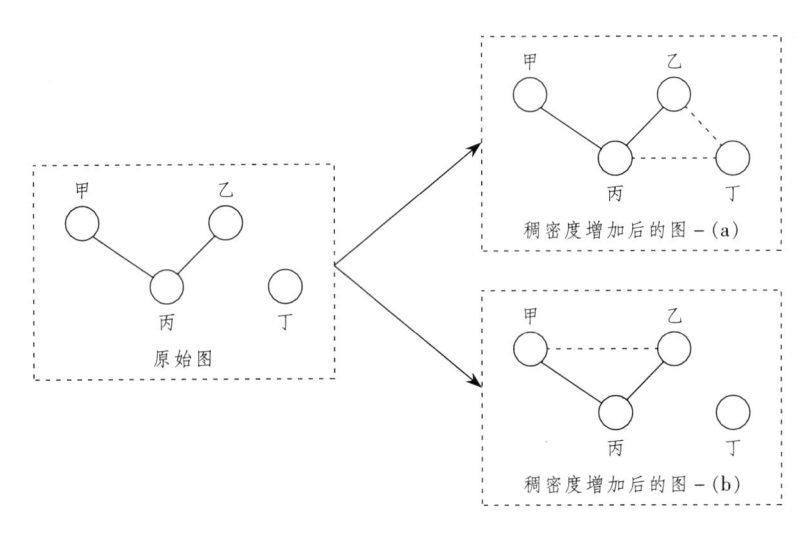

图4 网络稠密度对结构自治度的影响

在图4中，如果原始网络稠密度增加是通过（a）这种情况获得的，则"丙"的结构自治程度增强；如果是通过（b）这种方式获得的，则"丙"的结构自治度下降，甚至失去"结构洞"优势，但一般来说，由于"丙"在初始时因处于"结构洞"位置而对"甲"、"乙"有一定的控制能力，因此其会极力避免情况（b）发生。

（3）当网络稠密度上升时，网络的结构对等个体增加，最极端的情况是，当网络演变为一个完全网络时，网络中的所有个体均结构对等。

根据上述分析，可根据四个网络结构指标将网络区分为：稠密网络[①]

[①] 所谓"稠密网络"是指：网络中个体间的关系是强关系，而非弱关系；是直接的关系，而非间接关系。因此，网络中的每一个个体均在其他个体的"视线"之内。

（Coleman，1988；1990）与"结构洞"网络（见表2）。对应到集群，"稠密网络"可被看成集群的内部网络，"结构洞"可被理解为集群中的焦点企业与外部（全球价值链）的联系。在产业集群的升级问题上，新区域主义认为前者更重要，而全球价值链理论则认为后者更重要。从两种网络的结构比较可以看出，"稠密网络"与"结构洞"存在互补性。大量相关的理论和实证研究（Shaowei He，2006）在集群的背景下展开。对于集群来说，通过其中的焦点企业与外部的联系（这些企业处于"结构洞"位置），就能够建立起获取外部异质信息的渠道，从而避免集群成为一个"刚性"的系统，陷入"锁定"的泥潭。同时，集群通过各种各样的与外部的联系所获得的异质信息，需要通过集群的消化才能转化为创新型的产出，而集群的消化能力则取决于集群内部的"稠密网络"。对美国硅谷的研究生动说明了上述这种互补关系，Saxenian（1994）通过与波士顿128公路产业区的比较发现，硅谷的成功取决于其内部的"稠密网络"，这种"稠密网络"的存在使得各种信息、知识在其内部快速传播，促进了大量创新的涌现；Sturgeon（2003）对全球信息产业的研究发现，硅谷是全球信息产业网络的"HUB"，其凭借"HUB"的地位获得外部的信息，通过内部的"稠密网络"，很快在本地传播、吸收和转化。这两种网络结构的互补使得硅谷长久以来保持了全世界信息产业龙头老大的地位。同时，Shaowei He（2006）认为，"稠密网络"与"结构洞"之间虽然存在互补性，但也可能存在冲突，其主要体现在三个方面：（1）当个体与外部建立了广泛的强关系时，可能对其所在的"稠密网络"的凝聚性产生冲击。处于"结构洞"上的企业，将通过与外部的连接获得的异质信息、规范（如做生意的方式等）等传递给本地网络中的关系方时，因为本地网络中的个体对本地一致性认同的差异，而产生对"新事物"的不同理解和反映，使得本地网络中的个体间关系由洽合转向异质。Bair和Gereffi（2001）对墨西哥Torreon地区的牛仔布产业集群的实证研究发现：虽然该产业集群通过与美国采购商之间建立紧密的协作关系快速的实现了产业升级，但与此同时，该产业集群中的OEM厂商将美国采购商传递给自身的价格压力传递给了本地集群中的协作生产厂商，从而大大影响了本地集群企业间的协作关系。（2）"稠密网络"对外界信息的排斥。当"稠密网络"中的关系对个体经济行为的影响达到Uzzi（1996，1997）所说的"过度嵌入"的程度时，个体通过与外界的联系获得的异质信息将不能被本地网络吸收，其后果将是新制度经济学所谓的"路径依赖"。它有两种可能的表现：①网络中的企业对外界的信息刺激毫无反应；②企业意识到需要做出改变，当由于被过强的网络关系所束缚，使得自身的行为仍处于一个次优的选择而无法做出改变。在这方面，我国温州地区的制造产业集群是一个典型的例子（史晋川，2004）；③是维持内部连接还是建立、维持外部连接，个体均需付出时间（注意力）和资源，而企业的资源和注意力是有限，于是就存在一个如何在两者之间选择、如何在两种关系上分配资源的问题。这又取决于个体在网络中的结构自治程度。

表2 稠密网络与"结构洞"网络

	"结构洞"网络	稠密网络
中心度	个体间差别大	个体间差别小
结构自治度	个体间差别大	普遍较小
结构对等度	低	高
网络稠密度	小	大

六、研究小结

随着技术的进步、分工的扩展，全球诸多国家和地区产生了大量的产业集群，这些散落各地的产业集群，在跨国企业为保持竞争力而进行产业转移和全球贸易日益自由化的趋势的推动下，形成了紧密联系的全球价值链。每一个产业集群都必须考虑这样一个问题：我该如何进入全球价值链？我如何在全球价值链中实现升级，以分享价值链上更多的利润？这个问题落到具体的企业身上就转换为企业的成长战略，但企业的成长选择受它所处的集群以及集群所处的全球价值链的影响，具体地说就是受社会（嵌入性）网络的影响。因此，本文从集群中企业的成长需求出发，基于社会网络的结构分析方法，构建了一个融合集群内外发展环境的集群升级的耦合模型，分析了在全球化的过程中，企业、集群（它可看成全球价值链中的一个点）的行为选择及其对集群升级的影响。

参 考 文 献

1. 刘军：《社会网络分析导论》，社会科学文献出版社2004年版。
2. 史晋川：《温州模式的历史制度分析——从人格化交易与非人格化交易视角的观察》，载《浙江社会科学》2004年第2期。
3. 邬爱其：《企业网络化成长——国外企业成长研究新领域》，载《外国经济及管理》2005年第10期。
4. 张辉：《全球价值链理论与产业发展研究》，载《中国工业经济》2004年第5期。
5. 周雪光：《组织社会学十讲》，社会科学文献出版社2003年版。
6. Amin A., 1999, "An Institutionalist Perspective on Regional Economic Development", *International Journal of Urban and Regional Research* 23, pp. 365 – 378.
7. Bair, J&Gereffi, G., 2001, "Local Clusters in Global Chains: The Causes and Consequences of Export Dynamism in Torreon's Blue Jeans Industry ", *World Development* 29,

pp. 1885 – 1903.
8. Burt, Ron, 1992, Structural Holes: The Social Structure of Competition. Cambridge, Harvard University Press.
9. Coleman, James S., 1988, "Social capital in the creation of human capital", *American Journal of Sociology* 94, pp. 95 – 120.
10. Coleman, James S., 1990, Foundations of Social Theory, Harvard University Press.
11. Gereffi, G., 1999, "International Trade and Industrial Upgrading in the Apparel Commodity Chain", *Journal of International Economics* 48, pp. 37 – 70.
12. Gereffi, G., Humphrey, J. & Sturgeon, T., 2005, "The Governance of Global Value Chains", *Review of International Political Economy* 12, pp. 78 – 104.
13. Gnyawali, Devi R. & Madhavan, Ravindranath, 2001, "Cooperative Networks and Competitive Dynamics: A Structural Embeddedness Perspective", *Academy of Management Review* 26, pp. 431 – 445.
14. Humphrey, J. & Schmitz, H., 2002, "How Does Insertion in Global Value Chains Affect Upgrading in Industrial Clusters", *Regional Studies* 36, pp. 1017 – 1027.
15. Krugman, P., 1995, "Growing World Trade", Brookings Papers on Economic Activity.
16. Saxenian, A., 1994, "Regional Advantage: Culture and Competition in Silicon Valley and Route 128", Harvard University Press.
17. Sturgeon, T. J., 2003, "What really goes on in Silicon Valley? Spatial clustering and disperal in modular production networks", *Journal of Economic Geography* 3, pp. 199 – 225.
18. Shaowei He, 2006, "Clusters, structural embeddedness, and knowledge: A structural embeddedness model of clusters", Paper to be presented at the DRUID-DIME Winter PhD Conference, Skoerping, Denmark, 26th – 28th.
19. Uzzi, B., 1996, "The source and consequences of embeddedness for the economic performance of organizations: the network effect", *American Sociological Review* 61, pp. 674 – 698.
20. Uzzi, B., 1997, "Social Structure and Competition in Interfirm Networks: The Paradox of Embeddedness", *Administrative Science Quarterly* 42, pp. 35 – 67.
21. Wasserman, S. & Faust, K., 1994, Social Network Analysis: Methods and Applications, Cambridge University Press.

Research on the Upgrade of Industry Clusters: Based on an Analysis of the Structure of Social Networks

Gu HuiJun

Abstract: A research framework is built in this article to study the upgrading of the industrial clusters on the basis of the comparative synthesis among the theory of firm growth, New

Regional Theory, and Global Value Chains. In this framework, the process of cluster upgrading, which is emerged by the growth of firms located in local clusters and embedded in GVC, is analyzed based on the structure analysis of social networks.

Key words: Industrial Clusters   Upgrading   Social Networks   Structural Analysis

JEL Classification: L16   L19

海洋产业经济国际研究进展

刘曙光[*]

摘　要：海洋问题的产业经济学研究在国际上有着较长的历史传统和丰富的文献基础。本文通过对 1995~2006 年期间海洋产业经济研究文献进行初步整理，从产业内部涉海企业间竞争、海洋产业组织行为、海洋产业结构调整、海洋港口空间组织及海洋产业规制与政策等方面，对国际海洋产业经济研究进行了初步综述，认为尽管存在一般产业组织理论研究与海洋经济实证研究的相对脱节，但是已经取得的成就对我国开展中国特色海洋产业经济研究具有重要的借鉴意义。

关键词：海洋产业经济　国际研究

　　如果忽略欧洲文明早期跨地中海的经济活动，以及中世纪后期南北欧之间的海上贸易，那么从 16 世纪以来欧洲国家主导的跨越全球大洋的地理大发现，以及 17 世纪海上贸易扩张，18 世纪英国主导的跨海近代工业分工，19 世纪的跨海垄断资本扩张和占领，由此推延到 20 世纪第二次世界大战以后的跨国直接投资与区域性合作，都客观地说明了西方经济发达国家的经济发展与海洋有着全面和深刻的联系，进而不难理解海洋问题在西方经济学应用理论和实证研究中的重要地位和作用。而我国现有的海洋问题的经济学应用理论研究，尤其从产业经济学视角的研究，与国际相关问题的研究还有着一定的差距。本文通过对 1995~2006 年发表的海洋产业经济相关领域论文的整理，以及就相关问题对国际知名产业组织研究专家和海洋经济专家的网上问卷调查，试图梳理近年来国际学术领域对于海洋产业经济的理论和实证研究结果，以期了解这一领域的研究动态。

---

[*] 刘曙光：中国海洋大学经济学院（邮编：266071）、教育部重点人文社科基地海洋发展研究院（邮编：266005）。电子邮件：dawnliu9631@263.net。联系电话：13687618058，0532 - 85902901（H）。
作者感谢夏大慰教授、谭国富教授、张军教授、林平教授、臧旭恒教授、刘志彪教授、荣朝和教授等对于海洋经济与产业经济研究结合的指点，以及诸多国际专家通过电子邮件对该问题的见解；同时，感谢经济学院国际贸易、区域经济学研究生在初期文献整理方面的工作。

一、海洋产业竞争行为

（一）海洋资源竞争的博弈

博弈论方法是海洋产业经济研究的重要分析方法，随着博弈论方法本身的不断发展，同时基于海洋资源时空一体化背景下的动态演化特征（Arnarson，2002），国际产业经济学文献中对于海洋资源的分析趋于利用动态博弈模型[①]。

Jørgensen 和 Yeung（1996）对公共海域商业性渔业问题进行了随机微分博弈。他们确定了一个反馈纳什均衡，得出了均衡收获策略，给出作为可更新自然资源的渔业资源静态分布状态。Grønbæk（2000）概括描述了渔业经济建立博弈论模型的方式和过程，这些模型包括潜在生物学模型和博弈理论计算模型，不同类型的渔业活动类型适用不同的博弈模型，但是模型本身随着博弈论的发展而不断发展。Villena 和 Chavez（2005）提出渔业资源研究中的领土使用权力规制（Territorial Utility Right Regulation）概念，并在演化博弈论（Evolutionary Game Theory）概念下提出资源获取动态模型。Batabyal 和 Beladi（2006）对可更新资源（包括渔业资源在内）国际贸易问题进行了 Stackelberg 差异博弈模型。他们分析了可更新资源在一个买者和多个竞争性卖者之间的国际交易行为，探讨进口国政府是否可以利用贸易政策（单位从价税）间接提升可更新资源的保护程度。

Lin（2005）研究了海洋石油资源生产的多阶段投资定期博弈（Multi-Stage Investment Timing Game）问题。其利用结构性经济计量模型（Structural Econometric Model）分析海上墨西哥湾美国海域石油盲目钻探过程的投资定期博弈行为，利用本模型进行博弈分析得出的结论显示，开采外部性比信息外部性更占优势，而且减少租赁期间可以增加开发利用前的海域资源价值，从而增加政府获益。

（二）海洋交通运输市场的博弈

海洋运输市场博弈涵盖线路选择、经营方式选择、报价竞争、远期合约竞争、航线与港口物流企业关系等方面。其中，Korilis，Lazar 和 Orda（1997）研究了如何通过 Stackelberg 路径选择策略实现海洋运输整体网络的最优。Song 和 Panayides（2002）则探讨了合作博弈理论在海洋航线经营战略联盟

[①] 这也进一步印证了谭国富（2006）教授的观点，谭教授认为：美国和加拿大学者对于海洋生物资源竞争过程的演化博弈研究，已经成为海洋产业经济研究的一个热点领域。编辑自《产业经济评论》编委会年会暨产业经济学发展研讨会（青岛）大会发言纪要，2006 年 5 月 14 日。

中的应用，认为航线间的竞争都很激烈，而结成战略联盟成为一种重要选择。Trace（2002）对集装箱海洋运输全球化竞争问题进行了南北航线上的实证研究。其认为激烈的全球航线竞争致使航线经营者采取创新性、成本节约性战略，并且大型集装箱船强化了诸如钟摆式运输、全球不间断运输、多航线运输等服务创新措施。Kavussanos，Visvikis 和 Batchelor（2004）对场外交易的远期运输期货合约（FFA）与现货交易价格波动性关系问题进行了探讨。通过对太平洋和大西洋各两条干散货贸易航线的实证研究，他们认为FFA 仅对太平洋航线价格波动的不对称性具有一定影响，但却提高了大部分航线信息流动的质量与速度，通过引入可能影响价格波动的控制变量，结果显示只有在具体航线上的远期运输期货合约贸易，才对降低现货交易价格波动有影响。Kavussanos，Visvikis 和 Menachof（2004）进一步证明，1~2个月的远期合约价格能够较为准确地影响所有航线现期运输价格，3个月的远期合约对于太平洋航线运价影响较为直接，而对大西洋航线运价影响存在一定偏差。Leng 和 Parlaro（2005）分析了电子商务企业进行中立国船运输报价竞争博弈问题。模型认为该问题是买者（先者）和卖者（后者）在完全信息情况下的博弈，首先确定买者对于任何给定的卖者出价的最佳响应函数，并给出相应的结构性结果，然后，计算模型的 Stackelberg 解。Boile 和 Theofanis（2006）则研究了定期航运企业与港口共同体内产业的对应关系。他们对航运与港口共同体的角色关系行为进行了 Stackelberg 博弈模型分析，估计了特定角色的各种可能性市场供应垄断行为及其影响，尤其航运企业垄断行为引起的运输链上港口共同体中企业间的相应行为，结果表明现代港口共同体应该形成多式联运系统的一个完整体系，并建立相应战略和战术决策机制。另外，Wie（2005）探讨了作为远洋客运市场竞争的邮轮业投资动态博弈问题。其认为邮轮产业是供不应求的垄断市场，有限的邮轮公司在一个固定的起点上互相竞争以寻求利益最大化，该寡头垄断竞争属于多方非零和不合作动态博弈。

（三）渔业资源拍卖与转让

渔业资源拍卖设计与实验。Stoneham，Lansdell 和 Cole 等（2005）运用信息经济学分析方法，探讨了渔业资源租金改革问题。他们认为渔业中的自然资源有效管理要求最小成本的渔业操作，而信息经济学原理告诉我们企业拥有政府不易获得的有关企业成本的信息，为了进行有效的渔业资源分配，需要确保这些信息的披露，渔业资源拍卖可以达到这一目的。Anferova，Vetemaa 和 Hannesson（2005）则剖析了俄罗斯远东捕鱼配额拍卖的一个失败试验案例。

可转移渔业配额转让研究①。Morgan（1995）对可转移配额管理系统（Transferable Quota Management System）下的最佳渔业配额分配问题进行了研究。其认为尽管可转移配额管理的概念作为一种比投入控制方法更加适当的管理技术正快速地获得接受，但如何在渔业中的参与者及潜在参与者中间分配原始配额，还没有得到足够的理论重视，现行的由行政决定的分配方法可能已不能令人满意，而且正形成经济上的无效率，通过借鉴其他产业（如通信、航空及金融业）关于稀有资源分配中得到的实证经验，可以重新审视渔业中的相对效率、流通效力和可转移配额分配系统。Dupont，Grafton 和 Kirkley 等（2002）研究了个别可转让配额（individual transferable quotas，ITQs）的引入对多产品私有渔场中的有效生产能力和过剩生产能力调节的影响问题。通过对加拿大新斯科舍省个体渔业企业的数据进行分析，得出这种所有权转移机制对多产品产业及特定产品有效生产能力具有明显影响，认为规制制定者趋向于使用基于市场的方法来提高多产品产业的效率。

二、海洋产业组织行为

（一）全球化与海洋产业集群升级

关于海洋产业集群问题的研究，多数文献侧重研究如何通过参与全球化竞争与合作，恢复或者实现本土集群的升级。其中，Chetty（2002）以 M. Porter 集群理论为框架，对新西兰海洋产业集群演化与国际竞争力提升进行了动态关联分析，结果发现集群演化过程是一个组织成长和结构调整综合作用的结果。组织成长主要表现为集群领军企业的带头示范和催化作用，而支持型机构在规划和结构框架下扮演提供设施服务和催化中介作用，集群的演化过程受到各种力量的影响。Iizuka（2003）探讨了全球标准与智利大马哈鱼产业集群可持续性问题。其认为全球环境标准成为要打入发达国家市场的发展中国家必须顺从的标准，而智利大马哈鱼产业具有产业集群的某些特征，只是缺乏与本地的传统和历史联系，重点需要建立全球标准与地方生产体系的相互作用关系，而这种关系对地方环境产生进一步影响。Viitanen，Karvonen 和 Vaiste 等（2003）发现芬兰的海洋产业集群内的企业、机构存在着密切联系，领军企业担当着国家参与国际竞争的重任，集群在国家服务产业建设中也起到相当重要的作用，而政府的资助行为扭曲了海洋运输和造船业的竞争力，如何提升形象和解决劳动力短缺成为当前需要解决的问题。Benito，Berger 和 Forest 等（2003）对挪威海洋产业集群研究结果认为，集

---

① 关于该问题的专题综述参见慕永通：《个别可转让配额理论的作用机理与制度优势研究》，载《中国海洋大学学报》（社会科学版）2004 年第 2 期，第 10~17 页。

群内企业、机构间的互相依赖,尤其是历史曾经的创新和创业行为促进了集群发展,但是近年来的创新活动慢下来,海洋服务业和制造业相对脱节,国际竞争力逐步受到影响。Nijdam 和 Langen(2003)研究了荷兰海洋产业集群中的领军企业行为。他们认为集群的竞争优势取决于领军企业行为以及企业间的相互作用关系,集群中的领军企业通过投资带来对集群其他企业的利益,具体途径包括鼓励创新、促进国际化以及提升本地劳动力群体质量。西澳大利亚大学企业管理与创新研究中心(CEMI)的 Mazzarol(2004)对澳大利亚海洋综合体的产业网络进行了研究。通过对西澳大利亚的企业行为分析,他认为澳大利亚海洋综合体(Australian Marine Complex)已经形成一个具有强劲国际竞争实力的海洋产业集群,政府部门在附近进行的大量投资,支持了本区海洋产业的发展,支持产业和主导产业之间已经建立起较为密切的产业联盟和技术联系,每一个海洋产业都有具备国际竞争力的领军企业,这些企业都已经形成稳定的国际化核心客户群和主要供应商网络。同时,这些企业与本地的供应商、分包商以及其他相关支持产业具有密切联系,行业协会和专业团体起到了人力资源流动和思想交流的良好作用。但是,缺乏专业化劳动力市场支撑、国际竞争力经理人匮乏、与本地大学和研究机构联系弱,是制约集群进一步发展的重要问题。

(二)海洋产业组织的形成与强化

公共问题解决过程中的民间组织行为。Seeberg-elverfeldt(1997)探讨了私人行业在实行波罗的海共同综合环境方案计划的作用。波罗的海共同综合环境方案计划(JCP)是一个旨在重建波罗的海生态平衡的国际环境计划,其主要任务是转移主要的污染源。赫尔辛基委员会的行动目录已经确认了行动的可能空间,这亟须各种契约化私人组织的投资参与。Nielsen 和 Vedsmand(1997)基于丹麦经验,探讨了渔业管理决策过程中的渔民组织角色。他们认为未来世界渔业将会遇到来自管理体制、技术和市场的挑战,需要实施共同管理,进行建设性的机构间对话,鼓励渔民组织的发展是为了提升他们参与渔业共同管理的效果。此外,他们还讨论了渔民组织应该做出的努力。Petersen(2002)探讨了太平洋地区经济政策、渔业协会职能和渔业发展的关系。其认为不健全的渔业经济政策使得太平洋地区的岛屿国家很难从资源上获得重要的经济租金。该地区海域是世界上最大而且最有价值的金枪鱼产地,但落后的政策正阻碍着强大而有效的协会对渔业活动管制的执行,而这正是本区渔业发展所必需的,让渔业协会发挥更大作用势在必行。Donohue(2003)给出了民间机构参与的、多机构合作处理大面积污染问题的例证。在夏威夷群岛,海洋循环模式使该地堆积了相当多的海洋污染,虽然一些政府权力机构负担着对这些岛屿的管理责任,但是单独处理本海域的污染物却力不从心。1998 年夏威夷海洋污染物处理协调工作组织成立,非政府组织和私人行业也参与进来,与行业管理部门和非政府机构一起工作,已经从西北夏威夷群岛转移了195吨渔业传动装置废弃物。

海洋渔业资源卡特尔(Cartel)的双重作用。Campbell(1996)论述了金枪鱼资源拥有者卡特尔对于其成员利润最大化的作用。关于资源卡特尔的研究集中于两个问题,一是卡特尔的构造能够在多大程度上提高其成员的利润水平,二是利润是否能够吸引其成员不至于脱离卡特尔。以太平洋群岛区为一个资源拥有者组织为例证,他分析了金枪鱼卡特尔成员的潜在利润与卡特尔行为的关系模式,并运用罐装金枪鱼市场供需弹性的有限可得信息构建了一个简单的供需模型,模型分析结果认为该组织存在着干预运行的一些力量。Adler(2005)侧重探讨资源保护卡特尔对资源保护所起到的作用。其认为反垄断法通过禁止减少产出和提高价格的行为和安排为消费者带来福利,而资源保护则通过限制非持续资源开发,保证自然资源长期利用,提高人们的福利水平。资源保护行动可能引起短期资源性产品价格上涨,但却会通过保证长期供应来增加消费者福利。

海洋运输产业的卡特尔行为。Slack(2002)基于对全球航线1989年、1994年和1999三年的实证研究,认为航线经营者通过各种联盟方式实现成长过程,战略联盟在运营方式的转换、班轮的发展,以及挂靠港的调整等3个方面促进了航线企业发展。Sjostrom(2004)则对海洋运输卡特尔研究进行了文献综述,认为定期航运企业构成的班轮公会成员之间形成垄断性卡特尔和破坏性竞争两种模式。在这两种模式下,他对企业决策行为对班轮公会效率和收益问题进行了具体分析,尽管对于班轮公会是一个卡特尔还是阻止破坏竞争的机构还有争论,但班轮公会通过建立进入壁垒保持了该组织的稳定性。Martinelli和Sicotte(2004)研究了海洋运输卡特尔中的投票行为。为了研究合法卡特尔的投票行为,他们假设卡特尔寻求利益最大化,研究了其在不清楚需求和成本情况下如何强行选择投票方式,卡特尔将面临两难的抉择,即采取严格意义上的多数原则所带来的执行上的便利,以及由此产生的灵活性的丧失。博弈分析的结果显示,拥有更多企业的卡特尔既不偏向全体一致,也不偏向简单多数,博弈模型同时显示异质型卡特尔不会偏向简单多数。20世纪50年代美国"海洋运输大会"的实证分析证实了这一模型。他们同时指出卡特尔进入壁垒较低情况下可能导致采用中间性超级多数规则(Intermediate Supermajority Rules)。

(三)涉海物流企业兼并

Gregory(2000)利用施蒂格勒生存原则(Stigler's Survivorship Principle)分析了国际定期航运规模经济追求与现今航运企业合并行为。随着全球技术驱动型经济增长、规制变革,以及全球贸易物流攀升,班轮公司不断通过兼并和收购实现全球联盟。这么做的目的在于谋求规模效益,但问题在于是否真正存在规模效益,并且这种规模效益的追求对于产业竞争格局的影响又将如何。通过利用施蒂格勒生存原则,Gregory 对 20 年来的数据进行了三阶段时序分析,结果显示三个阶段都存在规模报酬递增,在每一个生存竞争实验中,中小企业在整个行业中的地位明显下降,大企业地位明显上升,该实证研究验证了班轮企业规模经济的不断加强。Brooks(2000)则提供了 1990 年以来全球班轮航运产业竞争格局调整的发展与演化过程的实证分析,认为全球集装箱海运产业正在经历以兼并和收购为基本手段的全球联盟阶段。其以 Sea-Land 和 Maersk 之间关系为例,解剖了一个最终兼并决策背后的高层决定框架程序。Panayides 和 Gong(2002)对计划中的定期航运企业兼并和收购行为宣布后股市反映进行了实证分析。利用在金融研究中常用的标准市场模型(Standard Market Model),结果表明兼并结局的宣布对于班轮运输关联企业的股市价格行为影响十分明显。Notteboom(2002)分析了欧洲集装箱作业的合并与竞争行为,包括集装箱码头经营者的垂直和水平整合。这种产业结构中的企业间充分合并现象提出了一个基本问题,就是这种行为是否能够充分阻止市场力量的滥用。通过运用可竞争性市场理论(Theory of Contestable Markets),Notteboom 对可能阻止其他企业进入的因素进行了定性和定量分析,并提出行业市场竞争级别的首要指数。Coleman,Meyer 和 Scheffman(2003)对联邦贸易委员会(Federal Trade Commission)的邮轮业兼并进行了实证研究。在总结潜在兼并竞争者行为定性经济分析方法的基础上,他们描述了联邦商务委员会如何对所属油轮航线经营者中的潜在兼并者进行评价和分析,并对具体案例进行了剖析,重点考察了如何对未来兼并过程的协调与互动能力的潜在能力评估。

三、海洋产业间关系

(一)关联产业间的冲突与协调

Schittone(2001)通过对佛罗里达西部附近海域的案例考察,分析了海洋旅游业与商业捕鱼业的冲突。作为历史传统的商业捕鱼业曾经是本区最重要的经济活动,然而过去 20 年以来,海洋旅游业发展压缩了这一传统产业活动的生存空间,这种矛盾的来源实际上是本区地方政府偏袒旅游产业发展,因为该部门能够带来更多的地方经济收益。

Herrera 和 Hoagland(2006)则探讨了商业捕鲸与海洋生态旅游、国际贸易、商业捕鱼等相关产业的关系。商业捕鲸本身就是引起高度争议的,尤其是受到野生动物权益保护组织的威胁和抵制,而捕鲸拥护者争辩说,鲸鱼的资源存量足以支持现有的捕鲸产业活动。从单纯经济效率角度分析,捕鲸参与国的决策取决于捕鲸产业、生态均衡和国际市场需求所带来的租金以及抵制的潜力。通过分析包括国家政策介入的捕鲸行为，发现鲸鱼观赏（属于海洋生态旅游范畴）和捕鱼交易额确实具有经济合理性，同时也给捕鲸津贴提供了经济学理论依据。

Eagle，Naylor 和 Smith（2004）研究了三文鱼养殖与捕捞之间的产业竞争，分析了为什么养殖三文鱼比捕捞三文鱼有市场竞争力。在过去的 1/4 世纪，三文鱼水产养殖产业迅速发展，世界范围内三文鱼产量增加导致的价格下跌给（尤其是在阿拉斯加）三文鱼捕鱼业带来了沉重的打击。通过对比考察发现，养殖三文鱼除了固有的市场优势外，还受益于对天然三文鱼的捕鱼业能力的限制。

(二) 海洋产业结构调整

Kwaka，Yoob 和 Chang（2005）利用投入产出分析方法研究了海洋产业在韩国国民经济中的作用。他们认为国内外环境的改变和海洋科技发展需要人们对海洋产业的重新认识，这要求研究者能够提供可靠的海洋产业地位与作用的信息。本项研究运用投入—产出法分析了 1975～1998 年间海洋产业对韩国国民经济的作用，旨在探讨海洋产业在短期经济运行中的具体功能。研究表明本国海洋产业具有明显的前向与后向产业关联，以及明显的生产拉动效应，但是对供应短缺和市场价格变化的反应不敏感。他们基于该研究结果还提出了针对性的政策建议。

Dawson（2006）对美国个体捕鱼配额（IFQ）施行后的大比目鱼行业垂直整合问题进行了跟踪研究。在一些渔业产业中，有人声称配额计划的实行会导致行业的垂直整合。为控制配额和捕鱼者，美国制定了特定的大比目鱼配额计划，用来保持渔业产业中的小型船只的比例。通过调研，Dawson 认为大比目鱼行业的垂直结构已经产生了明显的变化，结果揭示赋予特定权利对于产业垂直结构有很大的影响。

四、海洋产业的空间组织：区域港口群博弈与演化

(一) 一般理论探讨

随着全球经济一体化程度的加深，以及现代海洋运输技术（包括电子商务技术）的运用，区域港口群之间的竞争模式出现了诸多新的变化，对于现代港口群（尤其是集装箱港口群）的竞争与合作问题研究日益深入。港口之间实际上存在一种竞合（Co-opetition）关系（Song，2003），区域港口群非均衡的竞争逐步形成一种垂直分工体系（Yeo and Song，2006），而个别港口应该在一定的港口竞争秩序之下考虑自己的发展方向和规模（Zeng and Yang，2002）；港口群的这种竞争与合作受制于航线运营商的港口选择

(Nir，Link and Liang，2003；Yap and Lam，2004)、港口群对腹地的分工与竞争（Notteboom and Rodrigue，2005）；现代港口群已经形成一种价值链关联模式，港口群与腹地、航线运营商，以及港口群内各个港口之间价值链联系，成为驱使港口群演化的重要动力（Robinson，2002）。

（二）区域港口群实证研究

欧洲港口群的发展与演化经历了近2000年的历史，形成了地中海、波罗的海、大西洋沿岸等区域港口群，而20世纪70年代以后集装箱运输的发展，又为欧洲港口群的发展和变革带来新的动力，其中地中海港口群受全球航线运营商和码头投资商兼并影响（Heaver，2000），在干线枢纽港和支线喂给—分拨港的竞争中出现调整（Ridolfi，1999）；同样的情况出现在大西洋沿岸和波罗的海港口群竞争之中（Marcadon，1999；Baird，2006），这种受制于全球市场驱动的港口群竞争已经引起欧洲联盟的重视，如何制定相应的协调政策是近期关注的重要话题（Perez-Labajos and Blanco，2004）。

亚洲港口群随着雁形模式的产业转移和包括中国在内的工业化加速发展而迅速崛起，这同时也改变着原来的港口竞争格局（Slack and Wang，2002）。日本作为东亚工业化较早国家，已经建立起相对完善的沿海港口群体系，但是随着工业空心化的加剧和本土产业的升级，其相对分散的集装箱港口组织体系和相对封闭的沿海近距离轮渡网络已经缺乏效率（Baird，2000；Terada，2002）；而东亚国家之间的港口群竞争日益激烈，虽然中国香港地区和釜山在过去30年从港口间区域竞争中受益，但是随着物流重心向中国大陆迁移，主要物流中心和邻近港口之间的激烈竞争将不可避免，应该从理性角度予以分析（Yap and Lam，2006；Lam and Yap，2006；Lee，Chew and LEE，2006）。

中国作为亚洲乃至全球经济增长的引领性国家，其30年来的改革开放政策也引起了港口群的发展与区域港口竞争（Comtois，1999），但是与国际港口群相比，中国的港口群发展有着相对明显的治理体系（Wang，Ng and Oliviera，2004）。具体而言，珠江三角洲周围港口的发展给中国香港地区的国际枢纽地位带来了挑战，而中国国家政府的政策协调，以及来自中国香港地区的周边港口投资，促进了整个珠江三角洲港口群竞争—分工秩序的形成（Wang，1998；Wang and Slack，2000；Song，2002）；随着20世纪90年代初期的浦东开发，长江三角洲地区经济发展和港口竞争已经成为学者关注的焦点，但是这种竞争也体现着一种具有港口群治理色彩的垂直分工秩序（Wang and Slack，2004；Cullinane，Teng and Wang，2005）。

东非港口群作为发展中国家的港口群系统，印证了地理大发现以来殖民地港口发展的轨迹和一般模式。服务于肯尼亚、坦桑尼亚，与全球存在历史传统和现实经济联系的非洲东部港口群，已经形成既相互竞争，又相互依存的关系，根据Taaffe和Barker提出的港口竞争模型，可以将东非港口划分为离散布局、港口腹地孤立拓展、腹地铁路修筑支持下的主要港口（蒙巴萨和达累斯萨拉姆）形成阶段，主要港口间竞争，以及港口腹地拓展和多元化背景下港口群的重新整合阶段（Hoyle and Charlier，1995；Hoyle，1999）。

五、海洋产业规制与政策

（一）海洋渔业产权变革

Bess和Harte（2000）分析了产权在新西兰海产食品业发展中扮演的角色。自从1986年新西兰配额管理系统创立以来，财产权以及管理渔场和海上农业的制度上的安排日趋成熟，商业渔场权利变革会鼓励可转移配额所有者和渔民自愿组织协会，以更好管理海上渔业资源。这些协会强调对海上生态系统的产出能力的共同管理。Marshall（2001）讨论了渔业产权改变加拿大东海岸一个小捕鱼社区渔民的挑战问题。政府在2000年10月提出一项通过水产养殖点分配改变原所有权方式的政策，该政策在本区渔民中产生强烈反响。Marshall认为这种创新的财产制度反映了一种根本不同的意识形态，使得社区失去对渔业资源的控制，进而威胁那些靠天然渔场谋生渔民的经营活动。Fox，Grafton和Kirkley等（2003）研究了渔业产权的规制变革和企业绩效问题。他们在不列颠哥伦比亚大比目鱼产业的案例研究中引入一种指标分解方法，在自然渔业资源储量变化前提下，分别寻求产出价格、各种要素投入价格、固定资产投入成本等与渔业企业利润的微观经济关系模式。该模式提供了可用于所有企业在单位资源存量前提下与利益最大企业的相应的指标对比，进而为企业和规制制定者提供了关于提升整个行业绩效的客观依据。

（二）海洋产业规制

产业环境规制问题。Barton（1997）以智利三文鱼生产为例，分析了商业性渔业环境，可持续性和产业规制的关系。自20世纪80年代以来，智利的商业化三文鱼水产养殖显示了强劲增长的势头，虽然价格水平降低，但增长没有减缓迹象。三文鱼养殖业的效率和利润主要取决于两个因素，即以最小的成本获得最大增长率的饵料投入，以及对三文鱼死亡率的人为控制。但对这些因素的管理带来了生产基地的淡水和海洋环境污染问题，控制这些负面影响的产业规制将决定该产业的可持续性。研究结果指出，应该由国家政府对三文鱼水产养殖实施产业监视和规制，控制智利三文鱼产业扩张的程度，使得在目前扩张速度下实现可持续发展。Richards，Glegg和Cullinane（2000）剖析了英国产业发展和海洋环境协调过程的环境规制问题。英国工业污染政策的实施主要由综合污染控制（Integrated Pollution Control）检察员负责完成，他们通过综合考虑环境、技术和经济因素做出相应的决定。对立法者和工业经营者的访问揭示了两者相似的观点，在相关谈判过程中要利用科学、技术和经济信息。对于已建立的环境质量标准和已经授权的排放限制被两者视为有效和易于管理的，然而在现实情况中，因为检察员的官僚政治，较差的执行力和不考虑工业化学品污染的危险而受到环境小组的指责，大家一致认为社会需要更多的环境监测。

规制实施及其产业影响。Lane 和 Stephenson（2000）讨论了政府—行业（渔业）合作过程中的制度安排与组织建设问题。他们认为过去几十年间政府代理机构在建立渔业管理制度中的突出的作用导致了自上而下的普遍管理模式，而渔业部门通常被排除在管理之外，这种制度安排是进行更有效管理改革的主要障碍。而另一种自下而上的制度和参与渔业的决策有着诸多好处，这种更加有效的制度安排往往要求建立真实的持股人和政府的合作关系。Kaplan 和 Powell（2000）探讨了政府对市场规制的波及效应。对于商业化捕鱼业来说，海上安全是一个严肃的问题。通过对一个普通港口（新贝德福德）的调查，他们认为一些主要用于减轻渔业股票压力的规制，同时可导致渔民压力的增加和海上安全的降低。Marin（2003）以美国海事局为例，研究了管理权力分拆对所管行业的影响。最近一些经济学对公共官僚组织结构被所管行业俘获的难易程度进行探讨：认为规制权力分离将减少被所管行业俘获的危险。从投资者对重组美国海事局（United States Maritime Bureaucracy）管理职能一分为二的反应发现，此次机构分拆对海上运输者是有害的。

规制调整及其影响。Hauck 和 Sweijd（1999）探讨了对非洲南部鲍鱼偷猎进行管理的重新规制问题。非洲南部的渔业管理改革面临着许多对目标有潜在威胁的不确定因素，违法捕捞对海洋资源的持续利用非常不利。关于鲍鱼偷猎活动合法和非法性的犯罪学研究明确表明了问题的严重性和复杂性，并且这种消极效应涉及到环境、社会、经济和政治等诸多领域。不合法的规章制度，对权威人士的不信任和腐败，资源利用者之间的仇恨和经常的暴力冲突以及在社团中蔓延的恐惧，增加了合作管理组织的挑战性。虽然历史上曾经依靠法律执行和犯罪控制来解决违法捕捞问题，但公认的解决方法是管理权的转移。考虑到上面所说的一系列问题，这种转移需要用极端的方法进行。Talley（2004）分析了规制和解除规制对美国港口不同就业者工资水平差异的影响。调查发现，规制和解除规制条件下的多式联运和港口工资有所不同。在规制时期工会规定的卡车司机、路轨工程师和港口码头工人的工资率是可比的，而在解除规制期间，工会规定的卡车司机和路轨工程师的工资率相对那些码头工人下降了。这些结果反应的问题在于，在解除规制期间，码头工人、卡车司机和铁路工程师的讨价还价能力相对增加和减少。

（三）海洋产业反垄断

Adler（2004）认为反垄断是海洋资源保护的一个障碍，主张通过合谋实现资源保护。反垄断原则和海洋公共资源保护存在一定矛盾。海洋渔业资源保护的理论研究和实践表明，作为具有流动性的公共资源，如果不从可持续生产水平考虑，无论通过产权约束，还是提高社会道德规范意识，以及强化政府法规，都会导致海洋渔业资源"公地悲剧"的结局。基于提高市场效率理念的反垄断，应该寻求与保护公共资源的私人努力协调统一。政府应该通过法律手段支持私人合作渔业组织的资源保护行为，在任何一种情况下，反垄断法都不应该与非政府资源保护行为相抵触。Haldrup, Møllgaard 和 Nielsen（2005）在大马哈鱼市场反垄断问题研究中，给出了序惯市场（Sequential Market）与同步市场（Simultaneous Market）的量化描述方式。相关市场描述是反垄断案例的重要任务，这方面的标准化方式是进行序惯描述，然后定义地域空间同步市场，生产过程与地理分布上共同供给与需求替代一般强于各自的供需替代。通过利用挪威和苏格兰大马哈鱼价格数据集进行实证分析，他们验证了空间同步市场描述的可行性，并与序惯市场描述进行了对比。

King（1999）指出了OECD国家造船业发展的新方向及政府对策。世界造船能力已经有近三十年处于相对过剩状态，因此多年以前OECD国家的船坞就通过政府资助被保存起来。从1989年起，恢复这些造船设施竞争力的磋商开始进行，在OECD赞助下主要造船产业集团都参与进来。5年以后，他们达成一个协议，但由于至今尚未生效，所以欧洲议会决定单方面启动该计划，同时采取与OECD造船协议相配套的政府援助制度，将造船业提升到与其他产业相同的地位。MyongSopa和MoonBaeb（2001）分析了韩国渔业产业长期得到政府补贴的现实。由于面临国际上关于削减和取消渔业补贴的争论，他们认为必须重新审视本国渔业补贴政策与WTO，OECD，FAO，UNEP等国际机构的规则协调问题。Aarset（2002）阐述了协会对政府政策实施的影响作用，主张政治决策虽然是必要的，但是对于政策实施却未必是最有效的。华盛顿州实证研究显示渔业协会在协助政府政策执行方面的脆弱性，作为能够表达渔业利益冲突中不同利益要求的代表，协会却没有真正参与到政策形成的决策过程中，而美国东南部鲶鱼产业和挪威大马哈鱼产业的实践却提供了相对成功的产业组织案例。Nash（2004）对美国商务部制定的中长期水产业生产促进规划进行了概括评价。其探讨了该项计划对海洋环境的可能影响，认为需要大量的技术上可行的准备工作；同时，还应面对规划实施过程的诸多非技术障碍，包括如何提升海洋食品的单位消费水平、海洋食品营销问题、海洋资源占用的法规、所需资金的投入来源，以及应对变化的经济社会环境等。每项问题都需要政府和私人机构的共同参与。通过总结近年来在港口竞争政策方面的进展，Perez – Labajos 和 Blanco（2004）对欧洲商业海港竞争政策进行了深入分析，认为经济全球化和可持续发展需要对国际海运成本和基础设施产生了强烈的影响，港口面临运输"忠诚度"的丢失和"游戏新规则"的出现。为重新赢得他们客户的信赖而不断发展的新策略，主要集中在商业和技术策略、新的法律框架和它对欧盟未来"共同港口政策"的作用上。

六、结　　语

对海洋问题的产业经济学研究文献初步分析，以及对海洋产业经济相关问题的调研，初步证实了以下一些观点，即：(1) 国际产业经济理论研究和海洋经济问题研究依然存在一定的差距。问卷调查结果表明，多数产业组织专家对于海洋领域的案例涉及较少或者没有涉及，而多数海洋经济专家认为研究海洋产业组织问题还有一定的难度，也就是对于海洋经济研究者来说，无论从资料的获取还是模型方法的运用，都存在着不低的"进入壁垒"。(2) 对于海洋问题（尤其是跨国/公共海域的海洋问题）的研究，一般需要涉及包括国际政治、法律、文化、管理、技术等在内的诸多领域，经济问题有时只是这些问题纠缠的结果。因此，在诸多海洋产业经济文献中，海洋问题研究只是一个明确了诸多外部条件的单纯例证，论文的重点似乎侧重理论模型的推演和展示，而对于真正解决海洋问题的应用研究还有一定距离。(3) 因为海洋问题的具体性和复杂性，一些现代经济学基本方法的运用，尤其包括博弈论方法的应用，有时会模糊单纯产业组织理论研究和其他经济学分支，乃至与非经济学研究的界限，如港口博弈问题实际上也是区域经济学必须面对的问题，海洋产业规制问题也是海洋法和海洋政治等学科研究的重要内容。(4) 不同领域的海洋产业活动，对于产业经济研究的侧重点也存在差异，其中，海洋资源问题的动态博弈研究、海洋运输领域的卡特尔组织与企业兼并研究、海洋制造业与临港服务业的产业集群研究、海洋港口群的空间组织与演化博弈研究、海洋产业环境问题的规制研究等相对比较集中。(5) 基于对有限文献的分析，初步认为尚缺乏对整个海洋产业经济的基本理论、整体方法和学科体系的探讨。案例和实证研究的内容相对分散，加上可供评述文献的数量，有时难以总结其一般趋势和主要方向。

尽管本文只是一个初步的文献综述，但是从已经得到的研究结果来看，从产业经济学角度对国际海洋经济问题的研究依然取得了值得学习的诸多成就，为我们运用相对规范和成熟的方法从事海洋经济问题研究，提供了难得的探索和经验。同时，我们也应该结合中国海洋经济活动实践，在借鉴和运用相关理论和方式的同时争取有所创新，为建设中国特色海洋产业经济学科做出努力。

参 考 文 献

1. Aarset B., 2002, "Pitfalls to policy implementation: controversies in the management of a marine salmon-farming industry", *Ocean & Coastal Management*, Vol. 45, pp. 19 – 40.
2. Adler J. H., 2004 – 2005, "Conservation cartels", *Regulation Winter*.
3. Adler J. H., 2004, "Conservation through collusion: antitrust as an obstacle to marine resource conservation", *Washington & Lee Law Review*, Vol. 61.
4. Alderton T., Winchester N., 2002, "Globalisation and de-regulation in the maritime industry", *Marine Policy*, Vol. 26, pp. 35 – 43.
5. Anferova E., Vetemaa, M, Hannesson R., 2005, "Fish quota auctions in the Russian Far East: a failed experiment", *Marine Policy*, Vol. 29.
6. Arbo P, Hersoug B., 1997, "The globalization of the fishing industry and the case of Finnmark", *Marine Policy* 21 (2), pp. 121 – 142.
7. Arnarson I., 2002, "Simulating economic processes in time: with an application to the Alaskan fishing industry", Working Paper, Norwegian College of Fishery Science, University of Tromsø, Norway.
8. Arnason R., Hannesson R., Schrank. W. E., 2000, "Costs of fisheries management: the cases of Iceland, Norway and Newfoundland", *Marine Policy*, Vol. 24, pp. 233 – 243.
9. Baird A. J., 2000, "The Japan coastal ferry system", *MARIT. POL. MGMT* 27 (1), pp. 3 – 16.
10. Baird A. J., 2006, "Optimising the container transhipment hub location in Northern Europe Gouvernal E.", Debrie J. and SLACK B, 2005, "Dynamics of change in the port system of the western Mediterranean", *MARIT. POL. MGMT.*, 2006, 32 (2), pp. 107 – 121.
11. Baird A., 1995, "Privatisation of trust ports in the United Kingdom: review and analysis of the first sales", *Transport Policy* 2 (2), pp. 135 – 143.
12. Barton J. R., 1997, "Enviroment, sustainablity and regulation in commercial aquaculture: the case of Chilean Salmonid production", *Geoforum*, Vol. 28, pp. 313 – 318.
13. Batabyal A. A. and Beladi H., 2006, "A Stackelberg game model of trade in renewable resources with competitive sellers", Working Paper Series.
14. Benito G. R. G., Berger E., Forest M. et al., 2003, "A cluster analysis of the maritime sector in Norway", *International Journal of Transport Management*, Vol. 1, pp. 203 – 215.
15. Bess R., Harte M., 2000, "The role of property rights in the development of New Zealand's seafood industry", *Marine Policy*, Vol. 24, pp. 331 – 339.
16. Boile M., Theofanis S., 2006, "Liner shipping and the port community: modeling the players' relationships", Submitted for Consideration for Presentation at the NATIONAL URBAN FREIGHT CONFERENCE, Feb. 1 – 3.
17. Brooks M. R., 2000, "Restructuring in the liner shipping industry: a case study in evolution", Working Paper.
18. Butcher P. A., Broadhurst M. K., Brand C. P., 2006, "Mortality of sand whiting (Silla-

go ciliata) released by recreational anglers in an Australian estuary", *ICES Journal of Marine Science*, Vol. 63, pp. 567–571.

19. Campbell H. F., 1996, "Prospects for an international tuna resource owners' cartel", *Marine Policy*, Vol. 20.

20. Chang S. E., 2000, "Disasters and transport systems: loss, recovery and competition at the Port of Kobe after the 1995 earthquake", *Journal of Transport Geography*, Vol. 8, pp. 53–65.

21. Chetty S., 2002, "On the crest of a wave: evolution of the New Zealand marine cluster: alliances and networks", Working paper presented at Academy of International Business Annual Meeting, Puerto Rico.

22. Claytor R. R., 2000, "Conflict resolution in fisheries management using decision rules: an example using a mixed-stock Atlantic Canadian herring fishery", *ICES Journal of Marine Science*, Vol. 57, pp. 1110–1127.

23. Coleman M. T., Meyer D. W., Scheffman D. T., 2003, "Economic analyses of mergers at the FTC: the cruise ships mergers investigation", *Review of Industrial Organization* 23 (2).

24. Comtois C., 1999, "The integration of China's port system into global container shipping", *GeoJournal*, Vol. 48, pp. 35–42.

25. Cullinane K., Teng Y. and Wang T., 2005, "Port competition between Shanghai and Ningbo", *MARIT. POL. MGMT* 32 (4), pp. 331–346.

26. Davis D., Banks S., Birtles A. et al., 1997, "Whale sharks in Ningaloo Marine Park: managing tourism in an Australian marine protected area", *Tourism Management*, Vol. 18, pp. 259–271.

27. Dawson R., 2006, "Vertical integration in the post-IFQ halibut fishery", *Marine Policy*, Vol. 30.

28. Dikos G. Marcus H. S., Papadatos M. P., Papakonstantinou V., 2005, "Inverse system dynamics in competitive economic modeling: the case of tanker freight rates", Working Paper.

29. Donn C., 2002, "Two-tiered Employment in the Global Economy: The World Maritime Industry Management Division", Le Moyne College WorkingPaper Series.

30. Donohue M. J., 2003, "How multiagency partnerships can successfully address large-scale pollution problems: a Hawaii case study", *Marine Pollution Bulletin*.

31. Dupont D. P., Grafton R. Q. James Kirkley, Dale Squires., 2002, "Capacity utilization measures and excess capacity inmulti-product privatized fisheries", *Resource and Energy Economics*, Vol. 24, pp. 193–210.

32. Eagle J., Naylor R., Smith W., 2004, "Why farm salmon out compete fishery salmon", *Marine Policy*, Vol. 28, pp. 259–270.

33. Elverfeldt N. J., 1997, "The role of private industry in implementing the Baltic Sea joint", *Marine policy*.

34. Estache A., Gonzalez M., Trujillo L., 2002, "Efficiency Gains from Port Reform and the Potential for Yardstick Competition: Lessons from Mexico", *World Development* 30 (4), pp. 545–560.

35. Fox K. J., Grafton R. Q., Kirkley J et al., 2003, "Property rights in a fishery: regulatory

change and firm performance", *Journal of Environmental Economics and Management*, Vol. 46, pp. 156 – 177.

36. Gabriel R. G. Benito, Eivind Berger, Morten de la Forest, Jonas Shum., 2003, "A cluster analysis of the maritime sector in Norway", *International Journal of Transport Management*, Vol. 1, pp. 203 – 215.

37. Gregory K. V., 2000, "Economies of scale in international liner shipping and ongoing industry consolidation: an application of Stigler's survivorship principle", Working Paper.

38. Grønbæk L., 2000, Fishery Economics and Game Theory, University of Southern Denmark.

39. Haldrup N., Møllgaard P., Nielsen C. K., 2005, "Sequential versus simultaneous market delineation: the relevant antitrust market for Salmon", CCP Working Paper 05 – 2.

40. Harte M., 2001, "Opportunities and barriers for industry-led fisheries research", *Marine Policy*, Vol. 25, pp. 159 – 167.

41. Hauck M., Sweijd N. A., 1999, "A case study of abalone poaching in South Africa and its impact on fisheries management", *ICES Journal of Marine Science*, Vol. 56, pp. 1024 – 1032.

42. Heaver T., 2000, "Do mergers and alliances influence European shipping and port competition?", *MARIT. POL. MGMT.* 27 (4), pp. 363 – 373.

43. Herrera G. E., Hoagland P., 2006, "Commercial whaling, tourism, and boycotts: An economic perspective", *Marine Policy*, Vol. 30, pp. 261 – 269.

44. Hilborn R., Stokes K., Maguire J. J., Smith T. et al., 2004, "Recent developments: When can marine reserves improve fisheries management?", *Ocean & Coastal Management*, Vol. 47, pp. 197 – 205.

45. Hoyle B, Charlier J., 1995, "Inter-port competition in developing countries: an East African case Study", *Journal of Transport Geography* 13 (2), pp. 87 – 103.

46. Hoyle B., 1999, "Port concentration, inter-port competition and revitalization: the case of Mombasa, Kenya", *MARIT. POL. MGMT* 26 (2), pp. 161 – 174.

47. Iizuka M., 2003, "Golbal standards and local producers: environmental sustainability in the Chilean salmon industry", Paper submitted for the workshop on Clusters and Global Value Chains in the North and the Third World, Oct. 30 – 31.

48. Jansson J. O., Ericsson R., 2002, Unification of accounts and marginal costs for Transport Efficiency. Annex A6: Swedish Seaport Case Study: Price Relevant marginal cost of Swedish seaport services. Working Funded by 5th Framework RTD Programme. ITS, University of Leeds, Leeds, Aug.

49. Jørgensen S., Yeung D. W. K., 1996, "Stochastic differential game model of a common property fishery", *Journal of Optimization Theory and Applications* 90 (2), pp. 381 – 403.

50. Kaplan, I. M., Kite-Powell H. L., 2000, "Safety at sea and Fisheries management: fishermen's attitudes and the need for co-management", *Marine Policy*, Vol. 24, pp. 493 – 497.

51. Kavussanos M. G., Visvikis I. D., Batchelor R. A., 2004, Over-the-counter forward contracts and spot price volatility in shipping, Transportation Research Part E, Vol. 40, pp. 273 – 296.

52. Kavussanos M. G., Visvikis I. D., Menachof D., 2004, "The Unbiasedness Hypothesis in the Freight Forward Market: Evidence from Cointegration Tests", *Review of Derivatives Research*, Vol. 7, pp. 241 – 266.
53. Kim I., 2002, "Ten years after the enactment of the Oil Pollution Act of 1990: a success or a failure", *Marine Policy*, Vol. 26, pp. 197 – 207.
54. King J., 1999, "New directions in shipbuilding policy", *Marine Policy* 23 (3), pp. 191 – 205.
55. Klink H. A. and Berg G. C., 1998, "Gateways and intermodalism", *Journal of Transport Geography* 6 (1), pp. 1 – 9.
56. Korilis Y. A., Lazar A. A., Orda A., 1997, "Achieving network optima using Stackelberg routing strategies", *Networking, IEEE/ACM Transactions* 5 (1), pp. 161 – 173.
57. Kronbak L. G., 2002, "The Dynamics of an open access: the case of the Baltic Sea cod fishery", Working Paper, University of Southern Denmark.
58. Kwaka, S. J., Yoob S. H., Chang J. I., 2005, "The role of the maritime industry in the Korean national economy: an input-output analysis", *Marine Policy*, Vol. 29.
59. Lalwani C. S. and Stojanovic T., 1999, "The development of marine information systems in the UK", *Marine Policy* 23 (4 – 5), pp. 427 – 438.
60. Lam J., Yap W., 2006, "A measurement and comparison of cost competitiveness of container ports in Southeast Asia", *Transportation*, Vol. 33, pp. 641 – 654.
61. Lane D. E., Stephenson R. L., 1999, "Fisheries-management science: a framework for the implementation of fisheries-management systems", *ICES Journal of Marine Science*, Vol. 56, pp. 1059 – 1066.
62. Lane D. E., Stephenson R. L., 2000, "Institutional arrangements for fisheries: alternate structures and impediments to change", *Marine Policy*, Vol. 24.
63. Lee L. H., Chew E. P. and LEE L. S., 2006, "Multicommodity network flow model for Asia's container ports", *MARIT. POL. MGMT* 33 (4), pp. 387 – 402.
64. Leng M., Parlaro M., 2005, "Free shipping and purchasing decisions in B2B transactions: a game-theoretic analysis", *IIE Transactions*, Vol. 37, pp. 1119 – 1128.
65. Lin C. C., 2005, "The multi-stage investment timing game in offshore petroleum production: preliminary results from an econometric model", Working Paper.
66. Marcadon J., 1999, "Containerisation in the ports of Northern and Western Europe", *GeoJournal*, Vol. 48, pp. 15 – 20.
67. Marin P. L., 2003, "Does the separation of regulatory powers reduce the threat of capture? Evidence from the U. S. maritime bureaucracy", Discussion Paper No. 4093, University of Vermont, www. cepr. org/pubs/dps/DP4093. asp.
68. Marshall J., 2001, "Landlords, leaseholders & sweat equity: changing property regimes in aquaculture", *Marine Policy*, Vol. 25, pp. 335 – 352.
69. Martinelli C., Sicotte R., 2004, "Voting in Cartels: Theory and Evidence from the Shipping Industry", Discussion Paper 04 – 04.
70. Matthíasson T., 2001, "The Icelandic debate on the case for a fishing fee: a non-technical introduction", *Marine Policy*, Vol. 25, pp. 303 – 312.

71. Mazzarol T., 2004, "Industry networks in the Australian Marine Complex", CEMI Report.
72. Morgan G. R., 1995, "Optimal fisheries quota allocation under a transferable quota (TQ) management system", *Marine Policy* 19 (5), pp. 379 – 390.
73. Morris A. J., 1999, "Discharge regulation of the UK nuclear industry", *Marine Policy*, Vol. 23, pp. 359 – 373.
74. Mutual P. B., 2001, "Risk: P&I insurance clubs and maritime safety and environmental performance", *Marine Policy*, Vol. 25, pp. 13 – 21.
75. MyongSopa P., MoonBaeb J., 2001, "Korea's fisheries industry and government financial transfers", *Marine Policy*, Vol. 25, pp. 427 – 436.
76. Nash C. E., 2004, "Achieving policy objectives to increase the value of the seafood industry in the United States: the technical feasibility and associated constraints", *Food Policy*, Vol. 29, pp. 621 – 641.
77. Nielsen J. R, Vedsmand T., 1997, "Perspectives for fisheries co-management based on Danish fisheries", *Marine Policy*.
78. Nijdam M. H., Langen P. W., 2003, "Leader Firms in the Dutch Maritime Cluster", Paper presented at the ERSA Congress.
79. Nir A., Link K., Liang G., 2003, "Port choice behaviour — from the perspective of the shipper", *MARIT. POL. MGMT* 30 (2), pp. 165 – 173.
80. Notteboom T. E., 2002, "Consolidation and contestability in the European container handling industry", *MARIT. POL. MGMT* 29 (3), pp. 257 – 269.
81. Notteboom T. E., Rodrigue J., 2005, "Port regionalization: towards a new phase in port development", *MARIT. POL. MGMT* 32 (3), pp. 297 – 313.
82. Orams M. B., 2000, "Tourists getting close to whales, is it what whale-watching is all about?", *Tourism Management*, Vol. 21, pp. 561 – 569.
83. Pak M. S., Joo M. B., 2002, "Korea's fisheries industry and government financial transfers", *Marine Policy*, Vol. 26, pp. 429 – 435.
84. Panayides P. M and Gong X. H., 2002, "The stock market reaction to merger and acquisition announcements in liner shipping", *International Journal of Maritime Economics* 4 (1), pp. 55 – 80.
85. Perez-Labajos C., Blanco B., 2004, "Competitive policies for commercial sea ports in the EU Marine Policy", *Marine Policy*, Vol. 28, pp. 553 – 556.
86. Perez-Labajos C., Blanco B., 2004, "Competitive policies for commercial sea ports in the EU", *Marine Policy*, Vol. 28, pp. 553 – 556.
87. Petersen E. H., 2002, "Economic policy, institutions and fisheries development in the Pacific", *Marine Policy*, Vol. 26, pp. 315 – 324.
88. Richards J. P., Glegg G. A. and Cullinane S., 2000, "Environmental regulation: Industry and the marine environment", *Journal of Environmental Management*, Vol. 58, pp. 119 – 134.
89. Ridolfi G., 1999, "Containerisation in the Mediterranean: between global ocean routeways and feeder services", *GeoJournal*, Vol. 48, pp. 29 – 34.
90. Rijnsdorp A. D., Dol W., Hoyer M. et al., 2000, "Effects of fishing power and competitive

interactions among vessels on the effort allocation on the trip level of the Dutch beam trawl fleet", *ICES Journal of Marine Science*.

91. Robinson R., 2002, "Ports as elements in value-driven chain systems: the new paradigm", *MARIT. POL. MGMT* 29 (3), pp. 241 – 255.

92. Ruckes E., 2000, "Evolution of the international regulatory framework governing international trade in fishery products", Fishery Industries Division, Online Working Paper.

93. Ryan T. P., 2001, "The economic impacts of the ports of Louisiana and the maritime industry", University of New Orleans, Working Paper.

94. Sankaran J. K., 2005, "Innovation and value-chains of nutraceuticals: the case of marine natural products", Working Paper.

95. Schittone J., 2001, "Tourism vs. commercial fishers: development and changing use of Key West and Stock Island, Florida", *Ocean & Coastal Management*, Vol. 44, pp. 15 – 37.

96. Seeberg-elverfeldt N., 1997, "The role of private industry in implementing the Baltic Sea joint comprehensive environmental action programme", *Marine Policy* 21 (5), pp. 481 – 491.

97. Sjostrom W., 2004, "Ocean shipping cartels: a survey", *Review of Network Economics* 3 (2), pp. 107 – 134.

98. Slack B., 2002, "Strategic alliances in the container shipping industry: a global perspective", *MARIT. POL. MGMT.* 29 (1), pp. 65 – 76.

99. Slack B., Wang J. J., 2002, "The challenge of peripheral ports: an Asian perspective", *GeoJournal*, Vol. 56, pp. 159 – 166.

100. Smith H. D. and Lalwani C. S., 1999, "The call of the sea: the marine knowledge industry in the UK", *Marine Policy* 23 (4 – 5), pp. 397 – 412.

101. Song D., 2003, "Port co-opetition in concept and practice", *MARIT. POL. MGMT.* 30 (1), pp. 29 – 44.

102. Song D., Panayides. P. M., 2002, "A conceptual application of cooperative game theory to liner shipping strategic alliances", *MARIT. POL. MGMT.* 29 (3), pp. 285 – 301.

103. Song D. W., Panayides P. M., 2002, "A conceptual application of cooperative game theory to liner shipping strategic alliances", *MARIT. POL. MGMT* 29 (3).

104. Song. D. W., 2002, "Regional container port competition and co-operation: the case of Hong Kong and South China", *Journal of Transport Geography*, Vol. 10, pp. 99 – 110.

105. Stoneham G., Lansdell N., Cole A. et al., 2005, "Reforming resource rent policy: an information economics perspective", *Marine Policy*, Vol. 29, pp. 331 – 338.

106. Talley W. K., 2004, "Wage differentials of intermodal transportation carriers and ports: deregulation versus regulation", *Review of Network Economics* 3 (2), pp. 207 – 227.

107. Terada H., 2002, "An analysis of the overcapacity problem under the decentralized management system of container ports in Japan", *MARIT. POL. MGMT.* 29 (1), pp. 3 – 15.

108. Trace K., 2002, "Globalisation of container shipping: implications for the North-South liner shipping trades", A paper for XIII *World Congress of Economic History*, Buenos Aires, July.

109. UN ECONOMIC AND SOCIAL COMMISSION FOR ASIA AND THE PACIFIC. Commercial

Development of Regional Ports as Logistics Centres. New York, 2002.
110. Valentines P. S., Birtles A., Curnock M. et al., 2004, "Getting closer to whales: passenger expectations and experiences, and the management of swim with dwarf minke whale interactions in the Great Barrier Reef", *Tourism Management*, Vol. 25, pp. 647–655.
111. Veenstra A. W., 2002, "Nautical education in a changing world: the case of the Netherlands", *Marine Policy*, Vol. 26, pp. 133–141.
112. Viitanen M., Karvonen T., Vaiste J. et al., 2003, "The Finnish Maritime Cluster", *Technology Review*, National Technology Agency, Helsinki.
113. Villena M. G. and Chavez C. A., 2005, "The Economics of Territorial Use Rights Regulations: A Game Theoretic Approach", Working Paper Series, pp. 1–42.
114. Walker P. A., Greiner R., McDonald D., Lyne V., 1999, "The Tourism Futures Simulator: a systems thinking approach", *Environmental Modelling & Software*, Vol. 14, pp. 59–67.
115. Wang J. J., 1998, "A Container load center with a developing hinterland: a case study of Hong Kong", *Journal of Transport Geography* 6 (3), pp. 187–201.
116. Wang J. J., Ng A. K. and Oliviera D., 2004, "Port governance in China: a review of policies in an era of internationalizing port management practices", *Transport Policy*, Vol. 11, pp. 237–250.
117. Wang J. J., Slack B., 2000, "The evolution of a regional container port system: the Pearl River Delta", *Journal of Transport Geography*, Vol. 8, pp. 263–275.
118. Wang J. J., Slack B., 2004, "Regional governance of port development in China: a case study of Shanghai International Shipping Center", *MARIT. POL. MGMT* 31 (4), pp. 357–373.
119. Wang J. J., Slack B., 2000, "The evolution of a regional container port system: the pearl River Delta", *Journal of Transport Geography*, Vol. 8, pp. 263–275.
120. Whitmarsh D., James C., Pickering H. et al., 2000, "The profitability of marine commercial fisheries: a review of economic information needs with particular reference to the UK", *Marine Policy*, Vol. 24, pp. 257–263.
121. Wie B. W., 2005, "A dynamic game model of strategic capacity investment in the cruise line industry", *Tourism Management*, Vol. 26, pp. 203–217.
122. Yap W. Y. Lam J. S., 2006, "Competition dynamics between container ports in East Asia", *Transportation Research*, Part 40, pp. 35–51.
123. Yap W. Y., Lam J. S. L., 2004, "An interpretation of inter-container port relationships from the demand perspective", *MARIT. POL. MGMT.* 31 (4), pp. 337–355.
124. Yeo G., Song D., 2006, "An application of the hierarchical fuzzy process to container port competition: policy and strategic implications", *Transportation*, Vol. 33, pp. 409–422.
125. Zeng Z., Yang, Z., 2002, "Dynamic programming of port position and scale in the hierarchized container ports network", *MARIT. POL. MGMT.* 29 (2), pp. 163–177.

Progress of Maritime Industrial Organization Study: A Review of International Literatures

Liu Shuguang

Abstract: The perspective of industrial organization theory on maritime issues is supported by rich literatures over a long time. Based on the initial analyses of the journal-published and online-available research papers from 1995 to 2006, the author conducts a brief review in 5 parts of intra-industrial competition, industrial organizational behavior, maritime industrial structure, seaport (group) spatial organization, maritime industry regulation and policy. The results of the review show that although the maritime industrial organization study is far from matured at present, there are still much to be learned from by Chinese researchers in their way to do contribution to maritime industry studies with Chinese characteristics.

Key words: Maritime Industrial Organization   International Literatures

JEL Classification: L72   L99

经济学视域中的环境保护

阎兆万[①]

摘　要：围绕日益严重的、全球性的环境污染问题，西方各发达国家的经济学家从不同角度提出了一系列关于环境保护的理论和治理办法。本文结合中国环境保护的严峻形势，对这些经典的理论进行梳理，以对中国的环境治理提供有价值的参考。

关键词：环境污染　环境保护

20世纪60年代以前，由于环境问题不十分突出和发展经济的紧迫，西方发达国家推崇的是英国经济学家凯恩斯的经济发展决定论。但与经济增长同时到来的却是日益严重的、全球性的环境污染问题，这不得不使更多的学者关注发展与环保的关系。

循环式经济理论。美国经济学家肯尼思·博尔丁（Boulding，1966）发表了"The Economics of the Coming Spaceship Earth"一文。他依据热力学定律，提出了一个最基本的有关环境与经济发展的问题。即：根据热力学第一定律，生产和消费过程产生的废弃物，其物质形态并没有消失，必然存在于物质系统之内，因此，在设计和规划经济活动时，必须考虑环境吸纳废弃物的容量；另外，虽然回收利用可以减轻对环境容量的压力，但是根据热力学第二定律，不断增加的熵意味着100%的回收利用是不可能的。同时，他提出将经济系统视为一个闭环系统考虑。由于资源储存和废物处理能力的有限性，提倡储备型、休养生息、福利型的经济发展，目的在于建立既不会使资源枯竭，又不会造成环境污染和生态破坏的、能循环利用各种物质的"循环式"经济体系，以之代替"单程式"经济（Boulding，1966）。之后，减少污染、提高资源循环利用效率、在保护环境条件下实现持续发展成为学者研究关注的焦点。20世纪70年代初期，美国学者克尼斯（Allen V. Kneese）、艾瑞斯（Robert U. Ayres）和德阿芝（Ralph C. d'Arge）出版了《经济学与环境》一书，依据热力学第一定律的物质平衡关系，对传统的经济系统进行了重新划分，提出了著名的物质平衡模型。1970年，俄裔美国经济学家里昂惕夫（Leontief，Wassily W.）将废物治理部门引入投入产出表，分析环境治理的经济效益、支付的费用及经济发展对环境的影响。他发明了一种经济分析

---

① 阎兆万：北京交通大学经济管理学院，邮编：100044。

方法，用现代数学方法分析国民经济各部门之间在数量上的相互依存关系，用于预测及平衡再生产的综合比例，后用此方法分析改善环境质量带来的效益与支付的费用，及经济发展对生态环境的影响（马洪、孙尚清，1996）。1971年，罗马尼亚的著名经济学家尼古拉斯·乔治斯库－罗根（Georgescu-Roegen，Nicholas）运用热力学原理推导出 Daly 的稳态经济不能从根本上解决问题，而解决经济与资源矛盾的出路在于生产更好耐用性的商品和鼓励太阳能的开发与利用。1973年，美国经济学家克拉克（Clark）强调可更新资源生产方面的同时指出资源保护也是资源群体在一定时间内的最优利用问题，并将资源保护理论建立在生物过程明确的动态数学模型基础上，并与动态最优问题联系起来，奠定了可更新资源管理的理论基础，并提出可更新资源利用枯竭的原因在于开发者采取高贴现率。1974年，美国经济学家赫尔曼·德雷（Herman E. Daly）发表了稳态经济的理论，提出经济结构变化对稀缺资源的依赖越来越小，只要经济中的投入水平与外部输入相当，资源就能达到最优利用率。20世纪70年代末一些经济学家如印度经济学家帕萨·达斯古普塔（Partha Dasgupta）和美国经济学家杰弗里·希尔（Geoffrey Heal）（1979）（赵细康，2003）、西蒙（Simon）和卡恩（Kahn）等开始认识到经济增长与环境质量的关系是一种相互促进的和谐关系，经济增长能够在不损害环境的情况下实现。他们认为，伴随着经济增长，当环境和自然资源处于稀缺状态时，价格机制将发展发挥作用，从而迫使生产者和消费者寻求缓解环境压力的替代物品投入以促进经济增长，同时技术进步将直接使自然资源的利用效率的提高和污染物排放的减少，资源的循环利用亦将缓解经济增长的环境压力。

环境三功能理论。 传统经济理论只是把资源视为可以与其他财富相比较的一种财富形式，因此把自然资源定义为一个经济体系中提供有价值的生产性服务的资源。这种定义只表达了自然资源作为生产过程原材料和能源投入要素的功能，而忽略了环境吸收生产过程和生活消费过程排放的各种废气和废物的功能，以及自然环境提供某种效用收益服务、支持经济体系和人类福利的功能。1998年，爱德华·巴比埃（Barbier, E.）运用环境三功能理论，构造了一个经济—环境相互作用模型，强调人类生活和生产过程对生态稳定和稀缺环境资源充足性的依赖，认为经济和环境相互作用不仅不断提高着环境提供生产投入和能源的相对稀缺程度，而且随着废弃物产生引起的不可逆转的自然环境的破坏，环境质量的下降，生态破坏的可能性不断增大。从长期看，如果经济过程中断自然生态过程，不断引起环境退化，永久地破坏了人类赖以生存和活动的基本环境功能，环境的绝对限制就会出现（叶静怡，2006）。从这个模型来看，环境问题是制约产业发展的重要因素之一。

波特假说（Porter Hypothesis）。传统的新古典经济学家认为，环境保护所产生的社会效益必然会以增加厂商的私人成本，降低其竞争力为代价，其中隐含的抵消关系会对一国的经济发展带来负面的影响。例如，美国经济学家提夫（Jafe，Peterson and Stavins，1995）指出，美国经济之所以经历了十多年的贸易赤字，就是因为美国政府施行的环境管制政策，环境保护造成经济上过高的成本，严重妨碍了厂商生产力的增长及在国际市场上的竞争力。虽然传统的经济学家普遍认为环境保护的机会成本太高，对经济发展造成了负面影响，但是，美国经济学家波特教授（Porter，1991）提出了捍卫环保的主张，他认为：严格的环境保护能够引发创新，抵消成本，这不但不会造成厂商成本增加，反而可能产生净收益，使厂商在国际市场上更具竞争优势，这被称为波特假说，这一假说近年来逐渐被经济学界认可。1995年，波特教授与林德（Classvand Linde）教授进一步详细解释了环境保护经由创新而提升产业竞争力的过程（Porter and van derLinde，1995）。波特认为将环保与企业发展视为相互冲突的简单二分法并不恰当，严格的环保可刺激厂商从事技术创新，并借以提高生产力，有助于国际竞争力的提升，两者之间并不一定存在抵消关系。波特还指出，只有在静态的模式下，环保与经济发展的冲突才无可避免，因为在静态模式中，厂商在技术、产品和顾客需求等维持不变的情况下进行成本最小化决策，一旦额外增加环保投入，必然会造成厂商成本的增加及市场竞争力的下降。但是，近二三十年来，国际竞争力早已不是静态模式，而是一种新的建立在创新基础上的动态模式。具有国际竞争力的厂商并不是因为使用较低的生产投入或拥有较大的规模，而是企业本身具备不断改进与创新的功能，竞争优势的获得，也不再是通过静态效率或固定限制条件下的最优化来形成，而是通过创新与技术进步来提高生产力。因此，波特认为，实施严格的环境保护不仅不会伤害国家的竞争力，反而对其有益。传统经济学假设厂商处于静态的竞争模式，而实际上，厂商处在动态的环境中，生产投入组合与技术在不断变化，因而环保的焦点不在过程，而在最后形成的结果，必须以动态的观点来衡量环保与竞争力的关系。他指出，厂商在从事污染防治过程中，开始可能因为成本增加而产生竞争力下降的现象，尤其是在国际市场上面对其他没有从事污染防治的国外厂商，更可能表现出暂时的竞争力劣势。但是，这种情况不会永远不变，厂商技术等条件的进步将促使其调整生产程序，利用新技术提高生产效率，进而提高生产力与竞争力。因此，环保通过引发厂商的创新，最后会达成降低污染与增加竞争力的结果。因此，波特认为，设计适当的环保标准会激励厂商进行技术创新，创新的结果不仅会减少污染，同时也会达到改善产品质量与降低生产成本的目的，进而增加生产力，提高产品竞争力。适当的环保标准能够促使厂商的创新（Porter and van derLinde，1995）表现在：（1）显示企业潜在的技术改进空间。（2）信息的揭露与集中有助于企业实现从事污染防治的效益。（3）降低不确定性。（4）刺激厂商创新与发展。（5）过渡时期的缓冲器。总之，一个经过适当设计的严格环保标准，能使厂商从更新产品与技术着手，虽然有可能会造成短期成本增加，但通过创新而抵消成本的效果，将使厂商的净成本下降，甚至还有净收益产生。

环境库兹涅茨曲线假说。1995年美国经济学家格罗斯曼（Grossman）和鲁格尔（Kreuger）在对66个国家的不同地区多年的污染物排放量的变动情况分析研究后提出，大多数环境污染物质的变动趋势与人均GNP的变动趋势之间呈倒"U"型关系，即污染程度随人均收入增长先增加，后下降。污染程度的峰值大约位于中等收入水平阶段，比较公认的EKC的转折点是人均GNP在4000～5000美元左右。如果用横轴表示经济增长（GDP或GNP或其人均量等），纵轴表示污染水平（三废排放量等），那么污染水平和经济增长之间的关系曲线呈倒"U"型。据此，他们提出了环境库兹涅茨曲线（EKC）的假说（姚卫星，2005）。环境库兹涅茨曲线反映了经济增长不同阶段所对应的环境状况，这一假定，已被发达国家经济与环境发展的历史轨迹所证明（见图1）。在20世纪70年代末80年代初，美国、德国、日本等发达国家分别在人均GDP11000美元、8000美元、10000美元左右时跨越倒"U"型曲线的顶点，实现环境质量的逐步改善（Grossman and Krueger，1995）。

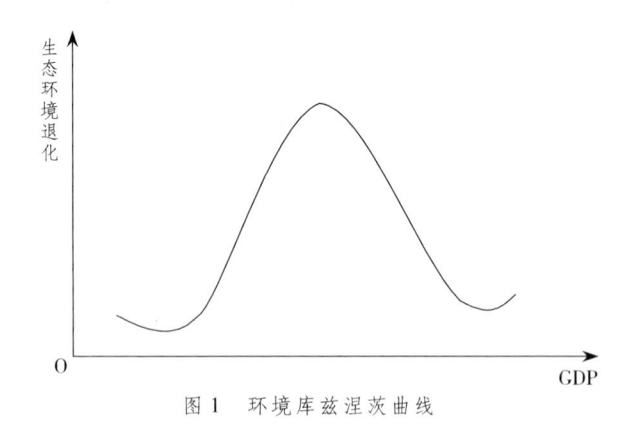

图1 环境库兹涅茨曲线

1995年，美国经济学家格罗斯曼和克鲁格（G. M. Grossman and A. B. Krueger）利用GEMS（GlobalEnvironmental Monitoring System）上对多个发展中国家和发达国家城市污染情况的监测数据，回归了城市空气及河流污染与人均收入的关系（Hilton and Levinson，1998）。1998年，西尔顿和列文森（Hilton and Levinson）利用48个国家20年的数据研究了汽车尾气中铅排放与人均收入之间的关系。1992年，豪茨和萨尔滕（Holtz-Eakinand Selden）以及1994年萨尔滕和宋（Seldenand Song）等也进行了类似的研究，他们的研究表明，环境污染与人均收入之间存在倒"U"型曲线关系（Selden and Song Daqing，1994）。但也有经济学家对这种关系的确切含义表示怀疑（Arrow，K. et al.，1995），他们认为重要的是在达到倒"U"型曲线顶点之前是否就已经超过了环境的阈值（Graadel and Allenby，2002）。

IPAT 环境冲击公式。斯坦福大学著名人口学家埃利希（Paul R. Ehrlich）教授于 1971 年提出一个关于环境冲击与人口、富裕度和技术三因素之间的恒等式。

$$I = P \times A \times T$$

式中，I 代表环境冲击；P 代表人口；A 代表富裕度；T 代表技术。因此，这个公式也被称作 IPAT 公式。环境冲击可用不同的指标表示，例如，CO_2 的排放量、物质消耗总量，等等，A 通常用人均 GDP 表示，T 则主要以单位 GDP 的排放量或消耗量来表示。从公式不难看出，要减少环境冲击，必须控制人口或者提高生产技术水平，控制和减少物质消耗及污染物排放。根据 IPAT 公式，魏兹舍克等学者提出了 4 倍数理论，通过计算预测出未来 50 年内全球消费大致增加 4 倍。若不改善技术水平，全球有限资源 50 年内将每年以 2.8% 的速度下降（$1.028^{50} = 4$）；或者说全球环境压力每年以 2.8% 的速度指数上升，所以资源生产力必须在 50 年内提高 4 倍。

环境的产业结构阶段模型。1989 年，戴维（David Dconnor）针对东亚的环境污染与产业结构变化而提出产业结构阶段模型，该理论认为：东亚国家的工业发展和环境污染程度可分为三个阶段：第一阶段是纺织、服装、食品、饮料等轻工业的发展，这些产业的污染集约度的等级比较低；第二阶段包括铁、非金属、石油化工、非金属矿物那样的中间产品的发展，这些产业的污染集约度等级比较高；第三阶段为电气、电子机械、普通机器、运输机械的发展阶段，这一阶段对环境的影响最低。

产业生态学理论。针对人类复杂多样的产业活动，特别是工业活动，通过比拟生物新陈代谢过程和生态系统的结构及运作机制，1989 年 9 月美国通用汽车公司的研究部副总裁罗伯特·福布什（Robert Frosch）和负责发动机研究的尼古拉斯·加罗布劳斯（Nicolas Gallopoulos）在《科学美国人》杂志上发表的题为《可持续工业发展战略》的文章正式提出了工业生态学的概念，将现代工业生产过程作为一个将原料、能源和劳动力转化为产品和废物的代谢过程。后经尼古拉斯·加罗布劳斯（Nicolas Gallopoulos）等人进一步发展，又从生态系统的角度提出了"产业生态系统"和"产业生态学"的概念。1991 年美国国家科学院与贝尔实验室共同组织了全球首次"产业生态学"论坛，对产业生态学的概念、内容和方法以及应用前景进行了全面、系统的总结，基本形成了产业生态学的概念框架。以贝尔实验室为代表，认为"产业生态学是研究各种产业活动及其产品与环境之间相互关系的跨学科研究"。20 世纪 90 年代以来，产业生态发展非常迅速，尤其是在可持续发展思想日益普及的背景下，产业界、环境学界、生态学界纷纷开展产业生态学理论、方法的研究和实践探索。产业生态学思想和方法也在不断扩展。近年来，以 AT&T 公司，Lucent 公司、通用汽车公司和 Motorola 公司等企业为首的产业界纷纷投资，积极推进产业生态学的理论研究和实践，并以产业生态学的研究作为公司未来发展战略的支柱。由 AT&T 和 Lucent 公司资助，美国国家基金委每年设立"产业生态学奖励基金"，奖励在产业生态学领域做出突出的科学家和企业界人士。1997 年由耶鲁大学和麻省理工学院（MIT）共同合作，出版了全球第一本《产业生态学杂志》。该杂志主编利弗塞特（Reid Lifset）在发刊词中进一步明确了产业生态学的性质、研究对象和内容，认为"产业生态学是一门迅速发展的系统科学分支，它从局地、地区和全球三个层次上系统地研究产品、工艺、产业部门和经济部门中的能流和物流，其焦点是研究产业界在降低产品生命周期过程中的环境压力中的作用"（陆钟武、毛建素，2005）。

我国对于产业环保的研究，相对来说比较晚，但随着科学发展观的提出，这方面的研究日益深化，渐入佳境。1973 年，我国召开了第一次全国环境保护工作会议，1978 年才诞生了第一篇题为《应当迅速开展环境经济学的研究》的环境经济论文，同年制定了环境经济学和环境保护技术经济 8 年发展规划（1978～1985），并开始组织人力研究。1979 年中国环境科学学会成立，进一步推动了环境经济学的研究。在短短的 20 年左右时间里，我国环境经济学的研究从无到有，从分散研究到整个学科构造的研究，从理论到应用研究，产生了一大批可喜的成果，出版了一系列环境经济学论著。

"穿越环境高山"理论。根据埃利希（Paul R. Ehrlich）教授提出的 IPAT 公式，陆钟武等提出了发展中国家应穿越"环境高山"的思想。该思想认为一二百年来，发达国家的经济增长与环境负荷的升降以及未来的走势形成的曲线犹如一座"环境高山"，如图 2 所示（张宏娜，2001）。如果把图中的曲线比喻成一座"环境高山"，那么发达国家在翻山的前两个阶段的一部分时间中，曾付出了沉重的资源环境代价。发展中国家的经济增长还大多处于工业化早中期阶段，要不蹈发达国家的覆辙，必须从环境高山的半山腰穿过去，变"翻山"为"穿山"。

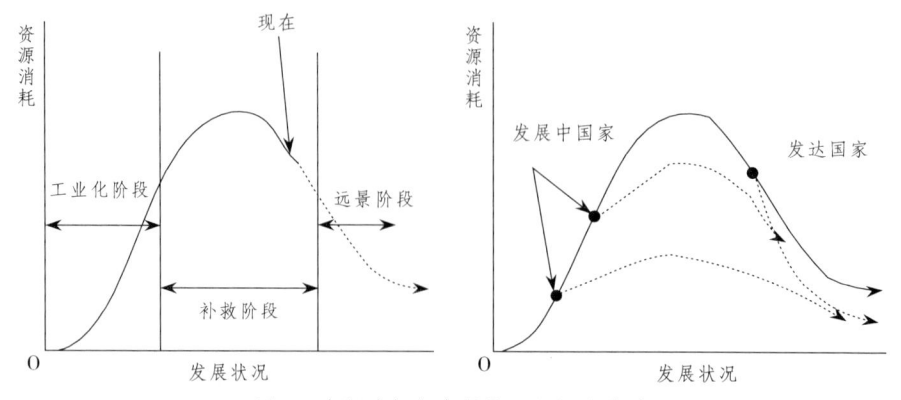

图 2　资源消耗与发展状况之间的关系

三利益统一论。许涤新围绕经济效益、生态效益和社会效益三者的一致性，在生态经济、资源经济和经济生态理论方面做出有益的探索。许涤新认为，开展环境污染的治理与发展经济相关，但不要把环境保护和经济发展对立起来。不要只看经济发展对环境的破坏，在现实的环境"公害"面前惊慌失措，悲观失望；也不要只强调经济的发展而忽视了对环境的破坏，忽视环境公害给人类财产所造成的巨大危害。这都是一种片面的观点。他认为，把经济与环保视为势不两立的两个因素，其结果只能是适得其反，不注重发展经济，环境问题就无力解决，"公害"就会愈演愈烈；同样忽视环境保护，经济发展必定受到严重制约，因此，只有全面地辩证地看待经济发展与环境保护的关系，从而促进经济与环境的协调发展，才是处理二者关系的正确途径（张玉赋、夏太寿等，2006）。这个理论的代表人物还有马传栋、陈大柯和张帆。张帆认为，环境污染危害极大，因此对于广大的发展中国家和地区，应将环境污染控制在一定的水平上。他还指出，在利用市场改进环境质量方面，有两种途径：一是对于某些没有市场的环境产品，要先建立市场，然后再利用市场机制来控制环境污染；二是修正现有的市场机制，由管理部门制定包括全部社会资源价值的市场价格。

环境污染实质论。王惠忠（1992）认为，环境污染的实质是各种经济主体或个人从自身利益最大化出发，在生产和消费过程中尽可能地节约需要支付报酬的资源，而不考虑公正性和整个社会的意愿，无节制地滥用无偿的、但有限的环境资源。面对快速增长的污染物，需要采取各种工程技术措施或增设净化装置等来处理这些各种形式的污染物。因此，社会将承担伴随环境污染而来的巨大社会成本。张敦富（1994）等把环境污染的经济实质概括为六条：（1）环境污染是排污者对环境资源的一种过度利用；（2）环境污染排污者对社会施加的外部不经济行为；（3）环境污染是现代物质生产过程中资源和能源不合理利用的一种表现形式；（4）环境污染是人们利用环境资源时，付出的机会成本越来越大的过程；（5）环境污染是经济增长过程中环境资源出现紧缺的信号；（6）环境污染是对环境资源的主权者——人类利益的损害。

可持续发展观。曹利军、邱耕田、王森洋等（1995）认为可持续发展作为一种发展观是人们对发展实践经验与教训的总结，对新的发展实践的构想。作为观念，可持续发展是人们对社会发展实践的反思、预见和理想；作为一种实践方式，可持续发展是人的社会发展从传统向现代的转换，其本质是人的劳动实践与实践能力的可持续；作为一种战略，可持续发展是人们根据具体情况制定的实现理想、推动社会发展的具体原则、策略，其核心是人的实践方式从传统向现代的转换。夏光（1995）从处理人类与环境的关系和处理环境问题时如何协调人与人之间的关系两方面提出，把研究人与自然之间的技术经济关系称为"环境的经济"，即关于对环境的经济计量和对环境技术的经济评价等；又可称为"环境技术经济学"，他把研究围绕环境问题和环境决策所发生的人与人之间的经济关系称为"环境与经济",即关于经济发展与环境保护之间关系的理论性研究,又可称为"环境制度经济学"。张坤民在其著作《可持续发展论》中,提到与可持续发展有关的能源利用、清洁生产、消费、技术进步、经济手段、法制建设、指标体系、公众参与、资金来源等众多问题。潘家华比较系统地论述了环境与资源的价值原理、持续发展的不同途径及其经济学分析,以及持续发展的市场调控原理与多目标决策,并就土地利用、水资源等问题进行了实证分析。

环境成本内生化理论。2001 年,姚建在其所著的《环境经济学》中采用成本收益法计算生态环境的费用,是假设将生态恶化所带来的环境成本加入生产成本中,使污染者的生产成本增加,迫使市场主体改进生产工艺或采用先进技术提高资源利用率,减少污染物的排放,提高市场主体的生态环境成本意识,促进经济发展与生态环境的协调发展。成本收益法主要强调从微观上对经济发展与生态环境进行协调,未与宏观相结合对经济发展与生态环境的协调发展作更深一步的研究。关于产业发展与环保关系的问题,国务院发展研究中心的周宏春认为:(1)产业发展实现环境成本的内在化,取消扭曲资源价格的补贴,对于减少资源利用上的浪费十分必要。我国对稀缺的水资源实行了补贴政策,这造成了水资源的严重浪费。应当逐步取消导致资源价值低估的价格补贴,开展资源环境的核算,并纳入国民经济核算体系,以引导政府和企业的决策,纠正那种竭泽而渔、片面追求产值而不顾可持续发展的倾向。(2)要从"末端治理"转向从源头抓环境保护,从 20 世纪 80 年代起,西方发达国家就将环境保护从"末端治理"转向"生命周期"管理,如美国的污染预防(Pollution Prevention),加拿大、挪威等国的清洁生产(Cleaner Production)等。在具体措施上,他们注重在生产过程中提高资源的利用效率,削减废物的产生。我国从 90 年代起也开始推行清洁生产,并在试验点上取得了较好的成效,但还没有普遍推广应用。因此,国家有关部门应当转变职能,将工作重点从"关闭"污染型企业转向帮助企业提高资源的利用效率上来。这样,既可以减少因关闭企业造成固定资产不必要的浪费,又不会使失业增加出现社会不稳定的潜在因素(沈浇悦、田春秀,1994)。

参 考 文 献

1. Arrow, K., et al., 1995: Economic Growth, Carrying Capacity and Environment, *Science*, Vol. 268 (April).
2. Graadel, T. E., and Allenby, B. R., 2002: Industrial Ecology, 2nd Ed., New Jersey, Pretence Hall.
3. Grossman, G. M. and Krueger, A. B., 1995: Economic Growth and the Environment, *Quarterly Journal of Economics*, Vol. 110, No. 2.
4. Hilton, Hank, and Levinson. A., 1998: Factoring the Environmental Kuznets Curve: Evi-

dence from Automotive Lead Emission, *Journal of Environmental Economics and Management*, Vol. 35, No. 12.
5. Holtz-Eakin, D., and Selden, T. M., 1992: Stoking, the Fires? CO Emission and the Economic Growth, *NBER Working Paper* No. 4248.
6. Jafe, Adam B. S Peterson, Portney, and Robert N. Stavins, 1995: Environmental Regulation and the Competitiveness of U. S. Manufacturing. What does the Evidence tell us? *Journal of Economic Literature.*
7. Kenneth E. Boulding, 1966: The Economic of the Coming Spaceship Earth Quality in a Growing Economy, New York: Freeman.
8. Porter, Michael E. & Class van der Linde, 1991: Toward a New Conception of the Environment-Competitiveness Relationship, *Journal of Economic Perspectives*, No. 9.
9. Porter, Michael E., 1991: America's Green Strategy, *Scientific American*, Vol. 264, No. 4.
10. Selden, T. M., and Daqing Song, 1994: Environment Quality and development: Is There a Kuznets Curve for Air Pollution Emissions? *Journal of Environmental Economics and Management*, Vol. 27, No. 14.
11. 陆钟武、毛建素：《穿越环境高山——论经济增长过程中环保负荷的上升与下降》，载《中国工程科学》2005年第5期。
12. 马洪、孙尚清：《非均衡增长与协调发展》，中国发展出版社1996年版。
13. 沈浇悦、田春秀：《国外环境保护产业发展现状及趋势研究概述》，载《环境科学研究》1994年第4期。
14. 姚卫星：《环博斯腾湖地区发展循环经济研究——以湿地恢复、造纸企业为例》，新疆大学博士学位论文，2005年。
15. 叶静怡：《发展经济学》，北京大学出版社。
16. 张宏娜：《我国治理环境污染的经济调控手段》，哈尔滨工业大学硕士学位论文，2001年。
17. 张玉赋、夏太寿、徐晖、徐劲峤、洪青、倪杰：《江苏省高新技术产业污染情况调查及对策研究》，载《中国科技论坛》2006年第1期。
18. 赵细康：《环境保护与产业国际竞争力——理论与实证分析》，中国社会科学出版社2003年版。

Environmental Protection in View of Economics

Yan Zhaowan

Abstract: Faced with more severe pollution issues throughout the globe, economists have put forward a series of theories and countermeasures around environment protection. Based on the serious conditions faced by environment protection in China, this article combs up those classical theories in order to provide valuable recommendations for curing environment pollution.

Key words: Environment Pollution   Environment Protection
JEL Classification: Q52   Q56

基于企业家能力的企业成长研究综述

张 瑾[*]

摘 要：企业是市场经济的微观运行主体，企业成长是国家竞争优势的主要源泉，因此企业成长问题一直是国内外经济学、管理学和社会学学者们关注和研究的重要主题。企业家是企业的灵魂，介于市场与组织之间的企业家同时履行很多职能，他必须具备一种综合能力，所以企业家的能力对企业成长发挥着重要作用。文中综述了近年来促使企业成长的企业家的能力维度和影响因素、企业家能力对企业成长的作用机理、企业家能力与企业成长过程方面的研究成果，并对未来的研究做出展望。

关键词：企业家能力 企业成长 能力理论

一、引 言

企业是市场经济的微观运行主体，企业成长是经济繁荣的重要基础，是国家竞争优势的主要源泉，企业成长可以促进经济增长和增加就业机会，因此企业成长问题是国内外经济学、管理学和社会学学者们关注和研究的重要主题。企业家是企业的灵魂，经营企业必须具备综合能力，所以企业家能力对企业成长发挥重要作用。

企业家能力是指通过对不确定环境的敏锐观察，挖掘具有市场价值的机会、获取资源、整合企业内部其他要素资源，并构建组织能力以利用环境中的机会（贺小刚，2006；Man，2002）。企业家能力对企业成长发挥重要作用，没有企业家能力的企业不会获得持续快速发展。企业家能力理论为我们了解企业家对企业绩效的作用提供了更为贴近的解释变量，企业家能力研究也为我们提供了从个体角度分析组织资源整合情况的理论视角。

基于企业家能力的企业成长研究要回答如下问题：促使企业成长企业家应该具备什么样的能力？企业家能力的影响因素是什么？企业家能力对企业成长的作用机理？企业家能力与企业成长过程如何匹配？

---

[*] 张瑾：山东大学管理学院，山东省济南市山大南路27号，邮编：250100；邮箱：zhangjin33311@yahoo.com.cn；电话：13370552358。

二、概念界定和理论基础

(一) 企业成长的概念和理论基础

1. 企业成长的概念。企业成长理论起源于对大规模生产规律的研究，直到潘罗斯 (Penrose, 1959) 发表《企业成长理论》一书才真正奠定了企业成长理论的基础。其后，企业成长理论受到了经济学者和管理学者的重视，并相继涌现出不少研究成果，但企业成长研究未形成统一的理论体系。企业成长理论进入了"丛林"时代，这种"丛林"现象源于不同理论学派对企业和企业成长赋予不同的内涵，以潘罗斯 (1959) 为代表的资源基础论学者将企业视作生产性资源组成的集合，认为企业成长是企业生产性资源的增加和利用能力的增强；科斯 (Coase, 1974) 等学者从交易费用概念出发，将企业定义为市场机制的替代品，认为企业成长就是交易功能的增强和交易范围的扩大等，企业成长表现为外部交易内部化。

虽然不同理论学派对企业成长内涵的观点不一，但对企业成长本质的理解已趋于一致，它们认为企业成长有两层含意：量的成长和质的成长相结合的过程。量的成长是指经营资源量的增加，主要包括企业资源增加、资产增值、盈利增长、销售额增加和人员规模扩张等；质的成长是指企业经营资源的性质变化、结构的重组、支配主体的革新等，如企业创新能力的增强，对环境适应能力的增强等。由于量的成长更容易识别和衡量，所以企业的销售额增长、产品种类增加、雇员人数增加、上市公司总市值增长等指标经常被用来衡量企业成长。总的来看，企业成长这一概念既指企业发展——质变，又指企业增长——量变，还指企业得以持续地生存 (李政, 2005)。

虽然企业成长理论体系尚未统一，但对现有企业成长研究内容进行梳理，我们还是能比较清晰地勾画出当前企业成长研究的内容体系。成长因素、成长过程、成长机制是企业成长研究的主要内容，目前，已经形成了丰富的企业成长决定因素理论、企业成长周期理论和企业成长机制理论。大多数学者选择从融资法律制度、产业、企业制度、技术、知识、转轨经济、信息披露、资本结构、环境不确定性等视角对企业成长因素进行理论分析和实证研究。(邬爱其, 贾生华, 2003), 有些学者从企业创立方式和行为方式等方面来考察企业成长机制问题，拓展和深化对企业成长问题的理解。企业成长机制研究主要探讨企业通过什么方式来实现成长、企业成长的动力因素通过什么途径转变为成长结果等问题。目前现实中主要存在着三种基本的企业成长机制：内部成长机制 (Organic Growth)、并购成长机制 (Acquired Growth) 以及网络化成长机制 (Network – based Growth) (邬爱其, 2005)。

2. 企业成长的理论基础。目前的企业成长理论分为：古典经济学的企业成长论、新古典经济学的企业成长论、新制度经济学的企业成长论、后凯恩斯主义的企业成长论、企业成长的制度变迁理论、潘罗斯的企业成长论、管理者理论的企业成长论（韩太祥，2002）。本文所综述的研究成果是以资源基础论为理论基础。

（1）资源基础理论。潘罗斯（1959）的资源基础理论是企业内部成长机制理论的主要代表。企业内部成长机制可以在"企业资源—企业能力—企业成长"这一框架下展开研究：①企业内部拥有的资源状况决定企业能力。企业内部物质资源所能提供的服务及质量，依赖于人力资源的知识拥有量，两者共同创造每个企业特有的"主观"生产机会。②企业能力决定企业成长速度、方式和界限。管理活动就是试图最有效地利用企业拥有的各种资源，管理能力是关键的企业能力，是影响企业成长率的基本因素，即所谓的管理能力制约企业成长的"潘罗斯效应"。潘罗斯还强调创新能力对企业成长的重要性，受熊彼特关于企业家和创新理论的影响，她认为企业成长的重要一环就是发现潜在的成长机会，企业家对企业成长动机和方向的影响是深远的。有些学者指出，诸如性别、年龄、受教育背景、创业强度、从业经验等企业家个人特征因素，企业管理团队的规模、结构、经验等管理能力因素，以及企业的物质资源状况等企业层面因素，都成为企业内部成长机制的重要内容（韩太祥，2002）。

Francisco Jose Acedo，Carmen Barroso 和 Jose Luis Galan（2006）运用共同引用的分析方法（Co-citation Analysis）对 SSCI 检索到的在 1984～2001 年发表以资源基础理论为理论基础的 3904 篇文献进行分析，研究结果显示了资源基础论有三个主要的发展趋势：①资源基础观（The Resource-based View）；②知识基础观（The Knowledge-based View）；③关系观（The Relational View），这三个分支也出现了相互融合的联结的情况，最典型的是动态能力理论（Dynamic Capabilities Approach）呈现出经典的资源基础观和最近研究的知识基础观的综合。虽然动态能力理论被归类于经典的资源基础观。

（2）能力理论。资源观从企业内部探讨竞争优势的来源。资源的特性决定了资源本身是否可以通过市场进行交易，如果资源具有可交易性、易获得性，则它们将无法给企业带来持续的竞争优势，因为竞争对手可以通过相同的方法在市场上购得，因此具备不可交易性的资源就只能在企业组织内部产生。

资源观关注的是由于资源的独特性而导致企业之间战略隔绝机制。在资源观框架下，企业唯一要做的事情就是去"获取资源"，不断地找到新的机会，找到可以低价购进、高价出售的资源，而资源的组合、能力的构建并非其研究的重点，获取资源交给企业内部那些具有完全认知能力的企业家和管理者，此假设忽视了高层管理者认知能力本身的差异与资源获取之间的关系，忽视了高层认知能力与企业竞争优势之间的关系。

动态能力理论在一定程度上针对资源观的静态分析法而展开的，Prahalad 和 Hamel（Prahalad，Hamel，1990）的案例研究法拓展了资源观的思路，提出核心能力—核心产品—企业成长的分析，掌握核心能力是企业持续成长的关键，Teece，Pisano 和 Shuen（1997）把演化经济学的企业模型和"资源观"结合起来，提出了"动态能力"战略观的框架。这个框架强调以前的战略观忽略的两个关键方面：第一，"动态"是指为适应不断变化的市场环境，企业必须具有不断更新自身胜任的能力；第二，"能力"是指战略管理在更新自身胜任（整合、重构内外部组织技能、资源）以满足环境变化的要求方面具有关键的作用。为应对市场的变迁，企业就必须借助熊彼特的创新精神，通过创新过程改变资源的位势，但能力演进背后有关人的因素并没有受到足够的关注，尤其是忽视了 Penrose 等经济学家有关企业家的论述、忽视了对独特的企业家人力资本的研究。尤其是仍就拟定管理者具备完备的认知能力、完全知晓资源的组合与匹配，假定他们能有效地对资源进行动态管理。基于此能力理论务必考虑到企业家能力，并对研究模型进行拓展，如此才有可能更加深刻地理解企业成长差异性等问题（贺小刚，2006）。

（二）企业家、企业家能力概念

潘罗斯（1959）在《企业成长理论》中从企业组织职能的角度来考察企业家，认为企业家是指发挥"企业家服务"作用的人。所谓企业家服务，"是为企业的利益而引进和接受新概念，尤其在其产品、企业地位和技术上的重要变化等方面，对企业的经营做出贡献；物色新的经营者，从根本上改革公司的管理组织；筹集资金，定出发展计划，包括选择扩大发展的方法在内，为各项工作做出贡献。"企业家的服务是与经营者相对比而言的，后者是执行企业家的构想与提案及承担监督经营作用。她区分了企业家能力和管理能力，认为"有些人具备很高的管理能力和想象力，他们或许是很优秀的人才，但却可能缺乏那种不断进取、追逐利润和更大成就的进取心"。她进一步指出，"由一个缺乏进取心的企业家控制的企业是难以长大的"。从中，我们可以看出，管理分工借助团队的效率提高的是管理能力，它只是为企业家摆脱日常的杂事管理提供了基础，并不直接地提升企业家能力，而且这种管理效率的进一步发挥是受到企业家能力制约的，表现为企业家能力能否为这种高效的管理技能找到更多的出口，如何组织、部署这些管理资源通过不断的参与其他活动发挥更大的杠杆效应。企业成长的关键集中到企业家能力这一因素上来。

企业家能力的定义有狭义和广义之分。从狭义上讲，企业家能力是指通过对不确定环境的敏锐观察，挖掘具有市场价值的机会、获取资源，并构建组织能力以利用环境中的机会（贺小刚，2006）。狭义概念是从企业家职能的角度定义。从广义上讲，企业家能力是包括了企业家性格、技能与知识、人口统计特征在内的高水平的个人综合特质（Man，2002），包括了企业家在企业发展成功以后进一步发现市场机会、挖掘组织能力、制定战略计划、发展外部关系和构造新的概念的能力。广义概念是从企业家物质和职能两个角度的综合定义。

本文是从狭义的职能角度的定义，把企业家的特质作为企业家能力的影响因素之一。企业家能力是指通过对不确定环境的敏锐观察，挖掘具有市场价值的机会、获取资源、整合企业内部其他要素资源，并构建组织能力以利用环境中的机会。没有企业家能力的企业不会获得持续快速发展，企业家能力理论为我们了解企业家对企业成长的作用提供了更为贴近的解释变量，为我们提供了从个体角度分析组织资源整合情况的理论视角。

三、促使企业成长的企业家的能力维度和影响因素

（一）企业家的能力维度

Man（2002）指出企业家能力特征的六个方面：机会能力、关系能力、概念能力、组织能力、战略能力和承诺能力。杨俊（2006）和贺小刚（2006）在 Man 的基础上，进一步拓展了对企业家能力的概念解释，杨俊对六个方面的能力做了深入剖析，并把企业家能力同企业绩效联系起来，指出企业家能力通过作用于创业机会和创业资源影响企业长期发展。

贺小刚则对 Man 提出的理论框架在国内企业中做了定性研究，发展并修正了测量企业家能力的指标体系，把企业家的管理、关系、机会、创新、战略和学习能力作为测量我国企业家能力的指标。贺小刚（2005）通过对 6 家高科技企业和 23 家传统型企业的企业家及其他高层管理者进行半结构性访谈，提出测量企业家能力的相关维度和测项。通过专家效度法和探测性检验，及正式问卷调查，最终基于 277 份有效问卷确定了测量企业家能力的六个能力因子，即战略能力、管理能力、关系能力、学习能力、创新能力和机会能力。实证研究的结果是，对企业成长贡献最大最具有解释力的是企业家的战略能力，其次是管理能力和关系能力，而学习能力、创新能力和机会能力相对而言并不是非常重要。这就说明，在我国转型期，企业家的功能主要体现在：（1）确定企业的发展方向和目标，及时地对市场的变化做出反应，适时地进行战略转移，正确地界定经营边界；（2）领导、团结员工，激励员工，有效地与员工沟通并说服员工，建立有效的监控机制，如善于授权等；（3）与权力机构建立良好的纵向关系以获取政策资源、信息资源，与其他企业家建立良好的横向关系以获取信息资源和物质资源。

William L. Smith, Ken Schallenkamp, Douglas E. Eichholz（2007）为了探究美国中西部企业家促使企业成长需要哪些能力，对 221 名企业家进行访

谈，检验了以往的文献中所认为的对企业家行为非常重要的17种能力，并对这17种能力按重要性和有用性进行排序，这17种能力被归入4大类：技术能力（包括生产运作能力、获得必需的原材料和供应的能力、获得满足需要的办公和生产空间的能力、识别和获得设备和技术的能力）；管理综合能力（管理能力、市场营销、财务、合法性、行政管理、问题解决能力）；企业家技能（商务概念Business Concept、识别开拓市场机会能力Environmental Scanning、平衡独立与构建网络关系能力Advisory Board and Networking）；个人成熟能力（包括反省和自省的能力Self-Awareness、有责任心Accountability、理智处理问题的感情应对能力Emotional Coping、创造力Creativity）。

研究结果表明，企业家这17种能力都和企业的创办和成长有关，访谈的数据分析表明生产运作能力、管理能力、金融财务能力、有责任心、市场营销能力、创造商业概念的能力、创新能力、识别开拓市场机会能力、获取原材料的能力这9种能力无论是重要性还是有用性都排在最前面。研究还发现可以通过评估企业家的这些能力找出企业家的弱项，根据需要进行培训，以提高企业家的能力。但这项研究所选的样本是在过去的2年中曾经向当地小企业发展中心请求过技术帮助的企业家，这些小企业全部都在美国中西部地区，所以这项研究结果只能说明美国中西部小企业成长初期的企业家所应拥有的能力。

当前企业家能力研究的两个热点是企业家社会关系能力和企业家机会认识能力。

近年来，不少学者从企业家的关系能力来探讨企业的成长（边燕杰、丘海雄，2000），认为在中国社会背景下，通过建立良好的关系网络、积累充足的社会资本是促进企业成长的重要途径，如Peng和Heath（1996），及Shan（1990）等人的研究表明，关系基础的战略（战略联盟与政府网络）促进企业效益的增加，边燕杰和丘海雄（2000）也验证了企业社会资本与企业生产力之间的正相关关系。

贺小刚、沈瑜、连燕玲（2006）从企业家社会关系网络角度分析和检验企业的成长路径，试图解答高科技企业成长和获得市场潜力的源泉。通过对国内150家企业数据进行实证研究的结果表明，企业家社会关系对企业成长和市场潜力获得：（1）贡献力最强的是企业家的内部关系，即与员工建立良好的关系路径；（2）贡献力其次的是企业家与上下游企业家等企业关系路径；（3）贡献力最弱的是企业家的政府关系行为路径。这些实证结果与其他一些学者仅仅简单地基于企业家社会关系与企业绩效所进行的实证研究结论存在一定的差异（Peng and Heath，1996；Shan and Hamilton，1990；边燕杰、丘海雄，2000），以往学者笼统分析了企业家关系能力与企业成长是正相关关系，贺小刚（2006）的研究对企业家的关系能力做了剖析，证实不同关系能力对企业成长的贡献不同。

认知和利用机会无论对组织内部还是对建立一个新公司都是非常有价值的,有的研究考虑了为什么有的人可以利用机会而有的人不能,一些研究认为企业家的心理因素、个体特征、人口统计学的个人因素会使企业家有不同的能力,不同的能力又会使企业家的行为不同,另一些研究注意到社会资本和网络联系对机会识别和利用的重要性,然而很少人研究关于社会资本和个人因素相互作用对企业家能力和行为的影响。Donna Marie De Carolis,Patrick Saparito(2006)提出了一个模型,认为企业家的能力和行为是社会资本(如社会网络)和个人因素中的认知偏好相互影响的结果。个人的认知偏好和社会资本对理解企业家行为是重要的,通过探索外部和内部因素共同影响企业家的能力和行为来解释有利的机会和有进取心的个人是如何结合的。社会资本给企业家带来信息和影响这两方面的直接利益,社会资本有三个维度:结构维度、关系维度、认知维度;认知偏好(Cognitive Biases)包括:过度自信(Overconfidence)、控制的幻想(Illusion of Control)、选择性偏差(Representativeness)。个人的认知偏见和社会资本的共同相互作用决定了企业家对风险的感觉和理解,最终决定了企业家对机会的利用。模型分别分析了企业家个人认知偏见和社会资本的各要素之间的相互关系。这个模型有重要的实践意义,企业家为了提高他们的机会识别和利用能力需要意识到自己潜在的偏好,更加关注他们所接收到的信息的来源和类型,并且要知道如何去评价这些信息。

(二)企业家能力的影响因素

企业家行为与能力之所以出现差异,这可以从经济结构约束性因素及企业家背景因素两个方面进行分析。

1. 经济结构性约束因素。经济结构约束性因素是指企业所处的经济和社会等环境背景,如所有制类型、产业类型和地理区域等。企业家所处的所有制类型和产业类型的不同,将导致对企业家获取资源、配置资源的方式是不同的,对企业家能力的要求以及才能的配置存在差异性(李垣等,2002)。地理区域也是一个重要的内生变量,这主要是考虑到目前国内各个经济区域的发展水平、政府改革推行力度、市场化程度、物质资源与人力资本存量、劳动就业等方面都存在较大的差距,而这些因素势必影响到企业家的经营行为及在此行为中所积累的能力。

Paul Westhead,Deniz Ucbasaran,和 Mike Wright(2005)把企业家分为三种:无经验的新生(Novice)企业家、有创业经验(Serial)的企业家、有投资组合(Portfolio)的企业家,通过结构式访谈,分析出三种企业家的能力特点,建议政策制定者对他们区别对待,提供不同的分别满足他们需求的服务,以提高他们识别机会的能力。

2. 企业家背景因素。企业家背景因素主要指企业家的性别、受教育程度、社会地位等背景特征。国外在关于企业家人力资本与企业的研究领域中存在着大量的实证研究成果。这些研究成果主要集中于讨论体现出企业家人力资本的几个重要维度：相关的产业经历、更高的教育、企业家管理经验、广泛的社会和专业关系网络和完整的团队支持。

Bruce R. Barringer, Foard F. Jones Donald O. Neubaum（2005）通过对美国50家近3年年均综合增长率达到80%以上的快速成长企业和50家近3年年均综合增长率低于35%的成长缓慢企业的对比，从企业家的特性、公司特性、商业实践、人力资源管理实践四个方面构建了快速成长企业的概念模型。企业家的特性由6个变量组成：相关产业经验、高等教育程度、企业家以往的创业经验、广泛的社会和职业网络关系、创始者团队的规模、企业家经历（Entrepreneurial Story）。研究发现企业家的个人特征对企业获得和维持快速成长有重要影响，快速成长企业和缓慢成长企业的企业家在相关产业的经验、大学教育、企业家经历有较大差异。76%的快速成长企业的企业家有相关产业的经历，而缓慢成长企业的指标为24%；大学教育给企业家提供了创办企业的某些能力，特别是在高科技行业企业家的大学教育背景特别重要；企业家经历是指当企业家回想起创业时所做出的牺牲或者是他们在成为企业家的人生道路上的人生经历，创办快速成长企业的企业家要么是在创业的过程中克服了巨大的障碍或者是经过了较长的时间才成为企业的所有者，这种经历激励他们使企业快速成长。

Massimo G. Colombo 和 Luca Grilli（2005）经验性的分析了新建高科技企业和它们的创建者人力资本之间的关系，研究结果证实了能力基础论的观点，企业家的能力是企业家人力资本特征的表现，是新建高科技企业成长的关键驱动力。从高科技企业家研究数据库（RITA）中抽取了506家意大利新建高科技行业的制造和服务企业，这些企业是1980年之后建立到2004年仍由创建企业家独立控制的企业，根据能力基础理论，用计量分析的方法，显示创建者的教育和以前的工作经验对企业成长有关键的影响。创业者的在经济和管理领域的大学教育和在科学和技术领域的教育对企业成长有积极的影响，而在其他领域所接受的教育则没有影响；在同一行业以往的工作经验对新建企业的成长有正面的影响；事实证明，在创建者团队成员以往的创业经验也导致现有企业的较好成长，证实了创业团队的异质性互补能力对企业成长有促进作用。当企业家把具体的产业技术能力和商业能力结合起来时高科技企业就获得较好的成长，当以技术驱动的竞争优势缺乏互补的商业能力时最终会阻碍企业的成长，以往的研究建议新建高科技企业应该和大企业联盟以克服新建企业的不利性，这个研究表明这时也可以去获得风险投资家的帮助，利用风险投资家的管理能力和网络关系来填补知识断层（Knowledge Gap）。作者没有分析对在不同的具体环境下，哪一种能力联盟和外部联系是促使企业成长的有效工具，而要使这种能力联盟实现需要什么样的机制和组织制度保障。

Truls Erikson（2002）指出，所谓的企业家人力资本是由企业家能力（Man，2002）和企业家承诺构成的。企业家承诺就是驱使企业家永续经营的能力（杨俊，2005）。当企业家仅有企业家能力而没有企业家承诺的时候，企业成长的可能性很小；而当企业家仅具有企业家承诺而没有企业家能力时，企业家型企业也不会成功，最多也只是资源和时间的浪费。只有两者结合起来形成企业家人力资本以后，才能够促进企业的快速发展，进而提高企业的竞争力。可见，能否把企业经营好是企业家人力资本的一个方面，而是否愿意把企业持续的经营下去，能否在困难的压力下保持企业的进步是企业家人力资本的另一方面，两者同样重要，两者无法替代。

Lazear（2002）提出了企业家"百事通"理论（Jack-of-all-trades Theory）基于自我雇佣和支薪雇佣的选择模型，他发现拥有从事过大量不同工作经历的背景提高了成为企业家的可能性，这个命题也暗示了企业家应该拥有充足的多种领域的知识，并且有把这些使企业生存和成长的知识整合的能力。Joachim Wagner（2006）在德国以 18~64 岁的 12000 人作为样本对 Lazear 的理论进行了实证检验，证实他的假设是正确的。

缪小明，李淼（2006）：以中国民营科技上市公司的资料数据为基础，通过实证研究来剖析企业家人力资本与民营科技企业成长的相关关系。结果显示，企业家年龄与公司成长呈现负相关关系；企业家任期的年限，管理经验和社会网络关系与公司成长呈现显著的正相关关系；企业家所学专业为经济、管理类以及在工作经历中积累的技术专业经验与企业成长存在微弱的正相关关系；企业家的学历，曾经所学的专业为理、工专业，企业家来自高校的项目经验以及企业家声誉与公司成长未呈现任何相关关系。

四、企业家能力与企业成长过程

（一）企业家能力对企业成长的作用机理：能力拓展模型

Man（2002）认为，企业家能力是企业成长的源泉。一方面，企业家能力通过制定企业战略作用于外部的市场竞争因素，另一方面，企业家能力通过创立组织能力，作用于企业的内部资源和组织结构因素，而企业家能力又在外部和内部因素的调节作用下通过制定企业目标和战略实施作用于企业的绩效，进而作用于企业的长期成长和竞争力。

贺小刚（2006），认为企业家在企业成长过程中起到双重作用，一是培育企业的组织能力，进而间接地促进企业的可持续成长；二是通过其综合性经营能力，对企业的成长做出直接的贡献。在将企业家能力纳入能力理论模型之后，则传统的"组织能力—企业成长"模式就拓展成为"企业家能力—组织能力—企业成长"模型。基于企业家能力而拓展的能力模型表明：（1）企业家将通过发现机会、建立关系网络、经营创新、战略定位，以及有效地管理组织等经营性活动而直接地提高企业的市场竞争绩效；（2）企业家能力对于组织能力的形成、培育与积累起到至关重要的作用，是组织能力的源泉；（3）组织能力将在企业家对绩效贡献过程中起到积极的调节作用，即企业家能力还将通过培育组织能力进而对企业的成长产生一种间接的效应；（4）企业家对企业成长的贡献还将受到企业规模、企业发展阶段等结构约束性因素的影响，如在企业发展的早期及企业规模比较小的情况下，企业家直接的、个体的贡献可能更加突出，而当企业发展到一定的阶段，尤其是当企业已经成为巨型企业后，则企业家的主要贡献应该体现在对组织能力的培育之上，进而间接地促进企业的成长。不过基于企业家能力而提出的企业成长动态模型中的各个变量之间的逻辑关系还有待于进一步进行实证检验。

(二) 企业家能力与企业成长过程

1. 企业成长过程中的企业家能力转换。企业家创新能力是企业成长的必需条件，企业家认知领导能力是企业持续成长的关键。

熊彼特认为，企业家就是具有创新精神并实现资源新组合的一个特殊群体，其基本素质就是具有创新意识和先见之明，能够将各种要素组织起来创造新的组合，没有创新也就没有企业活力的成长动力，但现实中也有许多极富创新动力的企业却陷入了创新困惑之中，无法实现持续成长。

潘罗斯（1959）认为，企业成长是由业务增长引起的企业组织自主扩展演化过程，组织扩展及其阶段演替与企业家改变其对企业投资和成长机会的认知直接相关。企业集体知识的累积性增长导致企业家认知的变化，从而使企业家对运用其现有知识存量和生产性资源实现成长的前景判断发生了变化，不断地干中学促进了企业成长。邬爱其（2003）将企业家能力的数量与质量、企业绩效和企业组织的系统性变化及其影响因素加以综合考虑就可以得出企业成长的一般逻辑。

如果企业家能力的数量和质量既定，那么企业组织就会一直扩张到由企业家能力的质量所决定的临界规模（用员工人数来度量）；如果企业规模超过临界规模就会导致企业家能力不足，组织运行会陷入困境，即"企业家能力陷阱"，那么组织重构是积极的选择。随着市场压力的加大和企业规模的不断扩展，企业就存在变革组织的需要，逐步实现了控制权与经营权的适度分离，但是一些变革后的企业还是没有取得成功，反而形成了家族对职业经理人能力素质的置疑和职业经理人无法在家族企业充分施展才能的恶性循环。已经有不少学者开始关注信任与家族企业成长之间的相互关系（储小平，2001），这种信任实际上就是组织认知一致性的一种表现，家族企业要形成组织认知一致性必须要借助企业家的努力，企业家自身必须具有认知领导能力，否则就会陷入企业家能力陷阱。必须指出，只要企业家的现有能力仍然可以满足家族企业成长的需要，那么就没有理由放弃既有的组织体制。

贾生华（2004）认为现实中的企业家不一定具备优秀企业家的全部品质，有的可能只是在某一方面强一些。借用产权束的说法，把企业家能力看成是一个不完全的能力束，也就是说，现实中的某一位企业家只有完整能力束的一部分，但只要组合得好，或者这个能力束与当时的环境或是企业的发展阶段匹配得好，那他就是一个优秀的或能取得成绩的企业家。把企业成长与能力束对应起来的话，可以分成三种类型的能力束：一是创业的能力束；二是守业的能力束；三是展业的能力束，企业成长的过程可以理解为不断地克服企业家能力局限，从创业能力到守业能力再到展业能力这样一个循环或者转换的过程。但这种解释非常笼统，并没有分析创业、守业、展业的能力维度。

2. 企业家的生命周期与企业成长。Ian Hunter（2005）通过对133位新西兰的企业家的案例研究，构建了一个企业家的生命周期模型，被研究的企业家的生命周期分为五个阶段：准备（Preparation）、经营（Embarkation）、开拓（Exploration）、扩张（Expansion）、转换（Transformation）。

企业家的生命的演进总体的方向是向上，其中的转折点显示了动荡的时期。在准备时期的关键特征包括早期的工作经验、获得技术技能、积累资本、构建原始网络关系的信息、积累贸易和产业知识和识别商业机会；在新西兰的研究显示70%的企业家是在30岁以前开始创业，39%的企业家在开始拥有自己的企业前有过从事管理工作的经验；生命周期第一阶段结束处的转折点是创业机会的出现。第二个时期是从事经营（Embarkation），企业家开始经营自己的第一个企业，这一时期的挑战：是创建新企业、让市场接受创新的产品和服务、有限的资本、增加贸易网络关系和产业知识、培养供应商客户员工的信任、投资失败的风险；这一时期企业成长的比较慢，企业家主要是提高管理能力、增加关于市场产品的知识的学习能力、管理员工、获得金融支持、随着企业成长企业家的能力也在提高。这一时期的转折点是停止（Cessation）——企业家停止一个企业去开始另一个企业，由于各种原因企业的所有权结构发生变化，比如原有的合伙关系分解或遇到外部因素，有59.4%的企业家是发现了更有利的创业机会而卖掉原有的企业，又开创另一个经济实体。第三个时期是开拓（Exploration）阶段，这一时期开始新的创新、有新的合作伙伴、有商业的成功也有失败的风险。这阶段的企业家的事业体现了冒险精神，这也可能是企业家是最成功的时候，他们可以充分享受知识水平提高、信任水平上升、网络关系构建和决策制定能力提高所带来的收益。这时期有23.3%的企业家有两个企业，57.9%的企业家有3个或3个以上的企业。第四个时期是扩张阶段（Expansion），企业家以往专注的最成功的企业开始过时，企业家开始投资于多种他感兴趣的企业，家族成员开始进入企业。在企业家的企业中的战略充分体现了企业家的个性和能力,这时期的企业家的战略决策能力非常重要,78%的企业家采用聚焦战略,75%的企业家实施相关产业多元化战略。第五个时期是转换(Transformation)阶段,这是意味着企业家职业生涯结束的时期,这一阶段面临着领导权移交给下一代的问题,发生在企业家60~80岁之间,在大部分的案例中企业家的儿子或兄弟在第三、第四阶段或第五阶段的开始进入管理岗位,承担适合他们性格和能力的责任,在实践中不断的提高各方面能力。54%的企业在创始人去世后由他的家族成员接管。如果没有合适的继任者,一个创始人的去世可能意味着一个家族企业的结束,大部分的企业家都不愿意和他的企业分离,62%的企业家在达到退休年龄后仍在工作,企业家在60~80岁时创办新企业是很常见的事。

五、结论与展望

企业家能力对企业成长发挥重要作用,企业家能力研究为剖析企业家对企业成长的作用提供了更为贴近的解释变量,提供了从个体角度分析组织资源整合的理论视角。基于企业家能力的企业成长研究剖析了企业家的能力维度:机会能力、关系能力、概念能力、组织能力、战略能力、承诺能力、管理能力、学习能力、创新能力等。其中的两个研究热点是企业家社会关系能力与机会认知能力。企业家能力受结构性约束因素和企业家背景因素的影响。企业家能力对企业成长的作用机理表现为"企业家能力—组织能力—企业成长"模型。企业家能力应与企业成长过程相匹配,企业成长过程是不断克服企业家能力局限,从创业能力到守业能力到展业能力的循环转换过程。

文献阅读的过程中发现研究者样本大多选择的是:按所有制性质是民营企业、家族企业;按规模大多是中小企业,特别是小的新建企业;按产业分大多是高科技企业,或者是选择传统企业与高科技型企业进行对比。界定访谈样本范围与访谈对象选择何种产业与组织作为研究对象将直接影响到实证研究结论的科学性。样本选择时应考虑到以下几个因素:(1)广泛的代表性,具有现实研究意义;(2)激烈的市场竞争性,最能够反映出企业家的各种经营能力;(3)研究资料的易获得性,在有限的研究时间和费用内完成研究。

研究方法上主要是定性的探测性研究,按照企业家能力测量指标制定量表,通过发放问卷进行结构式或半结构式访谈,对回收问卷的信度和效度进行检验,并不断地对问卷进行完善,完善的问卷通过滚雪球的方式或邮件等方式发放,对回收的问卷进行描述性统计分析和计量分析。另外的定性研究运用案例法,进行深度访谈,运用扎根理论构建理论模型。

越来越多的研究把视角放在企业家创业过程研究上,结合企业家能力、企业家所面临的外部环境约束条件、企业家社会网络分析成功创业的过程和因果关系。企业家的相关文献关注新建企业家的能力，比较不同公司业绩与企业家能力、行为之间的相关关系。因此，值得进一步钻研的方向是创业理论、战略适应理论和网络关系理论。

企业成长过程是企业家的创业能力到守业能力到展业能力的循环转换过程，如何把转轨经济此类外生因素考虑进来，以企业家的能力和活动同外部环境的相互作用为分析对象，以一个动态变化的视角分析与企业成长阶段相匹配的创业能力、守业能力、展业能力维度是值得研究的问题。

企业家的能力、企业家精神、企业家抱负是很难把握的研究变量，但由于它的重要性而必须关注，由于能力测量的困难性，企业家能力主要通过经验而不是正式教育获得，它的形成具有很长的演进过程，难以准确把握，所以对企业家能力指标的量化问题，如何把定性的指标用更具代表性的间接指标量化需要进一步研究。对问卷的设计应该结合其他学科，如心理学、社会学，以增加模型的通用性和科学性；多个研究者合作，以保证资料分析的客观性；数据来源可以结合他评法，即由第三者参与对企业家能力的评测，以弥补单独填问卷不足。

参 考 文 献

1. 边燕杰、丘海雄：《企业的社会资本及其功效》，载《中国社会科学》2000年第2期，第87~99页。
2. 韩太祥：《企业成长理论综述》，载《经济学动态》2002年第5期，第82~86页。
3. 贺小刚：《企业家能力与企业成长：一个能力理论的拓展模型》，载《科技进步与对策》2006年第9期，第45~48页。
4. 贺小刚、沈瑜、连燕玲：《企业家社会关系与高科技企业的成长》，载《经济管理》2006年第15期，第47~50页。
5. 贺小刚：《企业家能力、组织能力与企业绩效》，上海财经大学出版社2006年版。
6. 贺小刚：《企业家能力评测：一个定性研究的方法与框架》，载《中国社会科学院研究生院学报》2005年第6期，第125~130页。
7. 贺小刚、李新春：《企业家能力与企业成长：基于中国经验的实证研究》，载《经济研究》2005年第10期，第101~111页。
8. 贾生华：《企业家能力与企业成长模式的匹配》，载《南开学报（哲学社会科学版）》2004年第1期，第21~23页。
9. 李政：《企业成长的机理分析》，经济科学出版社2005年版。
10. 李新春、王瑶、丘海雄、张书军：《企业家精神、企业家能力与企业成长——"企业家理论与企业成长国际研讨会"综述》，载《经济研究》2002年第1期，第89~92页。
11. 缪小明：《李淼科技型企业家人力资本与企业成长性研究》，载《科学学与科学技术管理》2006年第2期，第126~131页。
12. 熊彼特：《经济发展理论》，商务印书馆1997年版。

13. 徐康宁、郭昕炜：《企业能力理论评析》，载《经济学动态》2001年第7期，第57~61页。
14. 魏明：《企业家人力资本的自我甄别与市场配置——企业家人力资本的理论模型及其涵义》，载《南开管理评论》2004年第2期，第56~62页。
15. 邬爱其、贾生华、陈宏辉：《企业成长过程中的企业家能力转换与家族企业组织演替》，载《外国经济与管理》2003年第6期，第20~24页。
16. 邬爱其：《企业网络化成长：国外企业成长研究新进展》，载《外国经济与管理》2005年第10期，第39~42页。
17. 杨俊：《企业家创业机会的感知过程》，载《经济管理》2006年第11期，第39~42页。
18. 张书军：《企业家资源配置能力与企业成长》，载《经济体制改革》2003年第5期，第48~51页。
19. 赵文红、李垣：《企业家成长理论综述》，载《经济学动态》2002年第11期，第70~75页。
20. Andy Lockett and Steve Thompson, 2004, "Edith Penrose's to Resource-based View: An Alternative Perspective", *Journal of Management Studies* 1, pp. 193–203.
21. Alan M. Rugman and Alain Verbeke, 2004, "A Final Word on Edith Penrose", *Journal of Management Studies* 1, pp. 207–217.
22. Bruce A. Mcdaniel, 2000, "A survey on entrepreneurship and innovation", *the social science journal*, volume37, number2, pp. 277–284.
23. Bruce R. Barringer, Foard F. Jones and Donald O. Neubaum, 2005, "A quantitative content analysis of the characteristics of rapid-growth firms and their founders", *Journal of Business Venturing*, Volume20, Issue5, September, pp. 663–687.
24. Cockburn, I. M.; Henderson, R. M. &Stern, S., 2000, "Untangling the Origins of Competitive Advantage", *Strategic Management Journal*, Vol.21, pp. 1123–1145.
25. Coase, 1974, "The Lighthouse in Economics", *Journal of Law and Economics* 17, pp. 357–376.
26. Donna Marie De Carolis, Patrick Saparito, 2006, "Social Capital, Cognition, and Entrepreneurial Opportunities: A Theoretical Framework", *ENTREPRENEURSHIP THEORY and PRACTICE* 1, pp. 41–56.
27. Francisco Jose Acedo, Carmen Barroso and Jose Luis Galan, 2006, "The resource-based theory: dissemination and main trends", *Strategic Management Journal* 27, pp. 621–636.
28. Ian Hunter, RISK, 2005, "PERSISTENCE AND FOCUS: A LIFE CYCLE OF THE ENTREPRENEUR", *Australian Economic History Review*, Vol.45, No.3, November, pp. 244–272.
29. Joachim Wagner, 2006, "Are nascent entrepreneurs 'Jacks-of all-trades'? A test of Lazear's theory of entrepreneurship with German data", *Applied Economics* 38, pp. 2415–2419.
30. Jonathan P. Doh and John A. Pearce, 2004, "Corporate Entrepreneurship and Real Options in Transitional Policy Environments: Theory Development", *Journal of Management Studies* 6, pp. 645–664.
31. J. S. Metcalfe, 2004, "The entrepreneur and the style of modern economics", *Journal of Evolutionary Economics* 14, pp. 157–175.

32. Lazear, E. P., 2002, "Entrepreneurship, National Bureau of Economic Research", Working Paper.
33. Man T. W. Y.; Lau T.; Chan K. F., 2002, "The competitiveness of small and medium enterprises-A conceptualization with focus on entrepreneurial competencies", *Journal of Business Venturing*, Volume 17, Number 2, March, pp. 123 – 142.
34. Massimo G. Colombo and Luca Grilli, 2005, "Founders' human capital and the growth of new technology-based firms: A competence-based view", *Research Policy*, Volume 34, Issue 6, August, pp. 795 – 816.
35. Paul Westhead, Deniz Ucbasaran, and Mike Wright, 2005, "Decisions, Actions, and Performance: Do Novice, Serial, and Portfolio Entrepreneurs Differ?", *Journal of Small Business Management* 43 (4), pp. 393 – 417.
36. Peng, M, and Heath, P. S., 1996, "The growth of the firm in planned economies in transition: institutions, organizations, and strategic choice", *Academy of Management Review* 21, pp. 492 – 528.
37. Penrose, Edith T., 1959, The Theory of the Growth of the Firm, Basil Blackwell.
38. Prahalad and Hamel, 1990, "The Core competenoc of the Corpation", *Harvard Business Review* 5, pp. 79 – 91.
39. Shan, W. and Hamilton, W., 1991, "Country specific advantage and international cooperation", *Strategic Management Journal* 12, pp. 419 – 432.
40. Truls Erikson, 2002, "Entrepreneurial capital: the emerging venture's most important asset and competitive advantage", *Journal of Business Venturing* 17, pp. 275 – 290.
41. Wagner, J., 2003, "Testing Lazear's Jack-of-all-trades view of entrepreneurship with German micro data", Applied Economics Letters 10.
42. William L. Smith, Ken Schallenkamp, Douglas E. Eichholz, 2007, "Entrepreneurial skills assessment: an exploratory study", *International Journal of Management and Enterprise Development*, Volume 4, Number. 2, pp. 179 – 201.

A review of Enterprises' Growth based on Entrepreneurial Competence

Zhang Jin

Abstract: Enterprises' Growth is the main source of country's competitive advantage. So it is an important topic which many scholars study and regard. Entrepreneur is the soul of a firm. entrepreneurial competence plays significant role to enterprises' growth. In this article we review entrepreneurial competence dimensions, impact factors, the relation of enterprises' growth and entrepreneurial competence. Future research directions are prospected at the same time.

Key words: Entrepreneurial Competence   Enterprises' Growth   Competence Theory

JEL Classification: L26   M10

《产业经济学》第四版简介

刘国亮[*]

由山东大学经济学院臧旭恒教授、山东大学管理学院徐向艺教授、杨蕙馨教授合作主编的《产业经济学》第四版已由经济科学出版社 2007 年 6 月出版。本书在前三版的基础上做了许多补充修改,并被列为普通高等教育"十一五"国家级规划教材。

与西方学者将产业经济学大体等同于产业组织理论的范围不同,本教材将产业经济学的内容选定为包括产业组织理论、产业结构理论、产业布局和产业政策等,加上有关产业经济学的基础理论介绍,构成了本书的核心内容。

与第三版相比,本次修订对"中间性组织"一章进行了较大调整,另外对一些章节中的实证材料进行了更新和补充。

《产业经济学》自 2002 年出版第一版以来,一直受到国内同行的关注和厚爱,被许多学校选为教材或教学参考书,对前三版中存在的问题也提出了许多修改意见和建议,这些一并在第四版修订过程中被采纳。

本书的编写充分借鉴了国内外学者在产业经济学各领域中的研究成果,结合中国产业发展的现实需要以及中国产业发展及政策制定的特殊性,在教材内容的范围选择和深度把握上做出了独特的探索。

本书在内容选择上突出了三大特点,一是注重对国外产业组织理论前沿的追踪,在进入与退出壁垒、企业行为特别是寡头垄断企业行为、中间性组织、网络经济条件下的产业组织等理论领域充分把握理论研究的前沿并将作者在上述领域中取得的最新研究成果反映在教材中。二是重视中国产业发展和政策实践的特殊性,对中国经济快速发展过程中的产业结构升级、产业及企业竞争力的培养和形成、地区产业布局的调整等都给予充分关注,特别是在产业政策制定和调整问题上,本书注重从中国的实践需求出发,增加了对欧美国家产业规制政策调整实践的介绍,为进一步研究提供了素材。第三,本书包含了对开放经济背景下贸易活动产生影响的关注,增加了贸易活动、投资活动对产业组织演变、产业结构调整产生影响的介绍。

---

[*] 刘国亮:山东大学经济学院;地址:山东济南山大南路 27 号山东大学经济学院;邮编:250100;电话:0531-88361682;Email:glliu@sdu.edu.cn。

本书在理论深度的把握上表现出一些弹性，从整体框架上力求结构严谨完美，说理明晰浅显，但在一些理论研究的前沿领域，则不吝笔墨，期望能为进一步深入研究提供支撑和引导，因此作为一本教材，它既可以作为本科生高年级学生的教材，也可以作为研究生学习产业经济理论的参考书。

《产业经济评论》征订启事

迎着新世纪的曙光,承载了丰富研究成果的《产业经济评论》和读者见面了。《产业经济评论》是经济学家交流研究成果的殿堂,它为中国的产业问题研究开辟了一片新的天地。在这里,你可以及时了解国内、国际产业经济学研究的最新成果,洞察我国产业经济学的发展和变化。

《产业经济评论》每期200页左右,设有"综述"、"论文"与"书评"等栏目,重点研究产业经济学的前沿问题,是我国产业经济理论与实践研究的专业刊物,富有学术保存价值。

欢迎订阅《产业经济评论》,并真诚邀请海内外的专家学者踊跃投稿,让我们共同关心《产业经济评论》的发展,促进中国产业经济学研究水平的提高。

订阅地址:济南市山大南路27号　山东大学经济学院
　　　　　《产业经济评论》编辑部
邮政编码:250100
联系电话:0531 - 88361696　88364625
传　　真:0531 - 88571371

《产业经济评论》征订单

详细地址				
订户单位			联系人	
电　　话		传　真	E-mail	
订阅情况		年　　期　　份	汇款日期	
合计金额	人民币(大写)		¥　　　元	
订户类别	单位订阅			
	个人订阅		优惠10%	
	学生订阅		优惠15%	

山东大学经济学院国家重点学科——产业经济学

首席学科带头人

臧旭恒

南开大学经济学博士，现为山东大学经济学院院长兼产业经济研究所所长，博士生导师，《产业经济评论》主编。曾为美国加州大学（圣克鲁斯）客座研究员、富布莱特访问学者，意大利帕维亚大学、英国伦敦大学玛丽女皇学院、澳大利亚昆士兰大学访问教授（学者）。承担并完成国家和省部级重点科研项目十几项。出版个人和合作学术专著多部，在《经济研究》、《哲学研究》、《中国工业经济》、《数量经济技术经济研究》等国内外学术刊物和国际学术会议上发表论文一百多篇。个人学术专著《中国消费函数分析》（上海三联书店出版社、上海人民出版社1994年联合出版，2003年第四次印刷）获全国"普通高等学校第二届人文社会科学研究成果奖"二等奖，学术专著《居民资产与消费选择行为分析》（主笔，上海三联书店出版社、上海人民出版社2001年联合出版）获第十届孙冶方经济科学著作奖。主要研究领域：产业经济理论、宏观经济理论、消费经济理论及区域经济发展等。

学术和社会兼职

教育部人文社会科学重点研究基地——南开大学政治经济学研究中心学术委员会委员、兼职研究员
中国社会科学院民营经济研究中心兼职研究员
辽宁大学兼职教授、博士生导师
中国海洋大学兼职教授
暨南大学特约研究员
浙江财经学院、河南财经学院、山东财政学院兼职教授
教育部留学回国人员科研启动基金评审专家
中国工业经济学会副理事长
中国经济发展研究会常务理事
中华外国经济学说研究会理事

学术杂志编委

《南开经济研究》（南开大学主办）
《改革》（重庆社会科学院主办）
Frontiers of Economics in China（教育部主办）
《中国产业经济评论》（上海财经大学主办）

荣誉称号

国务院特殊津贴获得者（1998年）
第十届孙冶方经济科学奖著作奖（2003年）
泰山学者特聘教授

臧旭恒等著《居民资产与消费选择行为分析》
获孙冶方经济科学著作奖

臧旭恒著《中国消费函数分析》
获教育部人文社会科学研究成果奖

产业经济研究所

　　产业经济学是山东大学重点发展的学科之一，是国家级重点学科和"泰山学者"特聘教授设岗学科。现有专兼职教学科研人员20余人，全部具有博士学位，其中教授（研究员）8人，副教授10余人。该学科除招收硕士研究生和博士研究生外，还接收应用经济学博士后科研人员。

主要教学科研人员：

臧旭恒，南开大学经济学博士，山东大学经济学院院长、教授、博士生导师。"孙冶方经济科学奖"获得者、山东省"泰山学者特聘教授"，享受国务院政府特殊津贴专家。主要研究领域：消费经济、产业经济、宏观经济分析、经济增长与发展理论。

张东辉，吉林大学经济学博士，山东大学经济学院教授、博士生导师，山东大学威海分校商学院院长。主要研究领域：西方经济学、产业经济学、发展经济学、制度经济学。

杨风禄，南开大学经济学博士，山东大学产业经济研究所常务副所长、副教授、研究生导师。主要研究领域：现代企业理论、产业经济、新自由主义经济学。

刘国亮，南京农业大学管理学博士，山东大学经济学院教授、研究生导师。主要研究领域：经济增长理论、企业理论与公司治理。

王传仕，南京农业大学管理学博士，山东大学经济学院教授、研究生导师。主要研究领域：产业经济、消费经济、组织行为、企业行为。

李铁岗，西北农业大学管理学博士，山东大学经济学院副院长、教授、研究生导师。主要研究领域：投融资理论、风险理论与信用评级、房地产经济学。

曲创，辽宁大学经济学博士，山东大学经济学院副教授、研究生导师。主要研究领域：产业经济与竞争政策。

尹莉，山东大学经济学博士，山东大学经济学院讲师。主要研究领域：产业经济与竞争政策。

杨蕙馨，南开大学经济学博士，山东大学管理学院副院长、教授、博士生导师。产业组织与企业组织研究所所长，"泰山学者特聘教授"，法国巴黎大学、香港科技大学访问学者。主要研究领域:产业组织与产业竞争、企业组织与管理、民营企业发展。

林平，美国明尼苏达大学经济学博士，香港岭南大学经济学教授，山东大学经济学院讲座教授，博士生导师。主要研究领域：反垄断与竞争策略、博弈论等。

张健康，加拿大多伦多大学博士，CARLETON大学经济学教授，山东大学经济学院讲座教授。主要研究领域：不确定条件下的决策理论，效用理论及其应用，数理经济学，应用微观经济学等。

"现代产业经济学文库"系列丛书

主编：臧旭恒
学术委员会（按拼音排序）：

陈甬军	丁任重	干春晖	黄泰岩	胡 军	金 碚	金祥荣	林木西	林 平	刘 伟
刘志彪	荣朝和	石 磊	宋冬林	谭国富	唐晓华	王 珺	王俊豪	武常岐	夏大慰
杨蕙馨	杨瑞龙	于 立	于良春	原毅军	臧旭恒	张东辉	张晖明		

教材系列 →
- 《产业经济学》(第四版)，臧旭恒等主编，已出版
- 《产业组织理论》，杨蕙馨，已出版
- 《规制经济学》，杨风禄，待出版
- 《网络经济学》，杜传忠，待出版
- 《博弈论与经济行为》，林平，待出版
- 《反垄断、竞争理论与政策》，臧旭恒等，待出版

学术文集 →
- 《寡头垄断市场效率分析》，杜传忠，已出版
- 《跨国公司与东道国市场结构》，张宏，已出版
- 《人力资本与企业剩余索取权安排》，杨风禄，已出版
- 《出资者主导的利益相关者论》刘大可，已出版
- 《现代产业经济学前沿问题研究》，臧旭恒、林平等，已出版
- 《中间性组织研究》，杨蕙馨，待出版
- 《日本20世纪30年代的产业结构》，张乃丽，待出版

名著译丛 →
- 《反托拉斯革命：经济学、竞争与公共政策》，
  J.E.克伍卡、L.J.怀特著，林平、臧旭恒等译，已出版
- 《产业结构、竞争策略与公共政策》，F.M.谢勒，即将出版
- 《产业经济学与组织》，伯纳德特.安德鲁索，戴维.翟克伯森，即将出版

有志于学三十年　而立之际开新篇
热烈庆祝山东大学经济学院(系)创建三十周年

　　山东大学经济学院是在1977年成立的原山东大学经济学系的基础上，于1987年组建而成的。三十年来，经济学院全体同仁立志以人才培养为中心、以学科建设为龙头，励精图治，现拥有应用经济学、理论经济学一级学科博士学位授予权和应用经济学博士后流动站，目前有政治经济学、西方经济学、国民经济学、财政学、金融学、产业经济学、国际贸易学7个博士专业招生；设有政治经济学、西方经济学、世界经济学、国民经济学、区域经济学、财政学、金融学、产业经济学、国际贸易学、劳动经济学、数量经济学、投资经济学和保险学等13个硕士专业；经济学、财政学、金融学、国际经济与贸易学、保险学、金融工程6个本科生招生专业，同时与山东大学数学院合作建设金融数学与金融工程人才培养基地；政治经济学、产业经济学、财政学为省级重点学科，产业经济学为国家级重点学科。目前在校本科生近1400人，研究生460余人，留学生100余人。现任院长为"孙冶方经济科学奖"获得者、泰山学者特聘教授臧旭恒博士。

　　地处齐鲁大地，秉承百年名校的优良传统和文化底蕴，山东大学经济学院拥有一支学术造诣深、梯队合理的教学科研队伍。学院现有教职工94人，其中教授23人，副教授29人；博士生导师24人（含兼职与外聘8人），硕士生导师46人（含兼职11人），"泰山学者"特聘教授1人，国家级教学名师1人，山东省有突出贡献中青年专家1人，享受国务院特殊津贴专家4人。近年来，学院教师在国内外学术刊物发表论文500余篇，出版学术专著60余部，主持国家社科基金、国家自然科学基金和省部级课题100余项。在2006年，以臧旭恒、于良春为带头人的学术团队分别获得教育部重大攻关项目各1项。

　　"育英撷华，全面发展"，经院学子秉承勤奋学习、刻苦钻研、勇于创新的良好传统，富有创新意识和创新能力。自1994年以来，学院学生在山东大学"成才杯"学习竞赛这一反映大学生综合知识能力比赛中6次蝉联冠军；在山东大学科技文化艺术节中多次问鼎，获得了山东大学学生科技创新活动先进集体荣誉称号；在过去三次每年一届的"齐鲁晚报杯"山东省十大优秀学生评选中，有两位出自我院。

　　三十年拼搏奋进、三十年成果辉煌、三十年风雨同舟、三十年师生情深，2007年10月6日，山东大学经济学院三十周年院庆庆典将于山东大会堂隆重举行，真诚期待各位领导、海内外校友、社会各界人士和朋友、各位嘉宾能欢聚一堂，共叙师生情、朋友情、同学谊，共庆学院三十华诞，共谋学院美好未来。

臧旭恒教授荣获第十届（2002年度）"孙冶方经济科学著作奖"　　　　于良春教授荣获第二届"国家级教学名师奖"